中国教育公平的理想与现实

杨东平　著

图书在版编目(CIP)数据

中国教育公平的理想与现实/杨东平著. —北京：北京大学出版社,2006.7
ISBN 7-301-10873-7

Ⅰ.中… Ⅱ.杨… Ⅲ.教育－研究－中国 Ⅳ.G52

中国版本图书馆 CIP 数据核字(2006)第 076605 号

书　　　　名：	中国教育公平的理想与现实
著作责任者：	杨东平　著
策　　　划：	周雁翎
责任编辑：	姚成龙　闫春玲
标准书号：	ISBN 7-301-10873-7/G·1894
出版发行：	北京大学出版社
地　　　址：	北京市海淀区成府路 205 号　100871
网　　　址：	http://www.pup.cn　电子信箱：zyl@pup.pku.edu.cn
电　　　话：	邮购部 62752015　发行部 62750672　编辑部 62767346　出版部 62754962
印刷者：	北京汇林印务有限公司
经销者：	新华书店
	787 毫米×1092 毫米　16 开本　18.5 印张　300 千字
	2006 年 7 月第 1 版　2006 年 12 月第 2 次印刷
定　　　价：	28.00 元

未经许可，不得以任何方式复制或抄袭本书之部分或全部内容。
版权所有，侵权必究
举报电话：(010)62752024　电子邮箱：fd@pup.pku.edu.cn

前　言

《中国教育公平的理想与现实》一书的缘起,是 2003 年开始的国家教育科学"十五"规划课题"中国高等教育公平问题的研究",该课题后来得到了福特基金会的资助。在 2003 年下半年和 2004 年,课题组开展了一定规模的实证调查,于 2005 年 1 月正式结题,举行了成果发布。

本书的写作是从 2005 年 4 月在香港中文大学访问期间开始的,全书的结构分为理论研究和实证研究两大部分。

引论和前四章是对我国教育公平问题进行的理论梳理。写作之际,正是教育公平成为重大社会热点之时,舆论对教育乱收费、教育产业化的声讨不绝于耳;与此同时,教育公共政策发生了令人欣慰的转向,教育公平、教育均衡发展渐成主流话语,实行免费的农村义务教育终于提上了议事日程。我希望参与和回应正在发生的变化,在写作中涉及了中小学择校、教育乱收费、独立学院、"教育产业化"等若干热点问题,致使写作的任务越来越艰难,预计半年左右的写作一拖再拖,最后不得不收缩目标,放弃了对高考招生制度等若干问题的讨论。理论部分的探讨,因此也显得芜杂、不够规范化和学术化,它可以为后文提供一个基础和背景,并借以表达一些个人的意见。

后五章是关于高中和高等教育入学机会的实证研究,以及教育公平的评价指标和实际测量。作为一项实证研究,遗憾和疏漏也很多。一个基本情况是我国基础数据的严重缺失。常规的教育统计中少有公平的维度,分城乡、分性别的数据稀少、残缺,分阶层的数据则完全没有。对研究高等教育入学机会至关重要的分省的高校招生数始终未能得到,只能以高考报名数替代。由于一些认识和判断是建立在片断和局部的数据之上的,这肯定会影响定量研究的准确性和结论的说服力。为弥补这一不足,书中较多地引证了近些年来的同类研究,以为比较和印证。这一经历使我们强烈地感受到,我国教育公共政策的研究和制定,不仅缺乏必要的民意基础,而且也缺乏必要的信息基础,建立国家和地方的教育数据库,促进教育信息的公开化,是教育改革的一项重要内容。此外,受制于自身的研究能力和精力,一些地方浅尝辄止,未及深入。例如:关于家庭背景与高中生的入学机会有关,而与学业成就无关;家庭背景对高中生进入不同学校的影响,社会资本的重要性高于文化资本和经济资本;高等教育入学机会城乡差距的改善,马鞍形曲线是否在一定程度上印证了"库茨涅茨神话",即社会公平在趋向好转之前必先恶化;关于女生的增加、一些省市的考生女生超过男生;以及不同地区教育公平的不同表现等等,这些问题都有待进行深入的探讨和检验。因而,本书呈现的研究是十分粗浅和初步的,诚望方家批评指正。作为引玉之砖,或可为后来者提供一些积累和教训。

本研究是课题组师生共同努力的结果。我的研究生以及北京师范大学、中国人民大学的几位研究生参与了研究。感谢卫宏、张岩对高等教育入学机会城乡差距的研究,周金燕对教育公平指标和测量所做的卓有成效的研究,吴晓兵、何永振、杨志勇、张丽对河北、内蒙古、山东、湖南等地的受教育机会进行的调查和研究,周蜜对高等教育入学机会阶层差距的研究,何永振、张畅对高等教育入学机会性别差距的研究,杨旻对高等学校转制的研究,等等。本书后半部分的写作主要建立在他们的工作基础之上。

感谢陆学艺、孙立平、谢维和、朱永新、程方平、袁桂林、张玉林、李春玲、刘精明、余秀兰等众多学者,感谢香港中文大学的熊景明、萧今博士,无论是他们自身的研究和学术思想,还是实际的参与和支持,都使我们受益匪浅。感谢我的同事王烽、靳贵珍、杨春梅、陶红和周玲,他们为这一研究做出了各自的努力和贡献。感谢北京大学出版社的周雁翎主任和姚成龙编辑,他们锲而不舍的追求和精益求精的态度,使本书得以以现在这样的面貌和水准出版。

需要特别感谢福特基金会的何进博士,与他的合作带给我们一种崭新的方法和理念:通过研究者、管理者、大众媒体等不同角色的参与和互动,使研究过程同时成为一个学习、传播、影响决策和教育实践的过程。

杨东平
2006 年 6 月 10 日

目录

前言 …………………………………………………………………… (1)
引论　教育公平：一个现实的理想 ………………………………… (1)
　　一、教育公平的基本理论 ……………………………………… (4)
　　二、我国教育公平的基本特征 ………………………………… (9)
　　三、教育发展的经济主义模式 ………………………………… (15)
　　四、教育公平是现实的发展目标 ……………………………… (17)
第一章　教育机会：权利还是特权 ………………………………… (27)
　　一、从大众主义到精英主义 …………………………………… (29)
　　二、阶级内的平等 ……………………………………………… (35)
　　三、"文化大革命"与教育乌托邦 ……………………………… (40)
　　四、从80年代到90年代 ……………………………………… (47)
　　五、新中国教育公平的轨迹 …………………………………… (55)
第二章　教育资源配置：短缺和失衡 ……………………………… (63)
　　一、"穷国办大教育" …………………………………………… (65)
　　二、基础教育的城乡差距 ……………………………………… (70)
　　三、基础教育的地区差距 ……………………………………… (78)
　　四、三级教育的结构 …………………………………………… (84)
　　五、等级化的学校制度 ………………………………………… (89)
　　六、体制内和体制外 …………………………………………… (92)
第三章　反思"教育产业化" ………………………………………… (97)
　　一、"教育产业化"：理论与现实 ……………………………… (99)
　　二、教育高收费和乱收费 ……………………………………… (106)
　　三、"择校热"和"转制学校" …………………………………… (126)

四、"独立学院"政策 ……………………………………………… (139)

第四章 两种"教育市场化" ………………………………………… (145)
    一、西方国家的新公共管理运动 …………………………………… (147)
    二、西方国家的"高等教育市场化"改革 ………………………… (150)
    三、西方国家的择校和公立学校改革 …………………………… (153)
    四、两种不同的"市场化"改革 …………………………………… (160)

第五章 高中教育机会的获得 ……………………………………… (169)
    一、高中教育成为新的瓶颈 ………………………………………… (171)
    二、高中阶段的社会分层 …………………………………………… (173)
    三、高中教育机会的获得 …………………………………………… (179)
    四、经济资本、社会资本和文化资本的影响 …………………… (182)
    五、高中的教育气氛 ………………………………………………… (192)

第六章 高等教育入学机会的城乡差距 ………………………… (203)
    一、高校扩招前后城乡差距的变化 ……………………………… (205)
    二、分省区的高等教育入学机会城乡差距 ……………………… (210)
    三、城乡学生在高等教育系统中的分布 ………………………… (213)

第七章 高等教育入学机会的阶层差距 ………………………… (221)
    一、高校学生家庭背景的变化 ……………………………………… (223)
    二、本科生、硕士生、博士生的家庭背景 ……………………… (229)
    三、不同家庭背景学生的学科专业分布 ………………………… (231)
    四、不同家庭背景学生的高考录取分数 ………………………… (233)

第八章 高等教育入学机会的性别视角 ………………………… (239)
    一、性别之间的教育差异 …………………………………………… (241)
    二、当前我国女性参与高等教育的基本情况 …………………… (243)
    三、女性高等教育入学机会的城乡差距 ………………………… (249)
    四、部分省区高考招生"女多于男"的研究 …………………… (252)

第九章 教育公平评价指标和测算 ……………………………… (265)
    一、影响教育差距的因素比较 ……………………………………… (267)
    二、教育公平指标体系的建立 ……………………………………… (270)
    三、对我国 1995—2003 年教育公平状况的实测 ……………… (277)
    四、对 2000 年我国省域教育公平状况的实测 ………………… (285)

引 论

教育公平：一个现实的理想

- 教育公平作为社会公平价值在教育领域的延伸和体现,不仅是教育现代化的基本价值和基本目标,也是社会公平的重要基石。
- 在超越了身份制、等级制等将教育视为少数人特权的历史阶段之后,平等接受教育的权利作为基本人权,成为现代社会普世的基础价值。
- 农村教育始终是中国教育的重点、难点。农村教育的薄弱和艰难,集中了我国教育公平的所有重要问题。
- 自20世纪90年代以来,由于社会的贫富差距加大,以及基础教育阶段的重点学校制度、"择校热"、高收费,学生的家庭背景强烈地影响着学生的教育机会。教育的阶层差距正在成为一个突出的问题。
- 导致我国教育不公的制度性因素,突出表现在教育资源和教育机会的公平配置上。城乡二元、重点和非重点二元这种双重的二元结构,是影响我国教育公平的最基本的制度结构。
- 拥有更多文化资本和社会资本的管理干部、专业技术人员、知识分子的子女在高等教育入学机会上更占优势,他们在国家重点高校占有较大的份额,他们的录取分数却低于低阶层家庭的学生。近年来新增加的来自农村的大学生主要分布在教育资源、教育质量相对较弱的地方性高等院校,那里也集中了最多的高校贫困生。
- 学生的家庭背景强烈地影响着学生能否进入重点中学。不论在城市还是农村,高中教育的阶层分化都十分明显,优势阶层的子女更容易进入重点中学,而中低阶层的子女则更多分布于普通中学。人们担心目前的学校制度和教育政策,正在形成一种凝固和扩大阶层差距的教育机制。
- 为高速发展的教育奠定一个稳定的价值和制度基础,防止它的失衡和异化,是当前教育改革的重要任务。教育公平正是这样一个重要的"定向器"和"稳定器"。
- 政府依靠纳税人的钱建立的公立学校必须是一视同仁的,既不能是高档、豪华的,也不能以追求学业水平优秀、培养尖子为目标而分为不同等级。
- 在科学发展观的指导下,在建设和谐社会的进程中,促进社会公平和教育公平不仅是一种理想,也是一个现实的发展目标。

引论 教育公平：一个现实的理想

2005年7月10日,宁夏银川市一名13岁的女生在家服毒自尽。她留给父母的遗书令人震撼："你们养了我13年,花了好多好多的钱！我死了我可以帮你们节约10万元。""对不起！我辜负了你们的心了！我是个差生！"① 8月2日,云南省沾益县盘江乡大兴村的女孩邓某接到昆明医学院的录取通知,由于父亲病重,家庭欠有一万多元的外债,家里通常连买盐的钱都没有,母亲李粉香因筹不到高额学费而自杀。② 8月27日,甘肃省榆中县新营乡谢家营村18岁的高中女生杨英芳,因父亲无力供养她与弟弟同时上学而跳崖自杀（后被救）。校长介绍,由于小学、初中学杂费较少,大学有助学贷款,高中反而成了"黎明前的黑暗",成为农村家庭最大的负担。③

上述三例个案,都是笔者在写作之余随手搜集的。近年来,每到高考时节和新学期开学,经常可从报端见到农村贫困家庭因无力筹集学费,家长或学生自杀、乞讨、卖身的消息。而宁夏的这名花季少女,是第一个因初中择校而自杀的。这种极端个案的社会意义,在于它聚焦和放大了我们教育生活中普遍存在的发展差距和不公平的现实,在于刺激我们面对诸多社会不公平逐渐世故和麻痹的神经,激励我们持续不断地去思考导致我国教育不公平的原因,探讨改善教育公平的方法和途径。

教育公平作为突出的社会问题被公众广泛关注,是近几年的事。在很长的时间里,教育的主题词是"普及"、"跨越式发展"、"重点建设"、"争创世界一流",以及"高校扩招"、"合并"、"大学城"等等。发展的光环不仅冲淡了改革,也在一定程度上掩盖了公平的状况。今天,我们已经清楚地认识到,没有公平的现代化是一种没有灵魂的现代化,没有公平的发展是一种畸形的发展。教育公平作为社会公平价值在教育领域的延伸和体现,不仅是教育现代化的

---

① 孟昭丽,马敏,刘佳婧.择校压力致宁夏一13岁少女自杀.中国青年报,2005-07-25
② 陈鹏.女儿考上大学,母亲上吊自杀.新京报,2005-09-22
③ 王鹏.农村女生抓阄辍学跳下悬崖.新京报,2005-09-22

基本价值和基本目标,也是社会公平的重要基石。这就是教育公平成为社会问题,引起强烈的社会关注的原因。

一、教育公平的基本理论

追求教育公平是人类社会古老的理念。孔子"有教无类"的主张,体现了古代朴素的教育民主思想。在西方思想史上,柏拉图被认为最早提出实施初等义务教育,亚里士多德则首先提出通过法律保证自由民的教育权利。

多年来我们对教育重要性的认识,侧重在教育作为人力资源开发,促进经济增长、科技进步的功利价值上,但教育还有一些更为基本和重要的功能。如自由主义教育家杜威认为,教育的功能主要是:① 人的社会化,即社会整合的功能,因为"教育是生活的社会延续手段";② 促进社会平等化的职能,通过免费的公立教育能够改善处于不利地位人群的状态;③ 促进人的身心发展、自我完善的功能。① 在社会客观存在经济、社会地位等方面巨大不平等的情况下,教育给人提供公平竞争、向上流动的机会,帮助弱势者摆脱他出身的那个群体的局限,能够显著地改善人的生存状态,减少社会性的不公平。因而,现代社会的教育,既是经济发展的"加速器"、科技进步的"孵化器",同时,由于它在社会流动、社会分层中所具有的"筛选器"作用,又被视为社会发展的"稳定器"和"平衡器"。被称为美国"公立学校之父"的贺拉斯·曼便这样宣称:"教育是实现人类平等的伟大工具,它的作用比任何其他人类的发明都伟大得多。"②

可见,教育公平不但是一种美好的社会理想,而且,它之所以成为现代教育的基本价值,是因为教育具有促进社会平等的社会功能。

在语义的层面上,"公平"(equity)、"平等"(equality)与"公正"、"正义"(justice, just)虽然是近义词,但仍有不同的含义。"平等"与"均等"的概念紧密相连,更重视数量、程度、品质上的一致,但"均等"的分配并不一定是公平的,例如对大小不同的孩子均分食物。同样,"公平"也不一定是均等的,例如多劳多得。"公平"作为一个含有价值判断的"规范性概念",比"平等"、"均

---

① S·鲍尔斯,H·金蒂斯.美国:经济生活与教育改革.上海:上海教育出版社,1990.28
② J·S·布鲁贝克.高等教育哲学.杭州:浙江教育出版社,1987.66

等"更抽象,更具道德意味、伦理性和历史性。而"公正"包含了公平和正义,但核心价值是正义。后者主要是政治哲学、社会伦理学、法学语境中的概念,指社会属性的善、权利与义务的对称、自由和责任的对称等等。

在当代纷纭复杂的政治哲学思潮和理论建构中,哈佛大学的哲学大师、自由主义思想家约翰·罗尔斯(John Rawls)独树一帜。他提出"作为公平的正义",强烈地表达了对社会公平的重视。他关于社会正义的一般观念的表述是:

> 所有的社会基本善——自由和机会、收入和财富及自尊的基础——都应被平等地分配,除非对一些或所有社会基本善的一种不平等分配有利于最不利者。[①]

在《正义论》中,他提出了著名的正义原则。第一正义原则为"平等自由原则",即平等地对待所有人,是一种横向的、平均性的公平,用于处理公民的政治权利。第二正义原则为"差别原则"和"机会公平原则",用于处理有关社会和经济利益问题。有区别地对待不同的人的"差别原则"是一种纵向的、不均等的公平,它突出了在不公平的社会现实中,为处境不利者提供机会或利益的"补偿性"。上述原则可以具体表达为:① 每个人有获得最广泛的、与他人相同的自由;② 应使社会中最少受惠者获得最大利益;③ 人所获得不均等待遇的职务、地位应该对所有人开放。"差别原则"和"补偿原则"帮助弱势人群改变不利地位的基本出发点,表现了罗尔斯对于弱者的深切同情,表明了他公平理论鲜明的价值指向。

罗尔斯同时安置了价值的优先性排序。第一个优先原则是自由的优先性,自由权具有最高的地位,"自由只能为了自由的缘故而被限制"。第二个优先原则是正义对效率和福利的优先,正义原则"优先于效率原则和最大限度追求利益总额的原则",以及"公平的机会优先于差别原则"。[②]

另一位重要的思想家,被誉为"经济学的良心"的诺贝尔经济学奖得主阿马蒂亚·森对流行的功利主义发展观予以深刻的揭示。他认为功利主义价值观以"效用"作为公平的主要评价,其好处是重视结果、关注福利。但其重要的缺陷,一是"后果主义":一切选择必须根据其后果来评值,而把效用定

---

① 约翰·罗尔斯著,何怀宏等译.正义论.北京:中国社会科学出版社,2001.303
② 约翰·罗尔斯著,何怀宏等译.正义论.北京:中国社会科学出版社,2001.303

义为快乐、满意、幸福时,其测度十分困难。二是"福利主义":只关注实际效用,导致对权利、自由、责任以及其他非效用因素的忽略。而权利和自由的重要性,不是物质"幸福"可以取代的。三是"总量排序":关心总量而漠视分配,只关注把不同人的效用直接加总得到的总量,而不注意这一总量在个人之间的分配,即追求效用总量的最大化而不计较分配的不平等程度。

　　森认为,应当树立一种新的公平观,它首先是哲学、社会学的,然后才是经济学的。在新的公平观中,自由具有独立的价值,它自身就是价值,既不需要通过与别的有价值的事物相联系来表现其价值,也不需要通过对别的有价值事物起促进作用而显示其重要性。森的实质自由论的第一命题是:"自由是发展的首要目的",即"把发展看做是扩大人民享受的真实自由的一种过程"。他的第二命题"自由是促进发展的不可缺少的重要手段",是可以用发展中国家的经验事实验证的。它的手段性作用,由政治自由、经济自由、社会机会(教育、医疗保健等)、透明性保证(知情权、信用等)、防护性保障(社会救济等)这样五类"工具性自由"建构而成。它被视为一种具体的"可行能力",直接影响着人赖以享受更好生活的实质自由:健康、交往、就业、政治参与等等。[1] 因而,扩展自由既是发展的主要目的,也是促进发展的主要手段。在这样的观念中,人们自然需要质疑基于传统发展观的"效率优先,兼顾公平"的流行概念了:公平还要兼顾吗?

　　在社会现代化的过程中,伴随着消除歧视和不平等,保障教育权利平等、争取教育机会均等是一种独立的社会政治诉求、一个独立的社会发展目标。如同社会公平一样,教育公平具有独立的价值,是超越于经济功利和经济政策之上的。

　　教育公平的理念是政治、经济领域的自由和平等权利在教育领域的延伸。在超越了身份制、等级制等将教育视为少数人特权的历史阶段之后,平等接受教育的权利作为基本人权,成为现代社会普世的基础价值。1948年联合国通过的《世界人权宣言》即规定"人人都有受教育的权利,教育应当免费,至少在初级和基本阶段应如此",这种权利"不分种族、肤色、性别、语言、宗教、政治或其他见解、国籍或社会出身、财产、出生或其他身份等任何区

---

[1] 阿马蒂亚·森.以自由看待发展.北京:中国人民大学出版社,2002

别";"教育的目的在于充分发展人的个性并加强对人权和基本自由的尊重"。① 在20世纪60年代以来的世界性的教育改革浪潮中,教育平等成为"全世界所有国家和所有与教育问题有关的人最关心的问题"。

由于事实上存在的社会政治经济地位的不平等和个体差异,"教育机会均等"成为教育公平、教育民主化的核心问题。教育机会均等的原则主要是为了改变处于不利地位的社会阶层的教育状况,它"意味着任何自然的、经济的、社会的或文化方面的低下状况,都应尽可能从教育制度本身得到补偿"。② 教育机会均等的一般含义是:"各族群接受学校教育的学生,在总学生数中所占的比例,应与各该族群在同一年龄人口中所占的比例相等。"这既是"教育机会均等"的概念,也是"教育机会均等"的衡量指标。

1960年,联合国教科文组织详尽阐述了"教育机会均等"的概念,它包括"消除歧视"和"消除不均等"两部分。"歧视"系指:"基于种族、肤色、性别、语言、宗教、政治或其他观点、民族或社会出身、经济条件或家庭背景之上的任何差别、排斥、限制或给予某些人以优先权,其目的在于取消或减弱教养中的均等对待。"其表现为:① 剥夺某个体或某团体进入各级各类教育的机会;② 把某个体或某团体限于接受低标准的教育;③ 为了某些人及团体的利益,坚持分流教育制度;④ 使某些人及团体处于与人的尊严不相容的处境。而"不均等"是指:在某些地区之间和团体之间存在的、不是故意造成也不是因偏见形成的差别对待。③

关于教育不平等的来源,人们进行了相当深入的研究。《国际教育百科全书》将其分为11类:个体能力的遗传差异;个体所处社会地位的差异;政府、社会、个体提供和获得教育方面的政治权力;国家和私人为教育提供的资源;各阶段教育之间的资源分配;在各地区配置的和向各社会群体提供的教育机构的差异;教育机构与其他群体之间在资源、能力和成就方面的差异;教师能力方面的差异;家庭在教育方面的直接成本和间接成本;不同教育阶段的选拔;代际之间教育资源的分配。④ 可见,教育不平等既来自个体能力、社会地位、文化资本等方面的差异,也来自教育资源提供和配置、学校制度、选拔制度等社会制度性的因素。它指示了克服教育不平等的制度变革和政策

---

① 中国人权网 http://www.humanrights-china.org
② 查尔斯·赫梅尔.今日的教育为了明日的世界.北京:中国对外翻译出版公司,1983.69
③ 马和民,高旭平.教育社会学研究.上海:上海教育出版社,1998.86
④ 丁胡森主编.国际教育百科全书.中文版.第四卷.贵阳:贵州教育出版社,1991.436

调整的方向。

教育公平在现实中的演进,不仅在理论上有不同的理论和流派,而且在实践中也呈现不同的阶段和侧重。通常认为,教育机会均等包括三个不同的层面,即起点平等、过程平等和结果平等。

起点平等是指教育机会的平等、入学机会均等。与学业成就平等相比,这是一种最低纲领的公平诉求,在实践中尤指保障儿童接受初等教育(义务教育)的权利和机会。

过程平等或参与平等,是指个人或群体在教育的不同部门和领域内经历和参与的性质和质量,例如个人参与教育的选择性,各级各类教育之间的开放性、可流通性,以保障个人能够接受自己所需要的教育。

结果平等是指最终体现为学业成就、教育质量的平等,是一种实质性的、目标层面的平等。在研究中,接受大学教育经常被视为结果平等的目标。当然,更进一步地,学生在大学毕业之后的社会经济地位的平等才是真正实质性的。

机会平等、参与平等和结果平等这三种不同性质的平等观代表了三种不同的价值观,也大致反映了教育平等所经历的不同阶段。

起点公平反映的是效率优先的价值。基于政治上的保守主义,20世纪初欧洲国家的普及教育建立了一种高度筛选、分流、双轨制的公共教育制度,考虑的主要是经济合理性。其所依据的理论认为,由于人的天赋能力不同,上层子弟和平民子弟上不同的学校是一种各尽所能的教育平等,因而,虽然所有儿童都接受教育,但接受的却是不同质的教育。这种平等的积极意义,在于推动了针对平民的教育普及。

20世纪六七十年代,主要在美国民权运动中产生的教育平等理论,基于自由主义的主张,认为平等的政策应指向在分层系统内给各种类型的流动(教育的、职业的、生涯的、代际的等)以平等化的机会。以《科尔曼报告》为代表,科尔曼主张的机会平等的内涵,包括对学生的资源投入的平等,能力相当的学生在学业成就上的平等,来自不同背景的学生在学业成就上的平等,取消种族隔离,平等的学校教育环境(包括学校风气、师资和教育质量)等。[1]它追求教育资源配置方面和教学过程中的平等,主张基础教育阶段取消双轨

---

[1] 莫琳·T·哈里南主编.教育社会学手册.上海:华东师范大学出版社,2004.99

制,平等地招收各个社会阶层的儿童,缩小公立学校的质量差别。这种要求平等地对待每一个儿童,让他们接受同样的教育的主张,被视为一种"形式平等论"。

20世纪晚期的教育平等理念,超越了形式平等的阶段,重视弥补由于社会经济、文化差距导致的学习差距,追求学业成就的实质平等。因为一系列研究表明,只有教育资源和机会的平等并不能达到学业成就的平等。教育公平与社会公平的不同之处在于,它不仅要实现资源、机会的公正分配,同时要关注个人的发展。只有前者,并不能自然达到教育结果的实质平等。教育资源的公正分配被视为教育系统的"外部公正",它在很大程度上取决于社会公正的状况和水平;而教育系统的"内部公正"是指在教育过程中,公正地对待每一个人,让每一个人得以充分发展。

在我们的教育现实中,既有大量教育资源、教育机会分配上显而易见的不公平,而围绕形式平等和实质平等的不同价值和文化理论,也有许多需要认真辨析的公平问题。例如,基于精英主义的观念,认为对不同禀赋的孩子实行职业教育和学术教育的强制分流,是符合公平原则的;基于民粹主义、平等主义的原则,认为让所有想上大学的孩子都有相同的机会才是公平的。传统的自由主义,认为为所有儿童提供同等同质的教育是公平的;基于多元文化、"差异的政治学"的新右派思潮,质疑一元文化观下的教育差距,以承认个体差异、多元文化的合理性为前提,重视给儿童提供促使其天赋、个性得以发展的不同的教育,帮助他自我实现。[①] 与"让每一个人都上大学"的平等观不一样,新的平等观是"适才适所",即每一个人的自我实现。

二、我国教育公平的基本特征

新中国对教育公平的高度重视,直接来自马克思主义教育理论和追求公平、公正的社会主义理想。1949年12月召开的第一次全国教育工作会议,确定新中国的教育是"新民主主义的教育",是"民族的、科学的、大众的教育,其方法是理论与实际一致,其目的是为人民服务,首先为工农兵服务,为当前的革命斗争与建设服务";"教育必须为国家建设服务,学校必须为工农开

[①] 金一鸣主编.教育社会学.南京:江苏教育出版社,1992.87;谢维和.教育活动的社会学分析:一种教育社会学的研究.北京:教育科学出版社,2000.325

门";"教育工作的发展方针是普及与提高的正确结合。在相当长的时间内以普及为主"。①

在新中国前30年普及和扩大教育的过程中,十分重视面向工农大众的教育,不断扩大工农和干部子女的教育机会。然而,在阶级斗争理论的框架下,当时对多数人教育权利的保障,是以限制和剥夺"非劳动人民"的教育权利为代价的,实行的是一种"阶级内的平等"。伴随"阶级斗争"的升级,它发展为一种歧视性的"阶级路线"政策,严重侵犯了公民平等的教育权利,打击、压制了许多知识分子和青年学生,并直接导致了"文革"中的"血统论"以及干部阶层的某种教育特权。在1977年恢复高考后,重新恢复了教育"有教无类"的全民性,恢复了不同阶层、不同人群平等的教育权利,以及"分数面前人人平等"的程序公正。

公民平等的教育权受到法律的保障。1995年9月1日开始实施的《中华人民共和国教育法》第一章第九条规定:"公民不分民族、种族、性别、职业、财产状况、宗教信仰等,依法享有平等的受教育机会。"第五章第三十六条规定:"受教育者在入学、升学、就业等方面依法享有平等权利。"

2001年颁布的《全国教育事业第十个五年计划》,首次将教育公平作为教育改革与发展的"指导思想和基本原则":"坚持社会主义教育的公平与公正性原则,更加关注处境不利人群受教育问题。努力为公民提供终身教育的机会。"②

近年来,中国政府签署了一系列关于公民权利的国际条约,对保障包括教育权在内的人权做出了庄严承诺。如1997年中国政府签署的《经济、社会及文化权利国际公约》第十三条第一款规定:"本公约缔约各国承认,人人有受教育的权利。它们同意,教育应鼓励人的个性和尊严的充分发展,加强对人权和基本自由的尊重,并应使所有的人能有效地参加自由社会,促进各民族之间和各种族、人种或宗教团体之间的了解、容忍和友谊,和促进联合国维护和平的各项活动。"③

教育公平是一个伴随经济发展和社会民主化逐渐扩大和深入的过程,在不同的阶段,问题和重心各不相同。尽管我国目前仍然存在一些教育权利方

---

① 中央教育科学研究所.中华人民共和国教育大事记(1949—1982).北京:教育科学出版社,1983.8
② 中华人民共和国教育部.全国教育事业第十个五年计划.北京:人民教育出版社,2002.7
③ 中国人权网 http://www.humanrights-china.org

面的问题(例如残疾人、流动人口子女、携带病毒者的平等教育权利等等),但总体而言,我国最基本、最主要的问题是"教育机会均等",即在不断普及和扩大教育的过程中,保证城市和乡村、不同地区、不同性别、不同民族、不同阶层和人群能有大致相同的教育机会。

在广大的农村地区,贯彻"教育机会均等"的原则,保障"起点的平等",最重要的是普及九年义务教育,保障儿童平等接受教育的权利。在基本普及了九年义务教育之后,中等教育的公平具有结构性的关键作用,高等教育机会的不公平主要是中等教育结构性特征的积累和延续。在高等教育大规模扩招之后,普通高中成为狭窄的"瓶颈",中考竞争的激烈程度远远甚于高考。这种对教育过程的公正的要求,就教育制度安排而言,接近于"过程的平等"。而"结果的平等"——平等学业成就的实现,仍然是一种比较遥远的理想。一般认为,世界各国在教育质量上的不公平比教育机会不公平严重得多。"人人享受高质量的基础教育仍然是 20 世纪末的重大挑战之一。"[①]

我国城乡、地区之间教育发展的不均衡,以及各种严重的教育差距,是我国的基本教育国情。据对 2000 年全国人口普查千分之一抽样数据的分析,影响我国教育不平衡的主要因素,按重要性程度依次为城乡差距、地区差距、民族差距和性别差距。随着教育层次的提高,各个因素的差异也越大,在高等教育阶段最为严重。

城乡之间巨大的教育差距,是城乡差距的重要表现之一。农村教育始终是中国教育的重点、难点。农村教育的薄弱和艰难,集中了我国教育公平的所有重要问题。

中国教育资源和教育机会的配置失衡不仅表现在城乡之间,也表现在空间分布上。中国东部、中部和西部地区的划分,不仅是地理的,也是经济和文化意义上的。关于地区教育差距的深入研究显示,地区内的差距大于地区之间的差距。举例来说,青海与上海的差距固然很大,但青海省内城乡之间、学校之间的教育差距,要大于青海与上海的差距。这说明地区之间、地区之内的教育差距具有体制性的共性特征。因而,改善和促进教育公平在每一个地区都是必要的和可以大有作为的。

性别之间的教育差距,一方面表现为在西部边远和贫困地区,女童的失

---

① 联合国教科文组织.教育:财富蕴藏其中.北京:教育科学出版社,1996

学、辍学仍是严重的问题;另一方面,虽然女性在各个学历层次的比例都在增加,但"层次越高、女生比例越低"的特征和"男强女弱"的基本格局依旧。例如在高等教育系统,女生在非正规高等教育中拥有更多的机会。

汉族与少数民族之间的教育差距很大,但一直在缩小之中。不同民族之间的教育程度差异极大。在少数民族中,蒙古族、回族的教育程度最高,其小学及以下学历人口的比例低于汉族,而大专以上人口的比例则高于汉族。藏族、苗族的发展水平则低于少数民族的平均值。

自20世纪90年代以来,由于社会的贫富差距加大,以及基础教育阶段的重点学校制度、"择校热"、高收费,学生的家庭背景强烈地影响着学生的教育机会。教育的阶层差距正在成为一个突出的问题。

在城乡、地区、性别、民族、阶层的教育差距之外,由于经济全球化、一体化的进程,信息化、城市化进程等新的社会发展,对教育公平也提出了新的要求。例如,在城市化进程中,需要考虑如何保障流动人口及其子女的教育权益和教育机会;同时,农村的"留守儿童"也成为严重的问题。在满足基本教育需求的同时,需要考虑如何填补在城乡、地区、不同人群之间存在的巨大的信息鸿沟。在国际化和多元文化环境下,需要保持中国文化的核心价值、中文教育的重要地位,而不致使其被边缘化。面对学习化社会的发展趋势,需要满足不同人群对继续教育、终身学习的需求,以及平衡老年人与青年的教育权利,等等。这一切都显示教育公平是一个在不同时空中流动、发展的命题,是教育永远需要面对的挑战。

我国当前的各种教育差距,主要是由历史形成的城乡、地区之间经济、社会、文化的不平衡发展造成的;不同地区和民族的文化习俗和传统,也是形成这种差距的深层原因。这种发展性的差距,只能通过经济发展和社会进步逐步加以改善和缩小。

与历史形成的发展差距——导致教育不公的发展性因素——相比,真正值得重视的是影响教育公平的制度性原因。政府公共政策的不同取向或偏差,往往会加剧现实中的教育不公;同时,相对于缩小历史形成的发展差距而言,通过制度变革和政策调整来增进社会公平,是更为容易实现的。因而,认识这一制度性因素,是我们关注的重点。

导致我国教育不公的制度性因素,突出表现在教育资源和教育机会的公平配置上。在计划经济时代,为实现国家的现代化目标,形成了城乡二元结构、高度集中计划的资源配置模式。农村的主要功能是为城市和工业化积累资金,地方和社区的发展是缺乏重要性的。这种城乡分治的二元格局,成为凝固、扩大城乡和地区教育差距的基本制度。在教育内部,以培养尖子、为高等教育输送人才为旨的精英主义路线,形成了基础教育阶段重点学校与非重点学校分治的另一重"二元结构"。这一人为地制造和扩大学校差距的制度,在基础教育十分落后的时期具有某种历史合理性,但它现在的功能完全是反教育性的。这种等级化的公立学校制度违反了义务教育平等对待每一个学生的宗旨,加剧了升学竞争,造成并强化了应试教育,导致基础教育的畸形化。城乡二元、重点和非重点二元这种双重的二元结构,是影响我国教育公平的最基本的制度结构。

这一制度的长期实行,形成了一种忽视地区差别和城乡差别、主要从城市人的需求和利益出发的"城市中心"的价值取向。作为一种制度文化,这一价值至今仍在影响着教育公共政策。例如高考招生制度中的地区差距,所谓"倾斜的高考分数线";又如主要依据城市儿童的教育资源和学习能力编写的课程标准和教材。

国内近年来对教育公平的研究,集中在农村义务教育、女童教育、流动儿童教育等方面,高等教育入学机会的情况较为模糊。在经历了近年来高等教育前所未有的大发展之后,高等教育入学机会的状况究竟发生了怎样的变化,是随着数量、规模的增长而改善了,还是如我们在媒体上看到和在生活中感受到的那样,在有些方面差距进一步拉大?世纪之交,我国教育公平状况的新问题和新特点是什么?通过研究,我们形成了以下一些定性的认识:

(1) 从1999年起,高等学校开始大规模扩招,极大地加速了高等教育的发展,我国青年受高等教育的机会显著增加。2004年,我国本专科在校生数1108.56万人,是1998年的3.3倍;招生数382.17万人,是1998年的3.5倍。研究生招生规模2003年是1998年的3.7倍。2005年,我国高等教育毛入学率达到了21%,高等教育规模居世界第一位。

(2) 据对2000年全国人口普查千分之一抽样数据的分析,在影响我国教育不平衡的主要因素中,按重要性程度依次为城乡差距、地区差距、民族差距、性别差距。随着教育层次的提高,各个因素的差异也越大,在高等教育阶段最为严重。

(3) 高等教育入学机会的城乡差距经历了由恶化到改善的过程。1995

年至2000年,以城乡每万人高考报名数表征的城乡差距持续加大。2001年首次出现城市考生数超过农村的现象,表明在这一阶段,新扩大的高等教育增量部分更多地为城市学生所享用。但从2001年起开始,每万人高考报名数的城乡比明显改善。从2002年起,农村报名人数的绝对值和增幅均重新超过城市。高等教育入学机会仍然存在巨大的城乡差距,同时,正在从总量的、宏观的不均衡,转为隐性的、更深的层面。

城乡差距的改善,可以认识的主要原因是在快速的城市化进程中,农村人口无论是比例还是总量都在迅速减少。它也可以用这一理论解释:教育扩展在不同阶段对教育公平的影响具有不同特征,在扩展的后期,即强势阶层的教育需求饱和后,弱势阶层的状态才有可能得到改善。也就是说,虽然结构改变了,但是优先次序并没有改变,后者体现了更为本质的制度特征。

(4) 对在校生家庭背景的调查显示,高等学校学生中的阶层差距逐渐扩大。教育制度作为社会分层的机制日益突显和强化。在城市社会中,阶层差距已经成为影响教育机会均等最重要的因素。

高等教育系统正在出现的分层大致是:拥有更多文化资本和社会资本的管理干部、专业技术人员、知识分子的子女在高等教育入学机会上更占优势,他们在国家重点高校占有较大的份额,他们的录取分数却低于低阶层家庭的学生。近年来新增加的来自农村的大学生主要分布在教育资源、教育质量相对较弱的地方性高等院校,那里也集中了最多的高校贫困生。在收费较高的高职和民办高校,其生源主要是来自中小城市和城镇的学生。此外,学生在不同学科专业的分布和高考的录取分数也呈现很强的阶层属性。

由于城市化进程和户籍制度改革,大量的流动人口,中小学布局调整后许多农村学生到县镇上学等因素,今后识别城乡人口的属性将越来越困难,而以家长职业、家庭社会经济背景的指标评价教育公平更为合理有效,凸显了阶层差距评价的重要性。

(5) 高校扩招后女性接受高等教育的机会明显增加。1998—2002年,我国普通高校中的女生数增长了整整两倍,在学生总数中的比重也从38.31%增加到43.95%,以平均每年1个百分点的速度增加。女性在各个学历层次的比例都在增加,尤以女博士的增幅为最大。但"层次越高、女生比例越低"的基本态势、"男强女弱"的格局依旧。女生在非正规高等教育中拥有更多的机会,成人高校和高自考中的女生比例高于普通高校。

农村女生接受高等教育的机会,既少于城市女生,也少于农村的男生。

与教育中性别差距总体缩小的趋势相反,在农村群体中,接受高等教育的性别差距却在扩大。农村学生中的性别差距大于城镇学生。

(6) 高等教育公平问题很大程度上是高中教育、基础教育公平问题的积累和延续。普通高中落后于高等教育发展,成为教育公平新的瓶颈。在中学教育资源的配置中,重城市轻农村的倾向没有缩小反有增大的趋势。2002年,全国城镇人口占 39.1%,农村人口占 60.9%,但农村的普通中学却只占 49.6%,城镇的中学数首次超过了农村。城乡二元、重点和非重点二元的学校制度,构成等级化的公共教育体制,成为基础教育社会分层的基本制度。

(7) 不断加大的学校差距、学校的两极分化导致炽烈的"择校热"。在被调查的高中,缴纳赞助费或择校费的学生比例几乎都超过 10%,最高达到 40%。城市重点学校有四分之一的学生通过择校进入。通过熟人或关系进入高中的比例在一些地区达到了 10%。

学生的家庭背景强烈地影响着学生能否进入重点中学。不论在城市还是农村,高中教育的阶层分化都十分明显,优势阶层的子女更容易进入重点中学,而中低阶层的子女则更多分布于普通中学。在城市重点高中,来自高阶层家庭的学生比例平均为 42.1%,是低阶层的 1.6 倍。在有的城市,前者的比例高达 60% 以上。人们担心目前的学校制度和教育政策,正在形成一种凝固和扩大阶层差距的教育机制。

(8) 对各省(自治区、直辖市)教育公平指标的测算显示,经济发达水平与教育公平水平呈明显正相关分布,即省(自治区、直辖市)经济发达水平越高,教育状况越趋向于公平;教育不公平显著的地区主要集中在经济不发达的西部地区。但是,一些中等发达地区教育公平的水平高于发达地区,一些经济发达地区的教育公平水平低于全国平均水平,显示出教育公平与经济发达程度之间的复杂关系,说明对不同经济发达程度的地区,改善教育公平状况都是现实的任务且可以有所作为的。

三、教育发展的经济主义模式

自 20 世纪 90 年代中期以来,在我国向市场经济转型的社会变革中,伴随社会生活和利益主体的多元化,影响教育公平的制度性因素呈现新的特点。

随着九年义务教育的逐渐普及,高等教育规模迅速扩大,人们接受教育的机会显著增多。与此同时,教育走上了一条被称为"教育产业化"的发展道路。比较学术化的表达,它是指教育领域"单纯财政视角的教育改革",或者说是一种"经济主义路线"的教育改革,即一种在教育经费严重不足的背景下,为弥补经费短缺,围绕着学校创收、经营、转制、收费、产权等问题,以增长和效率为主要追求的教育改革。近些年来我国主要的教育政策,无论是多种渠道筹措教育经费、"人民教育人民办"的农村"普九",还是大学高收费,学校广办公司开展多种经营创收活动,公办学校转制、"名校办民校"和"择校热",公办高校举办"二级学院"、"独立学院",以及用房地产开发的模式兴建"大学城"等等,大致都循着这一思路。它成为当前影响教育公平最现实的、最重要的制度性因素。日益拉大的学校差距、炽烈的"择校热"、高昂的教育收费加剧了业已存在的阶层差距,享受"优质教育"越来越成为金钱和权力的较量。中小学高额的教育费用致使农村家庭出现了"因教致贫"、"怕子成龙"的悲剧。权学交易、钱学交易、招生腐败、学术腐败等现象严重地损害了教育的公益性和公正性。这一教育发展的现实,使公众对教育的评价降至20年来的最低点,教育在舆论和民意中成为"暴利行业"和"腐败重地"。[1]

中国当前的教育发展既有自己的特殊性,在发展中国家社会现代化进程中,也具有值得认识的共性特征。拉丁美洲国家近30年的发展实践,能够加深我们对教育在社会现代化过程中的不同功能和价值的深入认识。

现代国家的教育,具有直接促进经济、科技发展,开发人力资源的巨大经济功利价值;同时,具有促进社会整合,促进人的心智发展,促进社会平等、社会凝聚和文化认同等非功利的价值。它是教育更为原始和本质的功能,远在教育还没有获得直接的经济价值之前,其促进人的社会化的职能即早已存在了。现代社会必须在这两种价值之间保持必要的平衡,才能保证教育乃至现代国家协调、稳定、持续地发展。

20世纪60年代之后,由于人力资本理论的传播,多数发展中国家都已认识到教育对经济、科技发展的重要作用,视其为教育最重要的价值。与"人的社会化"教育模式相比,这被称为一种"经济主义模式"的教育发展观,即将教育投入视为一种生产性投资——"人力资本",将教育过程视为一种生产力

---

[1] 媒体调查的"2003中国十大暴利行业",第一为房地产,中小学教育列为第二,其余依次为殡葬、出版、汽车、眼镜、电信与手机、医药、出国留学中介、网络游戏。青年时讯,2004-01-01
中纪委调查的五大腐败领域依次是:建设工程、公检法、医疗、教育和组织人事。新华网北京2004年1月26日电。

的开发——"人力资源"开发,片面强调和追求教育的经济效益,优先发展直接与经济和科技连接的高等教育。

巴西、墨西哥、智利等拉美国家的教育改革是一个典型。教育被视为能够推动经济增长的巨大力量,尽管改革法令也规定要延长义务教育年限,实行普通教育与职业教育相结合,推行中等义务职业教育制度,发展非正规教育等等,但由于社会贫富分化严重,教育发展为市场经济中的强势阶级所支配,致使联邦政府教育经费的一半以上用于发展高等教育,导致高等教育迅速扩张,而初、中等教育却步履维艰。优先发展为经济的"现代化部分"输送人才的教育,与工业、服务业和出口农业相关的正规教育、中等和高等教育处于优先地位,而成人培训、扫盲等非正规教育和初等教育相形见绌,大部分劳动力被排除在职业教育之外。其后果是,在培养了大量新兴的白领阶层的同时,也产生了大量文盲,加剧了贫富差距、阶层差距。1982年墨西哥爆发债务危机,导致全面的金融危机,使拉美国家的经济遭受重创。由于严重的贫富差距、社会腐败,经济危机引发了社会危机,致使治安恶化,社会动荡。20世纪80年代也因而被拉美国家称为"失去的十年"。

研究者认为,拉美国家之所以会发生严重的社会危机,一个重要原因是对教育功能的认识不正确,致使人力资源开发的功能压倒了教育更为重要的基本功能——通过教育促进民族团结、社会凝聚的功能,以及通过教育改善穷人的处境,促进社会公平和民主的功能。痛定思痛,1989年颁布的墨西哥《教育现代化纲要》规定,"我们要改革那种阻碍国家进一步发展、阻碍给所有墨西哥人以平等机会的东西";"支持以福利为目的的经济增长";教育改革的目标是"让高质量的教育和平等的教育机会真正向一切人开放,实现平等的增长",而初等教育对实现这一目标"起有决定性的作用",因而是"新教育模式中最优先的重心"。90年代初,墨西哥提出了"公正的现代化"的社会理想。[①]

四、教育公平是现实的发展目标

为高速发展的教育奠定一个稳定的价值和制度基础,防止它的失衡和异化,是当前教育改革的重要任务。教育公平正是这样一个重要的"定向器"和

[①] 曾昭耀等主编.战后拉丁美洲教育研究.南昌:江西教育出版社,1994.第14、15章

"稳定器"。对于教育公平的现实可行性,人们有各种担心和疑虑。例如:公平是否是我们目前尚难以承受的"奢侈品"?它如何与高速发展的目标相契合,是否会降低效率?是否会降低教育质量,损害追求优秀的目标?政府和市场究竟应当如何分工合作?等等。对这些问题的确需要进行认真辨析、深入探讨。

公平讲多了吗?

在教育公平的讨论中,一个常见的说法是:没有绝对的公平,公平都是相对的。好像有人在鼓吹绝对的公平似的。其实,我们反对的只是那些"绝对的不公平"而已,我们主张的只不过是尽量缩小差距。面对绝对不公平的事实而反对所谓绝对公平,是以一个不存在的理由来阻挡切实可行的缩小差距的努力。就我国的教育现实而言,有效地缩小差距也仍然是一个相当艰难的长期目标,我们应当做也可以做的是从现在起不再继续人为地扩大差距。这样最低限度的"底线",我们难道不应该去争取、去履行吗?

大众媒体对教育公平的关注,使它一再成为舆论的焦点,尤其是在每年全国和各地的"两会"上。然而,不能认为教育公平是被媒体"炒"出来的,舆论表达的不过是触目惊心的现实和沸腾的民意。恰恰相反,只有当教育公平不再成为舆论热点时,才意味着教育公平状况得到了有效的改善。

效率优先?

公平与效率经常处于难以兼得的冲突状态,教育发展面临类似的困境。由于经济学在当今社会拥有强势话语权,在价格和分配制度改革中提出的"效率优先,兼顾公平"的口号不证自明地成为教育、卫生等公共事业改革的价值。但与社会、经济领域不同,教育领域的公平—效率矛盾有自身的特殊性,需要作具体分析。

"效率优先"、不择手段"做大蛋糕"成为"教育产业化"思潮的基本价值。教育产业的发展无疑有积极价值,如教育经费来源的多样化,教育培养能力扩大,教育服务、教育消费概念开始形成等等。然而,这种单纯"市场—效率"导向的公共政策的最大问题,是淡化、模糊了政府提供教育服务的特定职责、义务教育主要是政府的义务这样的概念,在现实中则混淆了政府和市场、公办教育和民办教育的不同功能,很容易成为地方政府卸除教育"包袱"的方便借口,将政府用纳税人的钱提供的"公共产品",变成需要花钱购买的服务,架空了弱势阶层和人群享受公共服务的机会和权利。

义务教育是面向每一个公民、每一个儿童的基础性教育,是一种全民教育,保障的是基本人权。将义务教育演化为等级化的、高度竞争性的、具有很强的选拔和淘汰功能的教育,是违反义务教育的宗旨的。教育经济学的研究已经表明,三级教育的投资回报率是不同的。"在发展中国家,普及基础教育不仅是最公平的,也是效率最高的",即在义务教育阶段,公平与效率的目标是高度重合的。因而,在义务教育阶段,必须坚持"公平优先"的价值。

高中教育的主要问题是资源不足与差距过大并存,需要通过缩小学校差距、提高投资效率以促进教育公平。在非义务教育阶段,公平和效率的价值至少应当并重,这是由教育的先导性、基础性、全局性这样特殊的战略重要性所决定的。

不发展,还是不公平?

"效率优先"的价值体现为一种"发展阶段论",认为如同先污染后治理一样,先经济后教育、先效率后公平是一种不可选择的选择,是社会发展的常态。只有蛋糕做大了,才能谈公平。因而,现在的主要问题不是不公平,而是不发展。

经济发展与社会公平之间的因果关系,只有在长时段的文明演进中才是确定的,在现实的社会变迁中,却并非如此直接、简单。从历史看,先发达国家公共教育制度的建立、普及义务教育等,都是在经济起飞之前、财政相当困难的情况下实现的。这说明教育公平在现实中的推进,在很大程度上取决于社会民主的发展、人权意识的普及。"公共政策是对价值的一种权威性分配",不同的选择主要是价值的产物,在很大程度上取决于决策者所拥有的政治理念和文化价值。

当今世界,一些人均收入远比我国高的国家如拉美国家,公共事业落后,基础教育尚未普及,贫富差距、失业、治安等社会问题相当突出;同时,全球190多个国家中,有170个已经实现了免费的义务教育,包括人均GDP只有我国三分之一的老挝、柬埔寨、尼泊尔、孟加拉等国。如果不是单纯评价GDP,而是以联合国的"人文发展指数"(HDI,Human Development Index)作为社会进步的评价指标,那么并不是美国,而是挪威、瑞典等国家的水平最高。① 如果按照一些学者正在研究的"国民幸福总值"(GNH,Gross National Happiness),以大多数人的幸福感受作为社会进步的评价指标,那么不是经济最发达的国家,而是意大利、不丹等国的水平最高。②

可见,那种认为我国太穷,追求教育公平是奢侈的"超越阶段论",以及经济发展了公平问题自然会解决的"经济决定论",是似是而非的。教育数量的增长和规模的扩大,通常意味着教育民主化程度的提高,有利于增进教育公平。但是,社会经济发展的现实也会提供相反的例证,如阿马蒂亚·森所言,"问题的关键是:经济增长的影响,在很大程度上取决于经济增长的成果是如何使用的"。③ 我国近些年来城乡差距、阶层差距显著拉大,学校两极分化严重的事实,都加深了我们对这一问题的认识。

虽然在现实生活中,教育公平必然受制于政治、经济、文化等各种因素,但经济水平对教育的影响与促进教育公平在多数情况下是两个不同质的问题:前者影响的是教育投入的总量,后者关注的是如何分配和使用确定的教育经费。一般而言,前者对后者并没有决定性。我国一些经济欠发达的省份,教育公平的指标却超过一些经济发达地区,同为经济发达地区,其教育公平的表现却很不相同,这都说明两者虽有联系,但不是一种线性的、刚性的联系。促进和扩大教育公平,无论在经济发达地区还是落后地区,同样大有可为。而且应当看到,今天的中国教育,整体上已经摆脱了绝对贫困的短缺状态。无论是在中西部地区还是在东部,教育事业都在大发展,但如何发展仍然是个问题。许多地方仍在实行"锦上添花"、"劫贫济富"的政策,不惜代价打造重点学校,"树起一根杆,倒掉一大片"。这迫使我们思考:在很多情况下,我们的主要问题究竟是缺钱,还是缺乏正确的观念?究竟是不发展,还是不公平地发展?

经济落后可以谈公平吗?

"经济决定论"对社会和公众的误导,是将经济总量与它的合理使用混为一谈,从而模糊了社会的正义追求,使公平问题的解决永远处于"将来时"。因为对任何一个政府来说,钱总是不够用的;而最贫困的家庭,也需要做出是节衣缩食供

---

① 国家统计局国际统计中心.2002 年中国人文发展指数排在世界第 96 位.国家统计局国际统计中心网 http://www.chinainfo.gov.cn,2002-10-09
② 科学时报.核算"国民幸福指数",把公民幸福落到实处.科学时报,2005-04-11
③ 阿马蒂亚·森.以自由看待发展.北京:中国人民大学出版社,2002.36

养子女上学,还是先盖房子这样的选择。

关于穷国或贫困状态下能否关注公平,阿马蒂亚·森的研究令人信服:"一个贫穷的经济可能只拥有较少的钱用于医疗保健和教育,但与富国相比,它也只需要较少的钱就能提供富国要花多得多的钱才能提供的服务";"通过适当的社会服务项目,尽管收入低,生活质量还是可以迅速提高的。再说,教育和医疗保健的发展也能促进经济增长率的提高这一事实,也增强了在贫穷经济中应该大力发展这些社会安排,而不必等到先'富裕'起来的观点和说服力"。① 正如森所论述的,如果认为自由、公平不仅是发展的目的,也可以有效地促进发展,那么二者不应是孰先孰后的过程,而应是一个相互促进的共生过程。

2005年8月,世界银行发布的《中国经济季报》提出应当实现财政政策——支出优先顺序的转变的建议,建议采取社会保障的措施以及将政府开支从投资转移到医疗卫生、教育和社会安全等领域,把重点放在农村地区的公共财政,这样做有助于提高家庭(特别是贫困家庭)的可支配收入,同样有利于私人消费的增长,提高消费在 GDP 中的分量,也有助于调整经常账户的盈余,从而使经济增长从相对不稳定的出口和投资驱动型转化为以消费为基础的更稳定的增长方式。② 这是追求社会公平与经济增长"双赢"的一个实例。

精英主义还是大众主义?

这是教育的公平与效率问题的另一个基本矛盾,即所谓"普及与提高"的关系。新中国教育在发展之初即面临这样的困难选择:既要迅速普及教育,扩大人民群众的受教育机会,又要为实现工业化和国防建设培养急需的专门人才。我国采取了优先发展高等教育、层层设置中小学重点学校,为高校输送"尖子"的做法,选择了精英主义的发展路线。事实上,战后发展中国家的教育大多采取了这种高重心的发展战略,优先培养高级专门人才。

这种突出重点、培养尖子、为升学服务的精英主义路线,导致我国的基础教育具有高度的竞争性、淘汰性,学科知识的难度和深度成为"世界之最",其后果是在筛选出一小批"尖子"之时,造就了大量教育的"失败者",即所谓的"差生"以及辍学流失的学生。今天,低下的国民素质已经成为社会现代化最

---

① 阿马蒂亚·森.以自由看待发展.北京:中国人民大学出版社,2002.38~39
② 新华网 http://www.XINHUANET.com,2005-02-05

大的制约因素,这是我们的这一选择所付出的沉痛代价。

美国在建国之初也曾遇到过这一问题。贺拉斯·曼认为:"估量科学或文化造福于一个社会,不应过多地着眼于这个社会拥有少数掌握高深知识的人,而在于广大人民掌握足够的知识。"[1]他推动了19世纪初美国的公立学校运动。2004年,哈佛大学校长L·H·萨默斯表达了同样的意见。他说:"在一个精英主义的时代,惠灵顿公爵曾经有句名言:决定胜败的战场在伊顿公学的操场上。今天,决定美国未来成败的战场,就在美国的公立学校。"[2]这也是经济水平与政策选择并非简单相关的另一实例。

教育公平是不是搞平均主义?

首先应当明确,基础教育尤其是义务教育,的确具有一种"平等主义"的取向。义务教育是国家行为、政府行为,提供每一个儿童都必须接受的基础性教育,是一种最低纲领的"合格教育"。因而,政府依靠纳税人的钱建立的公立学校必须是一视同仁的,既不能是高档、豪华的,也不能以追求学业水平优秀、培养尖子为目标而分为不同等级。

反对平均主义的主张还来自经济学的市场思维,认为既然可以"让一部分人先富起来",也应该"让一部分人先聪明起来",让有购买力的人来购买"优质教育"。这几乎是"富人经济学"的教育版。它的问题是将教育活动简单地等同于经济行为,忽视的恰恰是教育保障社会公平的特殊功能。在社会利益多元化的新格局中,新富人群的教育需求不仅应该,也完全可以满足。但从社会公正的角度出发,它不应该是在公立教育系统中用金钱购买"优质教育资源",而应当自己花钱在教育市场上去购买,主要通过民办教育来实现。政府保障公平,市场提供多样化、高质量的教育,实现教育的选择性,正是大多数国家的通例。

反对平均主义,认为"不能搞低水平的公平"的主张,具体地指向反对用"削峰填谷"的方法取消重点学校制度,降低重点学校的水平。对此,应当认清当前阶段的主要矛盾是什么。显而易见,目前的主要问题是学校差距太大。由于多年的倾斜和积累,即使不再给重点学校任何优惠,在很长的时间内它仍将是普通学校难以挑战的"巨无霸"。我们现在所能做的,也许不是

---

[1] 贺拉斯·曼.美国教育基础——社会展望.北京:教育科学出版社,1984.12
[2] 萨默斯.让每个孩子都成功:教育的任务.中国教师报,2004-11-10

"削峰",而是不再继续"添"峰,是不再制造和拉大差距,并通过增量改革逐步减少差距。

基础教育均衡发展的概念,主要是指区域内的均衡。如前所述,许多研究已经证明区域内的教育差距大于区域之间的教育差距,因此,每一个地区都有现实的责任和可能去缩小差距。首先实现行政区内的教育均衡,然后达到整个城区内的教育均衡。只有在具备充分的条件之后,才有可能追求城乡之间的教育均衡。所以,有很多事情"非不能也,是不为也"。我们不能以难以实现城乡之间的均衡为由,来拒绝完全有可能实现的区域内的均衡。

公平,还是优秀?

与"公平与效率"的矛盾相比,"公平与优秀"的冲突更为深刻、复杂,是教育的一个本体性问题,但国内对这一问题的关注相对较少。教育公平并不意味着平庸主义,但在特定的情境中,公平与优秀的目标会有冲突。如美国为扩大少数族裔学生的受教育机会,采取了降分录取的政策,由此而产生了白人学生状告学校的著名案例,质疑教育公平是否应以牺牲教育质量为代价,弃优而取差是否成为一种反向歧视?

类似地,反对取消中小学重点学校制度的意见,认为优秀学生"吃不饱",认为为平庸者提供超出其能力的机会,也是一种不公平。在义务教育阶段,这一问题的答案比较明确。如前所述,义务教育是国家行为、政府行为,它的基本价值和功能就是保障公民平等的教育权利和教育机会公平,因而,它不具有选拔、淘汰的功能,不是选拔性的教育,也不承担培养尖子、制造优秀的功能。正因如此,在《义务教育法》的修改中明确规定义务教育阶段不得举办重点学校,学校不得举办重点班、尖子班。多年来我国实行重点学校制度的现实使公众误认为义务教育具有筛选、竞争、淘汰、培养尖子的功能,这是需要拨乱反正的。

均衡地配置教育资源,一视同仁地对待所有学生,满足的是"同一尺度"的公平。一般而言,只有在基本实现"同一尺度"的公平之后,才能谈"多元尺度"的公平,即满足不同家庭、学生的不同需要,让不同学生各得其所,体现作为教育的现代性特征的多样化、差别性、选择性。就理论而言,如果我们认为具有优异禀赋的学生在不同阶层的分布是大致相等的话,那么公平的教育机会意味着能够培养更多的优异人才,社会整体会因此而受益。这就是说,实施基础教育均衡化的政策总体而言不仅是公平的,也是能够保障优秀的。

至于"早慧儿童"、"天才学生"如何教育,则是完全不同的另一个问题。

更深入地,可以认识到基于个体差异的教育差别是不可能,甚至也不应该由学校去消除的。公平和优秀的价值冲突,反映的是"个人权益与公共福利之间长久以来的紧张状态":学校要为全体学生提供平等的教育机会,则共同福利要先于个体学生的发展考虑;相反,学校如要彰显才干,个体发展的目标则要优先于学生群体的考虑。显然,如柯尔曼所言,学校教育所能做的只是减少而非消除这种差别。他最终把社会生活理解为一种合同关系:根据这一合同,个体的某些权利必须交与群体,而另外一些权利仍为自身保管。①

政府,还是市场?

"教育产业化"的现实极大地模糊了人们对市场化改革的认识,"市场化"改革被视为损害社会公平的万恶之源。然而,有必要区分引入市场机制、私人产权的市场化改革与公共治理改革这样性质完全不同的两件事。正如研究者所言,当前在社会公平方面出现的问题,也许并不是在引入市场机制、私人产权方面做得太多,而是在政府公共治理改革方面做得太少。

如张春霖指出,近20年来在提供公共产品、公共服务方面,政府承担的责任越来越小,消费者个人承担的比例越来越大,加上收入差距拉大,社会保障体系滞后,政府间财政转移支付制度不到位等因素,致使低收入阶层无力支付医疗卫生和教育的成本。将这样一个复杂的问题简单地归咎于"市场化",既不符合事实,而且会起误导的作用。

> 现实的情况是,在政府职能不到位的同时,市场机制其实也没有引入多少。从所有制看,教育和医疗行业至今仍然是公立机构一统天下;从产出方面看,教育和医疗服务的价格都受到严格的政府管制;从投入方面看,最重要的投入——教师、医生和护士的劳动——基本上还没有进入市场;从市场体系看,形形色色的垄断、特权依然广泛存在,公平竞争远没有形成。实际的情况不是所谓市场化过度,而是政府职能越位、错位和不到位并存,市场机制或者没有发挥作用,或者被扭曲。②

---

① 莫琳·T·哈里南主编.教育社会学手册.上海:华东师范大学出版社,2004.100
② 张春霖.公平何处寻.经济观察报,2006-04-03

西方国家从上个世纪80年代开始的"高等教育市场化"改革,是新公共管理改革的一个组成部分,旨在改善政府治理方式,通过引入市场机制配置资源、调整结构,提高高等教育的活力,质量和效率。在基础教育阶段,西方国家针对公立学校的择校改革,更根本的特征是放权,通过向社区和学校赋权,实行学校自治,向家长和学生赋权,放宽择校限制,促进公立学校之间的竞争,从而增加教育的活力,形成学校特色和多样性。

比较之下更容易认识我国"教育产业化"的问题。在这一发展模式中,政府高度行政化的治理方式没有改变,政府对学校直接、微观控制的弊端没有改变,国家垄断教育资源的方式没有改变。本应更大程度市场化的高等教育,仍处于主要由政府包办的状态;作为教育产业的主体,本应大力发展的民办教育,仍然步履维艰,份额很小,使我国教育资源的短缺成为一种典型的"体制性短缺"。由于缺乏建立学校自主性的目标,虽然学校之间的应试竞争异乎寻常的激烈,但是学校的办学特色、多样性却没有出现。

在向市场经济转型的社会发展中,政府从事社会管理、提供公共服务和公共产品的职能是明确而清晰的,与市场有着完全不同的分工。当前,特别需要强调恢复和保持教育的公共性、公益性。明确政府是维护和促进教育公平的社会主体,义务教育首先是政府的义务,政府在减少教育差距、促进义务教育均衡化、促进教育公平上负有主要责任。与此同时,必须推进以体制改革为中心的教育改革,改善政府的公共治理,改变传统的资源配置方式和公共产品的提供方式。首先是打破垄断、解除管制,这需要"更大程度地发挥市场在资源配置中的基础性作用",通过公平竞争的市场机制,形成一种开放的、社会化的公共服务体系,从而扩大教育供给,提高教育服务的质量和效率。此外,需要通过分权和下放权力,促进社区和学校的活力,建立学校的自主性,形成学校教育的品质和特色。

中国的政治文明、社会进步、可持续发展都有赖于先进的、真正能够兴国的教育。面向21世纪的中国教育需要新的教育理想,改革需要奠定清晰的价值和目标。在科学发展观的指导下,在建设和谐社会的进程中,促进社会公平和教育公平不仅是一种理想,也是一个现实的发展目标。在我国社会经济高速发展、教育资源总量不断扩大的情况下,我们比过去任何时候都更有条件去追求理想的教育、好的教育,在中国教育公共政策的旗帜上,鲜明地大写"公平的发展"!

第 一 章

教育机会：权利还是特权

- 1949年之后,进入城市的领导干部阶层的特殊利益逐渐显现出来。在半军事化、供给制、单位制的管理模式下,教育领域出现了一批经费充裕、设备精良的干部子弟学校,如北京军区的八一中学、空军机关的育鹰学校、101中学等等。
- 毛泽东的教育革命包括许多复杂的层面,除了高度政治化的特征,另一个核心价值就是对教育公平的关注。与当时重点发展高中教育、高等教育的教育政策不同,毛泽东强烈主张教育发展要面向农村,反对以城市为中心的价值观,强调广大劳动人民子弟普遍的教育权利。
- 许多20世纪70年代末通过高考进入大学的青年,正是"文革"教育荒废时期的中学生。今天回头看,"文革"时期低水平的基础教育并没有妨碍他们成为各行各业的成功者。它启示我们认识人才与教育的功能。这至少说明两个道理:一是优秀人才是制度挡不住的,无论是什么样的学校教育、考试制度。二是基础教育对人才的影响没有我们想象的那么大。
- 20世纪90年代以来的中国教育,是以教育规模、数量的急剧扩张为主要特征的,体制改革的任务被搁置,呈现"发展大于改革"的特点。然而,这并非是完全健康的发展。在教育突飞猛进的发展中,教育公平成为突出的社会问题,成为被社会舆论持续批判、声讨的众矢之的。
- 2005年是中国教育公共政策发生宏观转向的转折之年。在建设和谐社会、贯彻科学发展观的新的社会背景下,围绕制定"十一五"规划、制定《面向2020年的教育发展与改革纲要》,以及《义务教育法》修改等,一些社会强烈关注的教育问题终于提到了改革的议事日程,确定从2006年起用两年时间在农村全面免除义务教育阶段费用的政策,促进义务教育均衡化也成为教育部门的重要工作内容。

新中国教育在其发展过程中,面临这样两重使命:既要扩大劳动人民受教育的权利,迅速普及教育,又要通过正规化、制度化的教育,为实现工业化和国防建设培养大量急需的专门人才。这一教育发展中"公平—效率"之间的矛盾,在当时的官方话语中称为"普及与提高"的关系。如何既保持大众教育的公平价值和革命精神,又与现代社会经济建设的需要接轨,为实现工业化迅速培养大量专家,对于新中国的教育无疑是一种艰难的选择和严峻的考验。

新中国教育公平的状况和变化,在不同时期的社会环境中,具有不同的价值、动力和发展方向,在 20 世纪 50 年代初期、1952 年之后、"文革"时期、80 年代和 90 年代之后,呈现各不相同的状况和因素。深入认识这一过程,对于促进中国教育公平是非常必要的。

一、从大众主义到精英主义

要对教育的大众主义、精英主义做出准确的定义,是很困难的事。使用这一概念是为了比较方便地区分在 20 世纪 50 年代初期中国教育价值、教育重心发生的转向。"精英教育"与"大众教育"在指导思想和价值上的区别,表现在对于国家和民族的振兴而言,重要的是使少数人享受充分的教育,培养一批出类拔萃的英才,还是使大多数人接受必要的教育,培养具有良好素质的国民。在教育实践中,可能有几个比较重要的判据:① 国家教育发展、教育投资的重心是在城市还是在农村;② 国家教育发展、教育投资的重心是在高等教育还是在基础教育;③ 中小学实行的是以培养合格公民为目标,以陶冶人格、提高素质、健康身心为主的普通教育,还是以高难度的学科知识为主、升学导向的教育;④ 学校系统是实行面向大多数学生的、比较平等的教育,还是实行两极分化,主要培养少数"英才",实行严格选拔、淘汰的"尖子教育"。

1. 面向工农的教育方针

建国之初,新中国的教育延续了解放区的教育方针,不仅具有很强的革命意识,也具有很强的平民意识,十分重视教育平等的价值,强调教育面向大多数人开门,通过实行干部教育、业余教育、工农速成学校等多种教育途径使广大工农群众得以接受教育。1949年12月召开的第一次全国教育工作会议,确定新中国的教育是"新民主主义的教育",是"民族的、科学的、大众的教育,其方法是理论与实际一致,其目的是为人民服务,首先为工农兵服务,为当前的革命斗争与建设服务";"教育必须为国家建设服务,学校必须为工农开门";"教育工作的发展方针是普及与提高的正确结合。在相当长的时间内以普及为主"。[①] 会议确定的具体的工作方针是:"除了必须维持原有学校继续加以改进外,教育应着重为工农服务,而当前的中心环节,应是机关、部队、工厂、学校普遍设立工农中学,吸收大批工农干部及工农青年入学,培养工农知识分子干部,同时大量举办业余补习教育,准备开展识字运动。"[②]

20世纪50年代掀起了大规模扫除文盲的全国性热潮,在各种业余学校、夜校、工农速成学校、政治学校、干部培训学校之中,许多无缘接受教育的成人获得了不同程度的文化教育。教育"向工农开门"既是普及教育之举,更是一项政治任务,将来自战场的革命干部和青年送入学校,努力培养无产阶级自己的知识分子。从1950年起,建立了一种工农速成中学,为大学预科性质,从参加革命工作三年以上的工农干部和有三年以上工龄的产业工人中招生,学习三四年达到中学程度后再升入大学。从1950年到1954年,全国共创办87所学制三年的工农速成中学,招生6.47万人。各级学校除了向工农及其子女提供助学金外,在录取新生时还给予他们特别关照。

当时教育发展的重心在小学教育。1951年10月,政务院颁布《关于学制改革的决定》,十分鲜明地强调教育公平的价值。它认为原有学制最重要的缺点,是工人、农民的干部学校和各种补习学校、训练班在学校系统中没有

---

① 中央教育科学研究所.中华人民共和国教育大事记(1949—1982).北京:教育科学出版社,1983.8
② 教育部办公厅.教育文献法令汇编(1949—1952).北京:教育部办公厅,1958.14

相应地位;小学学制六年并分初高两级的办法,使广大劳动人民子弟难于接受完全的初等教育。新学制破天荒地将工农速成学校、业余学校、识字学校、各类政治学校和政治训练班等正式纳入学校系统,从而形成工农速成教育、成人业余教育和正规教育三足鼎立的格局;将小学学习年限由六年减为五年,实行五年一贯制,不再分为两级。由于在全国实行小学五年一贯制不具备条件,新学制实行了一年即停止推行,仍沿用小学六年、分初高两级的旧学制。

1952年开始的高等学校院系调整,建立起高等教育的"苏联模式"。围绕迅速实现工业化的国家目标和向苏联学习的运动,国家强调正规化建设和提高教育质量,那些来自解放区的非正规的教育形式逐渐变得不合时宜而被停止。在平等与效率的天平上,重心逐渐移向了后者。1955年工农速成中学停止招生是一个标志性事件。教育部、高教部发出的《关于工农速成中学停止招生的通知》称:"实践证明,对工农干部文化科学知识的学习,不用循序渐进的方法,而用短期速成的方法,使之升入高等学校,从根本上说来,并不能达到预期的目的。"决定今后不再举办工农速成中学。[1]

2. 优先发展高等教育

1953年9月,一届全国人大一次会议的《政府工作报告》提出:"为了适应经济建设的需要,教育部门应当首先集中力量发展和改进高等教育。中小学教育已有很大的发展,今后应当着重质量的提高。"[2]这可以视为是一个重要的转折点。1949年12月确定的"在相当长的时间内以普及为主"的教育方针,仅仅实行了不到4年,就转为优先发展高等教育。

国家优先发展培养专才的高等教育,并且对大学生免收学费;在中小学实行重点学校制度,为高等学校输送少数"尖子",是我国教育走上"精英教育"路线的显著特征。为了加快高等教育的发展,1952年11月,在院系调整的高潮中单独设立高等教育部。此后,高教部与教育部几度分合:1958年两部合并,1963年又分设;1966年两部又一次合并。合并的目的,都是为了解决实际工作中日益突出的重高等教育、轻普通教育的问题,即周恩来总理所批评的"大大、小小"的问题。时至今日,这一矛盾和重高轻基的倾斜始终存

---

[1] 中央教育科学研究所.中华人民共和国教育大事记(1949—1982).北京:教育科学出版社,1983. 136

[2] 中央教育科学研究所.中华人民共和国教育大事记(1949—1982).北京:教育科学出版社,1983. 113

在,未能得到有效的纠正。

如表 1-1 所显示,1953—1963 年对高等教育的投资,约占国家教育投资总额的 30%,而在大多数国家和在正常的情况下,这一比例应该不高于 20%。[①]

表 1-1 教育投资中高等教育与普通教育的比例(%)

年 份	教育投资		教育事业费		教育基本建设投资	
	高教	普教	高教	普教	高教	普教
1953—1957	29.87	70.13	21.01	78.99	52.37	46.73
1958—1963	29.84	70.16	27.73	72.27	44.21	55.79
1964—1965	23.51	76.49	22.44	77.56	33.45	66.55

资料来源:郭笙主编.新中国教育 40 年.福州:福建教育出版社,1989.510

生均教育经费的情况更能说明问题。我国大学生和中小学生的生均教育经费比也是极高的。表 1-2 显示,1952 年,1 名大学生的年均经费相当于 15 名中学生,相当于 112 名小学生;1965 年,相当于 4.5 名中学生,相当于 46 名小学生。一般而言,经济发展水平越高,三级教育生均教育经费的比值越小。20 世纪 80 年代初,英国的这一比例为 1∶1.94∶6.25,法国为 1∶1.78∶2.67,巴西为 1∶1.14∶7.62,墨西哥为 1∶1.29∶13.39。[②] 即便和发展中国家相比,我国的这一比例也是极高的。1975 年我国的这一比例是 1∶2.87∶105.22;1980 年,这一比例为 1∶2.59∶76.67。[③] 这表明有限的教育资源被更多地使用在高等教育上。

表 1-2 普通大、中、小学每生年平均开支经费数(元)

年 份	大学生	中学生	小学生	小学生∶中学生∶大学生
1952	830.00	110.48	7.40	1∶14.93∶112.16
1953	958.30	83.91	15.28	1∶5.49∶62.72
1962	645.10	78.71	18.70	1∶4.21∶34.50
1965	917.68	88.89	19.96	1∶4.45∶45.96

资料来源:中国教育年鉴编辑部.中国教育年鉴(1949—1981).北京:中国大百科全书出版社,1984.99

国家教育发展的重心放在能够直接促进经济和科技发展的高等教育上,体现的是国家对"效率"的追求,强调教育的直接功利价值,主要成绩是为我

[①] 杨丹芳.市场经济条件下的教育支出配置.教育发展研究,2000(4)
[②] 郭笙.新中国教育 40 年.福州:福建教育出版社,1989.511
[③] 中国教育年鉴编辑部.中国教育年鉴(1949—1981).北京:中国大百科全书出版社,1984.99

国20世纪五六十年代实现工业化和国防建设提供了智力和人才支持。其问题是由于教育资源配置严重失衡,致使基础教育尤其是农村教育长期薄弱,城乡之间、地区之间的教育差距加大,多数人的教育权利受到损害,落后的国民素质已经成为中国社会发展和现代化建设的深刻制约。在条块分割的计划体制下,教育资源配置主要从国家的总体目标出发,并较少考虑地方社会、经济发展的需要。因而,尽管在一段时间内也有平衡高等教育布局的政策,但地区差距并没有有效地缩小。

事实上,"二战"后获得独立的亚非发展中国家,为了实行赶超发达国家的发展目标,大多把发展高等教育放在优先地位。但教育经济学的研究表明,对于发展中国家而言,投资基础教育的回报远比高等教育要高。因而,从一个更长的时间跨度看,选择优先发展高等教育对经济发展并不一定是高效的。

3. 重点学校制度

更为明确地体现精英教育价值取向的,是中小学教育的重点学校制度。20世纪50年代初,在学习苏联和为实现工业化的努力中,教育的数量与质量、普及与提高的矛盾重新突出。1953年5月,毛泽东主持中共中央政治局会议,决定"要办重点中学"。教育部确定"有重点地办好一些中学与师范",以取得经验,指导一般。确定的重点中学分布是:北京20所,江苏14所,天津、上海、四川、安徽、福建各10所,其他各省、自治区分别为1~9所,总计全国重点中学194所,占全国中学的4.4%。[①]

在60年代初教育调整、整顿的过程中,重点学校建设又一次提到议事日程。1963年,全国27个省、自治区、直辖市确定的重点中学共487所,占公办中学的3.1%。[②] 重点中学的主要功能是为高等学校输送合格新生,以与高等教育的需要配套。1959年,周恩来总理在二届全国人大一次会议上说:"在各级全日制的学校中,应该把提高教学质量作为一个经常的基本任务,而且首先集中较大力量办好一批重点学校,以便为国家培养更高质量的专门人才,迅速促进我国科学文化事业的提高。抓住重点,带动一般,是符合教育事业发展规律的。"[③]1962年教育部颁发《关于有重点地办好一批全日制中、小学校的通知》,要求各地选定一批重点中小学,这些学校的数量、规模与高一

[①] 中国教育年鉴编辑部. 中国教育年鉴(1949—1981).北京:中国大百科全书出版社,1984.167
[②] 中国教育年鉴编辑部. 中国教育年鉴(1949—1981).北京:中国大百科全书出版社,1984.168
[③] 中国教育年鉴编辑部. 中国教育年鉴(1949—1981).北京:中国大百科全书出版社,1984.169

级学校的招生保持适当比例,高中应全部包括在这类学校内,与高一级学校形成"小宝塔",并集中精力先办好一批"拔尖"学校。

有重点地办好一批学校,与上一级学校的招生保持适当比例,形成"小宝塔",成为明确的教育政策。1963年,云南省确立41所中学、309所小学作为重点,其中师资水平较高、设备条件较好的9所完全中学和40所小学作为省级重点学校。对重点学校,采取加强领导力量,放宽班师比编制,教师大学毕业学历要达80%以上,可在全州、市范围内招生等特殊政策。[①]

当时的重点学校绝大多数设在城市、城镇,从而更为有利于城镇学生的升学。据1963年9月统计,北京、吉林、江西等9省、自治区、直辖市共135所重点学校的布局是:城市84所,占62%;县镇43所,占32%;农村8所,占6%;有7个省、自治区没有选定农村中学。[②] 重点学校之间追求升学率的竞争恶化了整个基础教育的氛围。频繁的考试、竞赛加剧了学生的课业负担,影响了学生的身心健康。60年代初这一情况已经相当严重。1958年的教育革命、1964年毛泽东对教育问题的批评,都冲击了重点学校制度,凸现了追求更大程度地普及教育,面向大多数人,尤其是面向农村举办教育这样的价值。

举办中小学阶段的重点学校,可以集中力量为高等学校提供优秀生源,这在资源有限的情况下是一种便捷的选择,就像在军事上"集中优势兵力打歼灭战",在经济工作中确定重点建设项目等是必要的。但对于基础教育而言,情况却有所不同。因为中小学教育是由国家举办的、面向所有儿童的、具有义务教育性质的基础教育,理应遵循教育公平的原则,保证学生平等的教育权利和教育机会。学生在教育起点的不公平,将会固定和扩大他们将来的社会差距。而重点学校在师资配备、办学条件、教育经费等方面远比一般学校优越,导致学校之间的差距拉大,会造成基础教育阶段不正常的升学竞争,恶化基础教育的品质。

伴随1957年之后全国建立起严格的户籍制,实行城乡分治的二元模式的管理,而在城市和农村,学校又被区分为重点学校和普通学校,从而构造了一种等级化的基础教育制度。这是一个双重的二元结构:城乡二元、重点和非重点二元。这一模式在"文革"期间被否定和取消,80年代之后重新恢复,

---

[①] 蔡寿福.云南教育史.昆明:云南教育出版社,2001.701
[②] 中国教育年鉴编辑部.中国教育年鉴(1949—1981).北京:中国大百科全书出版社,1984.168

延续至今。

二、阶级内的平等

在解放区和建国初期,教育面向工农大众开门、保障劳苦大众的受教育权利是革命教育的基本属性,直接来自马克思主义教育理论和追求公平、公正的社会主义理想。因而,在新中国的前30年,在普及和扩大教育的过程中,国家十分重视工农和革命干部子女在各级教育中的比例。1952年,教育部规定中等学校工农子女入学的比例,老解放区争取达到60%~70%,新区争取达到30%~50%。1953年的高校招生办法规定,在成绩达到录取标准时优先录取工人、革命干部等。[①] 据1954年的统计,全国小学中工农成分学生已占82%,中学生中占60%以上。[②]

然而,就保障每一个公民平等的受教育机会而言,当时教育公平的成就掩盖了另外的事实:对大多数人教育权利的保障,是以限制和剥夺少数非劳动人民家庭子女的教育权为代价的,实行的是一种"阶级内的平等"。这一明显的缺陷在社会生活中有两个发展方向:从阶级斗争理论出发,不平等对待非无产阶级家庭的子女的政策,发展成歧视性的"阶级路线"政策,并直接导致了"文革"中的"血统论"。另外,这种不平等的教育产生的另一个变种,是具有某种特权的干部子弟学校。

1. 工农子女的教育优先权

马克思主义、社会主义教育对1949年之前旧教育最重要的批判是,它剥夺了大多数人尤其是劳苦大众的受教育权利,是面向少数人的教育。中国共产党在其建立和发展的过程中,一贯重视工农群众、劳动人民的教育机会。这是由中国共产党的阶级属性、社会理想所决定的,也包括对五四教育文化中平民教育、大众教育、乡村教育传统的吸收和继承。

同样主张教育平等,中国共产党所依据的社会主义和阶级斗争理论与儒家文化"有教无类"的传统不同,与五四时期基于民主、自由的文化思潮不同,也与西方国家主要源自人文主义的传统不同。作为中国"无产阶级教育学"的第一人,杨贤江在其《教育史ABC》、《新教育大纲》(1929)中认为,在阶级

[①] 中国教育年鉴编辑部.中国教育年鉴(1949—1981).北京:中国大百科全书出版社,1984.148、338
[②] 毛礼锐,沈灌群主编.中国教育通史.第6卷.济南:山东教育出版社,1989.54

社会中,教育不可能是超阶级和超越政治的,教育权跟着所有权走,"有产阶级成为有知识阶级,无产阶级成为无知识阶级"。他批判教育神圣、教育独立、教育救国、教育清高等论调,认为只有通过教育为政治革命、为阶级斗争服务,打倒剥削阶级和剥削制度,才能回归在原始社会时代教育是统一的、全人类的属性。① 因而,他提出"扩大平民教育,提高一般工农的文化水平",既是破除不平等的教育、扩大工农的受教育机会的需要,也是基于"把教育视为革命力量的一个方面军"进行政治革命、阶级斗争的现实需要。

在工农大众中普及和扩大教育成为苏区和根据地教育的基本价值、基本方针。1931年11月中华苏维埃第一次全国代表大会通过的《中华苏维埃共和国宪法大纲》第十二条规定:"中华苏维埃政权以保证工农劳苦民众有受教育的权利为目的。在进行国内革命战争所能做到的范围内,应开始实行完全免费的普及教育,首先应在青年劳动群众中实行并保障青年劳动群众的一切权利。积极引导他们参加政治和文化的革命生活,以发展新的社会力量。"②《中华苏维埃共和国第一次全国工农代表大会宣言》也宣布:"一切工农劳苦群众及其子弟,有享受国家免费教育之权,教育事业之权归苏维埃掌管,取消一切麻醉人民的封建的、宗教的和国民党三民主义的教育。"③1934年第二次全国苏维埃代表大会报告正式提出的苏维埃文化教育总方针的表述是:"在于以共产主义的精神来教育广大的劳苦民众,在于使文化教育为革命战争与经济斗争服务,在于使教育与劳动联系起来,在于使广大中国民众都成为享受文明幸福的人。"④

在阶级性的定位下,为工农群众服务的教育的方针,直接指向了"工农及其子女享有教育的优先权"。如瑞金时期,规定实行工农阶级教育优先的政策,地富子弟虽可进入小学学习,但严格禁止工厂主、地主、富农子弟升入初中。各级苏维埃政权对教师也有特别的政治要求,禁止农村中原有的私塾先生从事教书工作。抗战爆发之后,延安时期对此做出调整,虽然继续强调教育为工农大众服务,但已宣布地主、富农子弟也可入学的新政策。对于教师的政治思想和阶级成分的要求也出现了松动。⑤

---

① 喻本伐,熊贤君.中国教育发展史.武汉:华中师范大学出版社,2000.571~573
② 毛礼锐,沈灌群主编.中国教育通史.第五册.济南:山东教育出版社,1988.160
③ 毛礼锐,沈灌群主编.中国教育通史.第五册.济南:山东教育出版社,1988.160
④ 毛礼锐,沈灌群主编.中国教育通史.第五册.济南:山东教育出版社,1988.161
⑤ 高华.中共从五四教育遗产中选择了什么.见:"五四与中国现代教育"(香港)会议论文.香港:中华书局,2000

尽管如此,对"阶级出身"的重视和工农阶级优先的政策,仍然使知识分子干部在历次政治运动中备受打击。20世纪30年代初,在鄂豫皖和川北根据地,歧视和仇杀知识分子现象十分严重,许多人明明识字却伪装成文盲以免遭到清算。① 1947年根据地的土改运动,开展"三查三整"的整党运动,核心就是"查阶级",即阶级出身。

2. 阶级路线政策和"血统论"

在20世纪五六十年代,伴随教育的发展和普及,一方面工农及其子女的教育机会得以明显扩大;另一方面,伴随阶级斗争的升级,教育的泛政治化也日益严重。流行的阶级斗争理论认为,要培养无产阶级自己的知识分子队伍,并且要在文化上实现对资产阶级的专政。家庭出身成为衡量一个人的政治先进性的重要标准,它演化为被称为"阶级路线"的一套制度化的政策。所谓的"阶级路线",是指在入学、出国、晋升技术职务、毕业分配、工作使用等许多方面,根据家庭出身、政治面目予以不同对待,优先选拔、使用所谓"根正苗红"、政治上可靠的出身于工、农、革命干部家庭的子女;同时,限制剥削阶级子弟、非劳动人民子弟接受高等教育和向上流动。于是,一个人的阶级成分或家庭出身,作为"政治标准"的组成部分,成为影响命运的重要因素。

1958年中共中央、国务院《关于教育工作的指示》明确提出:"评定学生成绩时,应当把学生的政治觉悟放在重要的地位,并且应当以学生的实际行动来衡量学生的政治觉悟的程度。""在提拔师资的时候,要首先注意思想政治条件、学识水平和解决实际问题的能力,资历应当放在次要的地位。在鉴定学生的时候,要首先注意政治觉悟的程度、解决实际问题的能力,同时也注意课内学习的成绩。"②教育部《关于高等学校一九五八年招考新生的规定》指出,本年改变全国统一招生制度,实行学校单独招生或联合招生。"为更好地贯彻阶级路线,保证新生的政治质量,对于工农速成中学毕业生、工人、农民、工农干部和参加革命工作时间较久的老干部,经审查符合条件的,可采取保送入学的办法。"

60年代初,突出政治、培养无产阶级接班人、贯彻阶级路线成为明确政策。1960年国务院通过的《关于高等学校教师职务名称及其确定与提升办法的暂行规定》明确规定:"应该以政治条件、学识水平和业务能力为主要依

---

① 高华.身份和差异:1949—1965年中国社会的政治分层.香港:香港中文大学出版社,2004
② 中共中央,国务院.关于教育工作的指示.人民日报,1958-09-20

据;同时,对资历和教龄也必须加以照顾。"①1962年教育部关于高等学校招生的《规定》,提出对考生进行政治审查:"有家庭和社会关系问题的,主要看本人;有历史问题的,主要看今天的表现;有问题要看大小。"②1963年关于高校招生的《规定》,要求正确掌握新生的政治审查标准,"对于思想反动而屡教不改的学生一律不得录取";对在中学担任社会工作,政治上表现好的优秀学生,如考试成绩达到录取标准,应适当照顾录取③。1965年的高校招生办法提出:"对于政治、学业、健康三方面条件均合格的考生,按照报考志愿的顺序和考试成绩的高低,分段择优录取;在每一分数段里,首先要挑选政治条件好的学生。对政治思想好的应届高中毕业生中的工农和烈士子女及学生干部不再采取推荐与考试相结合的方法,在他们的考试成绩与其他考生相近时,优先录取。"④随着贯彻阶级路线,高等学校招收的新生,工农家庭出身和本人是工农成分的比例不断上升,1953年为27.9%,1958年上升为55.28%,1965年上升为71.2%。⑤

这样,在扩大人民教育权利的过程中,"人民"的概念却被加以区分了,在劳动人民和非劳动人民之外,还有一个不属人民的剥削阶级、反动分子阶层。公民平等的教育权利,被区分为优先、限制、剥夺等不同的对待。

家庭出身逐渐成为一种社会身份,并在"文革"中发展为赤裸裸的"血统论"。1966年"文革"爆发之后,以干部子弟为主的"红卫兵"直接以封建的"血统论"作为自己的组织理论,它与"阶级路线"实在是一脉相承的。北京学生遇罗克因父母是在日本留学归来的企业主,被剥夺了接受高等教育的机会,"文革"中他撰写《出身论》反驳"血统论",却被作为"现行反革命"枪决,是最惨烈的一幕。

在20世纪80年代的改革开放之后,随着"以经济建设为中心"的政治路线的确立,对知识分子进行了重新认识和重新评价,这一具有封建意味的"左"的政策也已经被摈弃了。

---

① 中国教育年鉴编辑部.中国教育年鉴(1949—1981).北京:中国大百科全书出版社,1984.784
② 中央教育科学研究所.中华人民共和国教育大事记(1949—1982).北京:教育科学出版社,1983.310
③ 中央教育科学研究所.中华人民共和国教育大事记(1949—1982).北京:教育科学出版社,1983.333
④ 中央教育科学研究所.中华人民共和国教育大事记(1949—1982).北京:教育科学出版社,1983.380
⑤ 中国教育年鉴编辑部.中国教育年鉴(1949—1981).北京:中国大百科全书出版社,1984.338

3. 干部子弟学校

出身论和阶级路线政策在剥夺了一部分公民的教育权利的同时,又对另一部分公民实行"优先"。在新的社会谱系中,尽管工农、革命干部、烈士子弟同属"劳动人民"阵营,但从出身论的观点看,他们对政权的重要性并非等同。不平等的权利观念,使得在劳动人民内部,"工农的优先权"逐渐转化为干部子弟的优先权。

这种等级化的教育在战争时期的延安即已出现。为解决中央机关领导子女的养育以及收养烈士遗孤的问题,边区政府成立了保育院,采取供给制方式重点包办党、政、军托幼机构机关幼儿园,适当扶持社团托幼机构的政策。"但边区保育院看护儿童需要核查父母的干部身份和工作单位,有严格的审批程序。孩子父母身份不同,所得待遇差别很大,连孩子母亲的补贴也有很大的差别,内部分化严重。"①诚如研究者言,这种过分对党、政、军干部、特殊人群子女利益倾斜的财政政策,对新中国教育事业的均衡发展、教育财政的公平性都有消极影响。

重点学校制度的历史也可以追溯到延安时期的办学经历。当时边区即面临普及教育与提高质量的矛盾。1940—1941年,为提高教育质量,追求"正规化"教育,建设了一批资源充足、设施完备、师资良好、具有示范性的"现代学校",关闭和兼并了众多条件差的学校,导致学校和学生规模大幅减少。在1942年的延安整风中,这一政策被指犯了"教条主义"和"主观主义"的错误而遭受了批判。

1949年之后,进入城市的领导干部阶层的特殊利益逐渐显现出来。在半军事化、供给制、单位制的管理模式下,教育领域出现了一批经费充裕、设备精良的干部子弟学校,如北京军区的八一中学、空军机关的育鹰学校、101中学等等。1952年政务院颁布的《干部子女小学暂行实施办法》规定,"各级人民政府机关及团体得根据需要,设立干部子女小学","干部子女小学的设置、人事配备、经费,由设立机关或团体负责解决",如限于人力物力不能招收全部机关子女时,"得依干部的职务、工作年限、待遇等条件优先录取一部分;对烈士遗孤,应给予特别照顾"。②据1952年底华北、华东、东北、西北四大区的不完全统计,共有干部子女小学42所,学生13 084人,教职员工2 975人。

---

① 蔡迎旗.幼儿教育财政投资政策的研究.北京师范大学教育学院博士学位论文,2005
② 何东昌,吴霓.中华人民共和国重要教育文献(1949—1997).海口:海南出版社,1998.149

由于它只对本系统的干部子女开放,具有明显的特权色彩,引致普通市民的不满。它引起了毛泽东等领导人的警惕。1952年6月14日,毛泽东批示:"干部子弟,第一步应划一待遇,不得再分等级;第二步废除这种贵族学校,与人民子弟合一。"①1955年10月,中共中央批转教育部党组报告,决定取消各地干部子弟学校,停招寄宿生,招收附近机关工作人员和群众的子女为走读生。从1955年暑假起,北京市所有干部子女小学停止招收住宿生。从1956年春季起,全国干部子女小学停止招收住宿生,逐步改为由普通小学招收附近机关工作人员和群众的子女为走读生。各部门办的干部子女小学交由地方教育行政部门接管,以便统一管理。②

该报告称当前干部子女小学存在的主要缺点是特殊化。一是生活待遇优裕,许多家长用小汽车接送孩子。据1954年12月11日(星期六)北京6个干部子女小学的不完全统计,接学生的小汽车共359辆次,在群众中造成不好影响。二是经费开支过大。主要是由于编制大,干部子女小学学生与员工之比为6∶1,而一般大城市小学的这一比例为28∶1,农村小学为35∶1。造成孩子脱离群众,有高人一等的优越感,且娇生惯养,不爱劳动,不懂礼貌,利少弊多。

虽然干部子弟学校被取消,由于贯彻阶级路线,这一阶层的特殊利益事实上仍以不同的方式存在。在大城市,干部子女集中在那些办学条件好、教学质量高的重点学校。在北京,它们成为"文革"之初"红卫兵"运动的策源地,成为"西纠"、"联动"等"红色恐怖"活动的重灾区。

三、"文化大革命"与教育乌托邦

1. 被政治掩盖的公平

20世纪50年代初普及型的大众教育立即与培养专家、发展大工业的目标发生冲突。随着全面学习苏联,按照苏联模式建立计划经济体制和新的高等教育体系,中国教育进入了制度化、正规化建设的新阶段。对教育质量和业务标准的重视,导致了取消工农速成中学和调干生。对分数标准的强调,使一些工农子弟学习困难,被拒之于校门之外。大中小学普遍学习凯洛夫教育理论和苏联学校制度,建立起一套严格、复杂的教学管理体系。它后来被

---

① 中央教育科学研究所.中华人民共和国教育大事记(1949—1982).北京:教育科学出版社,1983.78

② 何东昌,吴霓.中华人民共和国重要教育文献(1949—1997).海口:海南出版社,1998.532~533

称为"无产阶级教条主义"。

毛泽东成为这种教育的反对者,他从不掩饰对正规化、制度化的苏式教育的抵触,并在1958年和60年代两度发起"教育革命"加以冲击和抗衡。毛泽东的教育革命包括许多复杂的层面,除了高度政治化的特征,另一个核心价值就是对教育公平的关注。与当时重点发展高中教育、高等教育的教育政策不同,毛泽东强烈主张教育发展要面向农村,反对以城市为中心的价值观,强调广大劳动人民子弟普遍的教育权利。1957年3月,他明确提出:小学教育必须打破由国家包下来的思想,在农村,提倡群众集体办学;中学设置应适当分散,改变过去规模过大、过于集中在城市的缺点;特别是初中的发展,要面向农村。① 1958年他提出:"农业大学办在城里不是见鬼吗?农业大学要统统搬到农村去。"②1965年,他提出"把医疗卫生的重点放到农村去",称卫生部为"城市老爷卫生部",批评文化部门"做官当老爷,不去接近工农兵,不去反映社会主义的革命和建设"。③ 同时,他推动缩短学制的改革,要求下放各级教育的管理权限,强调利用多种方式、多种渠道发展教育,提出在国家办学以外,大力提倡群众集体办学,允许私人办学,可以发展民办教育。另一方面,他提出通过改革考试制度扩大工农子弟的教育机会。

在很大程度上,1958年的教育革命可以视为"文革"时期教育革命的一次预演,其基本价值、理念是高度一致的,区别仅在于:1958年的教育革命主要通过体制内的途径和方式进行,虽然包括严重的冲击,但仍是一种改革;而1966年之后是用"砸烂"旧体制、推倒重来的"造反"和"革命"方式进行的,其破坏和摧毁教育的灾难性后果可谓前所未有。毛泽东的所有教育诉求,都是用"反修"、"防修"、"保证社会主义江山永不变色"之类高度政治化的话语包装,通过政治批判、政治运动开路和推行的,以至于"文革""教育革命"留下的记忆,只是打砸抢之类的"造反",学生打老师的"革命",政治运动和政治斗争,以及整整一代知识分子和青年学生的苦难史。

对毛泽东教育思想进行理性解析,可以看出:对教育政治功能的过度强调和夸大是其贯彻始终的重要特征。但作为听取过杜威演讲、在五四文化中成长的知识分子,毛泽东教育思想显然还包括许多具有认识价值的内容,例如对中国传

---

① 中央教育科学研究所.中华人民共和国教育大事记(1949—1982).北京:教育科学出版社,1983. 191
② 毛泽东.毛主席论教育革命.北京:人民出版社,1967.37
③ 毛泽东对中宣部关于全国文联和各协会整风情况的报告的批语,1964-06-27

统教育的批判和改造,以及对教育公平的重视、反对城市中心的教育、重视扩大劳动人民子弟的教育机会,等等。"文革"时期追求教育公平的实践包括以下一些主要的方面:

——改变城乡教育资源分布的格局,将农业院校等下放到农村,医药院校面向农村培养实用的"赤脚医生"、卫生员。

——加速农村基础教育的发展,在农村扩大和普及高中教育;下放各级教育的管理权,中小学下放给农村和街道,实行由工人、贫下中农管理。

——缩短学制,实行小学五年、初中二年、高中二年、大学三年的学制;简化教育内容,学校教育以政治教育和实用知识技能为主。

——发展多种形式、因地制宜的教育方式,如"七二一大学"、耕读小学、马背小学等等,从有实践经验的工人中培养技术人员,扩大工人、农民子弟受教育机会。

——实行"开门办学",让学生走出学校,在学工、学农、学军的社会实践中,在工厂、农村的大课堂中接受教育,以打破"教师、书本、课堂""三中心"。

——取消重点学校制度和各种学校的差别(取消男校、女校、华侨学校、职业学校等),中小学实行免试就近入学。

——取消各级学校的考试制度,反对用"教育质量"和分数标准把工农子弟关在门外,否定教育中的等级制、智力主义的取向;高校实行免试推荐入学,招收有实践经验的工农兵学员。

——知识青年上山下乡,城镇居民、机关干部也下乡,"到农村去"成为一个时代的流行口号和主流价值。

——打击和降低教师的地位作用,批判师道尊严,等等。

显而易见,这些措施都具有某种合理的价值内核,但方法是相当简单粗暴的。其中影响最大,最能显示毛泽东的政治浪漫主义的,当属取消学校考试制度,包括取消高考制度。

2. 没有考试的教育

在"智育至上"的教育氛围中,分数成为学生的"命根"。而分数是由考试产生的,考试于是成为"万恶之源"。毛泽东作过许多著名的批示,对考试和分数深恶痛绝。1958年的"教育革命"即实行了高考制度改革,放宽了对工农子弟进入大学的限制,开辟了保送入学的途径。1964年,他对北京铁路中学校长关于减轻中学生负担的一份报告批示:"现在学校课程太多,对学生压力太大,讲授又不甚得法。考试方法以学生为敌人,举行突然袭击。这一项

第一章 教育机会:权利还是特权

都是不利于培养青年们在德、智、体诸方面生动活泼地主动地得到发展的。"① 同年,他在与毛远新的讲话中说:"反对注入式教学法,连资产阶级教育家在五四时期就早已提出来了,我们为什么不反?只要不把学生当做打击对象就好了。"②

分数和考试不仅是个性发展和创造力的敌人,而且,也被认为是减少劳动人民子女教育机会的重要原因。因而,自"文革"停止高考开始③,改革考试制度也成为教育革命的重要内容。1970年,《人民日报》的一篇文章称:"两个阶级、两条路线的斗争,首先集中地表现在招生上。""过去,在修正主义教育路线统治下,高校在招生中,大搞'分数挂帅',鼓吹'分数面前人人平等',实际上是对劳动人民实行资产阶级的文化专制。工农兵一针见血地说:'分数线,分数线,工农兵的封锁线'。"④ 招生制度改革被视为教育制度改革的重要一环,至少在表面上,它追求的是扩大工农兵的教育机会。例如,1973年《教育革命通讯》的一篇文章称:"大学从什么人中招生,培养什么样的人,始终存在着两个阶级、两条路线、两种思想的激烈斗争。""早在三十多年前毛主席就明确指示'工农及其子女有享受教育的优先权'。"⑤

这一改革其实在"文革"前即已开始,最早是由毛泽东所欣赏的"江西共产主义劳动大学"实行的。为了使教育面向农村,从1963年起,农、林、医、师的中等专业学校即采取公社保送与考试相结合的办法,并实行"社来社去"(学生从社里来,回社里去)分配办法的试点。到1964年初,全国已有19个省、自治区、直辖市的81所中等农业学校实行"社来社去"的招生、分配办法。⑥ 1964年,教育部和冶金工业部决定在北京钢铁学院试办产业工人班,以"贯彻阶级路线,培养工人阶级又红又专的知识分子",采取推荐与考试相结合的办法,选拔政治思想好、相当于高中文化程度、年龄在27岁以下、有三年工龄以上的技术工人入学,毕业后回原单位工作。⑦ 这几乎是"文革"中

---

① 毛泽东.毛主席论教育革命.北京:人民出版社,1967.54
② 毛泽东.毛主席论教育革命.北京:人民出版社,1967.68
③ 1966年6月18日,《人民日报》刊登北京女一中高三(四)班、北京四中高三(五)班写给党中央、毛主席的信,强烈要求废除旧的升学制度。中共中央、国务院决定推迟举行1966年的高考,大中学校开始停课搞运动。
④ 李志华.大家都来关心高校招生.人民日报,1970-09-21
⑤ 大学招生制度的根本改革.教育革命通讯,1973(7)
⑥ 罗永藩,彭治富.学生从公社中来,毕业后回到公社去.光明日报,1964-03-26
⑦ 中央教育科学研究所.中华人民共和国教育大事记(1949—1982).北京:教育科学出版社,1983.362

"七二一大学"、"工农兵学员"的雏形。

从1970年起,高等学校在停止招生6年之后,部分高校恢复招生,至1976年,共招收了7届学生,他们被称为"工农兵学员"。新的招生标准是强调实践经验,招收学生的条件为:政治思想好,身体健康,具有三年以上实践经验,有相当于初中以上文化程度的工人、贫下中农、解放军战士和青年干部;有丰富实践经验的工人、贫下中农不受年龄限制;还要注意招收上山下乡和回乡知识青年。新的招生办法无须进行入学考试,而由群众推荐、领导批准和学校复审。由于强调政治表现,家庭出身不好的人难以被推荐上学。据1971年5月对清华大学、北京大学等7所大学当年招收的8966名工农兵学员的统计,出身工人、贫下中农、革命干部和其他劳动人民家庭的占99.8%,出身剥削阶级家庭的占0.2%;其中党员占46.2%,团员占38.1%,非党员占15.7%。[1]

这一改革的实效众所周知。由于取消了学术性的要求,强调政治标准和实践标准,致使学生的学习程度参差不齐,教育质量很低。据1972年对北京市11所院校工农兵学员文化程度的调查,学生中相当小学程度的占20%,初中程度的占60%,初中以上程度的占20%。[2] 在招生中完全不考虑个人的志愿和兴趣,出现全然没有美术爱好的人"为革命学习美术"、有多年实践经验的老工人被迫学医等极不合理的现象。免试推荐的办法,在实践中完全失去了公平和公正性。作为改变命运的出路,对入学机会的争取变成后门和关系的竞争,以及各种黑暗交易。就实际经验,即便来自农村的学生大多也并非来自普通的农民家庭,而往往是农村干部如支书和会计的孩子。

由于"文革"中地方干部受到冲击,其子女成为"可以教育好的子女",未受冲击的军人、军干子弟的利益凸显。对大学招生"走后门"现象的抨击,主要集中在军队干部子弟身上。1974年6月,南京大学政治系的部队学员钟志民主动申请退学,成为"反潮流"的英雄。他父亲是参加过长征的军队高级干部,"在我自己的多次要求下,爸爸打电话给军区干部部门指名调我,把我送上了大学"。他批判道:"为了让自己的子女上大学,不经过群众的推荐、选拔,不经过党组织的正当手续,而凭着自己的职权和势力,凭着私人之间的感情和关系来解决问题。有的甚至把大学的招生名额当'礼品'送来送去,拉拉扯扯,却把真正的工农兵的优秀代表关在大学门外。这种做法难道是为人

---

[1] 郑谦.被"革命"的教育.北京:中国青年出版社,1999.83
[2] 高奇.新中国教育历程.石家庄:河北教育出版社,1996.220

民服务吗?"①

可见,尽管毛泽东重视教育公平,关注广大人民群众,尤其是普通工人、农民的教育权利,但他想要打破和超越"文化资本"的积累,用"革命"的手段使处于文化弱势地位的群体实现翻身式的突变,这一努力是不成功的。他完全否定了相对而言最为公平的统一考试制度,又未能提供更为公平、有效的做法,免试推荐制度演变为严重的权力交易,使公平竞争荡然无存,从而实际上损害了大多数人的教育权利。

3. 普及高中教育:农村学生的教育机会

"文革"时期的教育现实比我们记忆中的更为丰富复杂,呈现一种奇怪的混合:在"读书无用论"泛滥,知识权威扫地,反智主义盛行,"白卷英雄"、造反派和"大老粗"成为时代英雄的同时,农村教育也迅速发展,进入大普及和大跃进的时期。

继1958年"教育大跃进"之后,"文革"期间再次全面下放教育管理权限,强调教育面向基层,面向农村,发挥地方的积极性,多种形式发展教育,使城乡关系、中央和地方关系出现了一种新的格局。类似的,"文革"期间也提出了普及教育的高指标。1971年,《全国教育工作会议纪要》提出争取在第四个五年计划期间,在农村普及小学五年教育,有条件的地区普及七年教育,要"大力提倡群众集体办学"。1974年,国务院科教组提出"继续大力普及农村小学五年教育","积极创造条件,逐步在大中城市普及十年教育,在农村有条件的地区普及七年教育"。

不少地方提出"小学不出村,初中不出队,高中不出社"的口号,与1958年"大跃进"时"村村有小学,队队有中学"的目标很相似。1970年,湖北省文教局在《1971—1975年文化教育事业发展规划要点的初步意见》中提出:"大力发展高中教育,到1975年要普遍做到区区有高中,社社有初中。"普通中学开始急剧增长,生产大队基本都办了初中,有的还办了高中班。到1976年,全省中学达17949所,为1965年875所的20.5倍,其中高中4029所,为1965年147所的27.4倍。②

因而,20世纪70年代初,当高等教育奄奄一息之时,中小学教育却得到了大发展。从统计数字看,1976年,全国小学生数比1965年增加了29.1%;

---

① 钟志民.一份退学申请报告.人民日报,1974-06-18
② 熊贤君主编.湖北教育史.下卷.武汉:湖北教育出版社,2003.255

中学更是加速度发展,1976年全国中学生数是1965年的6.25倍,初中生数是1965年的5.4倍,高中生的增长尤其迅速,共增加到原来人数的11.3倍。见表1-3。

表1-3 1965—1976年的中小学教育统计

年份	小学		普通中学			
	学校数（万所）	小学生数（万人）	学校数（所）	中学生数（万人）	高中生数（万人）	初中生数（万人）
1965	168.19	11620.9	18102	933.79	130.82	802.97
1966	100.70	10341.7	55010	1249.80	137.28	1112.52
1968	94.06	10036.3	67210	1392.26	140.79	1251.47
1970	96.11	10528.0	104954	2641.85	349.70	2292.15
1976	104.43	15005.5	192152	5836.58	1483.64	4352.94

资料来源：中国教育年鉴编辑部.中国教育年鉴(1949—1981).北京：中国大百科全书出版社,1984. 1001,1021

教育重心下降,面向农村的发展是实质性的。如表1-4所显示的,初中生中农村学生的比例,从1965年的33.7%,提高为1976年的75.2%；高中生中农村学生的比例,从1965年的9.0%,提高为1976年的62.3%。这是十分惊人的。

表1-4 1962—1976年在校中学生数分城乡的比例(%)

年份	初 中			高 中		
	城市	县镇	农村	城市	县镇	农村
1962	35.2	27.7	37.1	42.6	49.6	7.8
1965	42.1	24.2	33.7	43.1	47.9	9.0
1971	19.0	8.0	73.0	22.7	16.0	61.3
1976	15.6	9.2	75.2	22.7	15.0	62.3

资料来源：中国教育年鉴编辑部.中国教育年鉴(1949—1981).北京：中国大百科全书出版社,1984. 1006

"文革"期间,整个教育的重心降到基础教育,但基础教育的重心却不切实际地上升为高中教育,普通高中成为发展最快的部分。中等职业教育被认为限制劳动人民子弟接受教育而遭到批判和取消,原有的农业中学、职业中学、半农半读技术学校等大多变为普通中学,造成中等教育结构单一化。许多小学附设初中班,大批小学骨干教师被抽调到中学任教,反而削弱了小学教育。由于将农村中小学的公办教师转为民办,下放原籍并转为农业户口,不拿工资,改记工分,极大地涣散了农村教育的师资队伍,降低了教育质量。据统计,全国农村中小学教职工中民办教职工所占的比例,由1965年的

52.6%上升到1978年的73.4%。①将办学权直接下放到大队或生产队一级,而且经费大多自筹,政府对基础教育的支出反而减少,这是很荒诞的。教育事业费占国家财政总支出的比例,1966年为6.36%,1970年最低,为4.24%。从1972年起,国家财政预算中将教育事业费支出单列,加强管理,这一比例有所回升,1976年达到6.29%,与1965年的6.24%相当。②

如同"大跃进"时期,"文革"期间的中小学教育数量的发展是以降低质量为代价的。当时小学实行五年制,初中、高中各两年,取消了考试和留级,教学内容十分简单,因而实际的教育程度并不能真正达到初中、高中的水平。但是,如果不是以"升学教育"的标准,而是以实际的功用去评价,那么应当承认,这种低重心、实用型的教育毕竟在更大程度上满足了农村学生基本的学习需求,如同当时农村实行的合作医疗制度一样。它无疑是低水平的,但切合实际,首先解决了"有无"的问题。事实上,许多今天在各个领域崭露头角的60年代生人,正是受惠于70年代农村的基础教育。

这是一个不可多得的案例,使我们深入认识基础教育的功能。我们通常说,由于"文革"时期的教育荒废,耽误了一代人。这当然是一个事实,尤其是对那些在"文革"前接受教育的上山下乡的知青一代。但对于在"文革"时期上四年制中学的,情况却有所不同。许多20世纪70年代末通过高考进入大学的青年,正是"文革"教育荒废时期的中学生。今天回头看,"文革"时期低水平的基础教育并没有妨碍他们成为各行各业的成功者。它启示我们认识人才与教育的功能。这至少说明两个道理:一是优秀人才是制度挡不住的,无论是什么样的学校教育、考试制度。二是基础教育对人才的影响没有我们想象的那么大。自由、宽松、"低水平"的教育,同样可以生长出优秀人才。一些过来人将那完全没有权威的时期称为"阳光灿烂的日子",他们从中获得了实在的生长。当然,这是一个极端;我们现行的严酷的、令学生透不过气的"应试教育"是另一个极端。不能想当然地认为后者更利于人才的成长,真理应当是在两端之间。

四、从80年代到90年代

改革开放以来,否定了"左"的错误路线,重新确立起尊重知识、尊重人才

---

① 何东昌主编.当代中国教育.上册.北京:当代中国出版社,1996.108
② 中国教育年鉴编辑部.中国教育年鉴(1949—1981).北京:中国大百科全书出版社,1984.98

的价值,确立起知识分子的社会地位,重新建立起以考试制度为核心、以学习能力为标准的公平竞争的制度环境,使建立在血统、家庭出身上的教育歧视已不复存在。

1. 分数面前的平等

在20世纪70年代末,对中国教育产生最重大、最深远影响的"拨乱反正",是恢复已经中断了10年的高等学校统一考试招生制度。

直至1977年6月,教育部召开高等学校招生工作会议,提出仍然采用"文革"中实行的免试推荐工农兵上大学的办法,遭到当时主管教育工作的邓小平的否定。8月,教育部再次开会,形成《关于1977年高等学校招生工作的意见》,规定1977年高等学校招生采取各省、自治区、直辖市统一考试、择优录取的办法,工人、农民、上山下乡和回乡知识青年、复员军人、干部和高中应届毕业生都可以报考,年龄限制放宽到30岁;从应届高中毕业生中招收的人数占招生总数的20%~30%。1977年高等学校的招生考试于11月、12月在各地举行,全国共有570万人报考,录取21.7万人。1978年,高校招生40.02万人。1979年,招收学生27万名,其中应届高中毕业生占60%以上。研究生教育也开始恢复。1978年,全国210所高等学校、162所研究机构共招收研究生10 708人。[①]

1977年恢复高考制度最重要的社会功能,是恢复了知识和教育的尊严。在经历了"政治拜物教"的狂乱之后,知识、教育重新恢复了崇高的地位。中国古代的科举制有诸多负面的价值和问题,但它最积极的意义,是确定了一种按照人的学习能力划分社会地位的"知识优先"的制度安排,从而造就了儒家文化圈的民族国家共性的"唯有读书高"的价值和尊师重教的风气。全民族被压抑已久的学习热情、教育热情激烈地迸发出来,在全社会重新树立了尊重知识、重视教育的风气,形成70年代末"科学的春天"的热烈景象。

它另一个重要的功能是抛弃了基于政治面貌、家庭出身的政治歧视,通过分数面前的平等,重新恢复了全体人民平等的教育权利。许多"文革"中抬不起头的"另类"家庭的子女得以公平地参与改变命运的竞争。千百万被"文革"剥夺了受教育机会的青年看到了希望,高考改变了整整一代人

---

① 中央教育科学研究所.中华人民共和国教育大事记(1949—1982).北京:教育科学出版社,1983. 499、519、548

的命运。作为文革时期毕业的"老三届"的精华,许多进入大学的学生已是30岁上下,甚至已为人父母,他们如饥似渴的学习精神,造成了当时特殊的校园风气。刻苦学习和积多年社会阅历而形成的见识和才学,使他们成为新中国教育史上特殊的一群。1977、1978、1979级大学生被后人称为"新三届"大学生。

中国开始进入一个以平等权利为基础,以个人活力为特征的市场化的发展阶段。此后,尽管还有一些教育权利方面的问题,如残疾人、外来人口等的教育权利,但教育公平的基本主题转变为教育的普及和教育机会均等。

2. 恢复和重建:回到50年代

围绕社会现代化的目标,80年代的教育恢复和重建,使教育获得了新的动力和方向。但这是一种单向的驱动。与50年代初期新中国的教育重建很不相同,当时教育改革的方针是"以老解放区教育经验为基础,吸收旧教育有用经验,借助苏联经验,建设新民主主义教育"①,有三个不同方向的资源。而到1980年的教育重建时,我们只有一个方向:"义无反顾"地重新回到50年代。这是在粉碎"四人帮"之后,教育领域与社会经济、政治等领域最大的不同,我称之为一场"未完成的拨乱反正":我们仅仅在"要不要教育"的问题上恢复了常识,但对于"要什么样的教育"、"什么样的教育是好的"这一问题,却未能在更高的起点上建立起符合现代化潮流、具有前瞻性和建设性的新思路。这直接影响了此后的教育发展。

恢复和重建教育的主要内容包括:1977年11月,中央批示决定从大、中、小学校撤出工宣队。1978年,在中小学撤销"红卫兵"、"红小兵"组织,恢复中国少年先锋队。清退"文革"中被占用的校舍和新建校舍,恢复和增建了一批高校和中专。中小学学制由"文革"中的10年恢复为12年。调整中等教育结构,大规模缩减农村普通高中,增加职业教育的比例。教育重新对外开放,向西方国家派遣研究生,等等。

邓小平成为新时期教育发展的"总设计师"。1977年5月,他关于尊重知识、尊重人才的著名讲话,在很大程度上确立了新时期教育的发展方向和基本价值:

---

① 教育部办公厅.教育文献法令汇编(1949—1952).北京:教育部办公厅,1958.14

现在看来，同发达国家相比，我们的科学技术和教育整整落后了二十年。……抓科技必须同时抓教育。从小学抓起，一直到中学、大学。我希望从现在开始做起，五年小见成效，十年中见成效，十五年二十年大见成效。办教育要两条腿走路，既注意普及，又注意提高。要办重点小学、重点中学、重点大学。要经过严格考试，把最优秀的人集中在重点中学和重点大学。①

1978年，在全国教育工作会议的讲话中，他说："学生负担太重是不好的，今后仍然要采取有效措施来防止和纠正。但是，同样明显的是，要极大地提高科学文化水平，没有'三老四严'的作风，没有从难从严的要求，没有严格训练，也不能达到目的。"②他强烈地提出要"早出成果，早出人才"，要求"尽快地培养出一批具有世界第一流水平的科学技术专家"③；提出集中人力物力举办重点学校，把最好的教师和学生集中在重点学校，保证培养出一定数量的高水平人才。

可见，虽然1977年的恢复高考给新时期的教育提供了一个来自公平的强大推动，源自阶级斗争理论的对所谓非革命阶级的受教育权利的歧视对待被消除了，但是，在新的发展境遇中，对教育公平的关注马上就被发展科学技术、赶超型战略、实现现代化的国家目标所压倒。在教育的普及与提高之间，邓小平显然更强调提高。教育重新确立起以精英教育和科学技术教育为重的价值观，重新蹈入精英主义的发展路线。

1979年初，由邓小平提名，60年代的高教部部长、原清华大学校长、党委书记蒋南翔重新出任教育部部长、党组书记。他忠实地按照文革前17年教育的模式建设新时期的教育，重新颁发在60年代的条例基础上修改而成的《全日制中学暂行工作条例（试行草案）》、《全日制小学暂行工作条例（试行草案）》和《全国重点高等学校暂行工作条例（试行草案）》，并在中小学重新建立重点学校制度。

1978年，教育部制定《关于办好一批重点中小学的试行方案》，提出全国重点中小学形成"小金字塔"结构，并在经费投入、办学条件、师资队伍、学生

---

① 邓小平.邓小平文选(1975—1982).北京：人民出版社，1983.37
② 邓小平.邓小平文选(1975—1982).北京：人民出版社，1983.101
③ 邓小平.邓小平文选(1975—1982).北京：人民出版社，1983.93

来源等方面向重点学校倾斜,由此形成国家级、省级、地级、县级的重点学校"层层重点"的格局。1978年2月,确定由教育部举办20所重点小学。此后,各地陆续确定一批重点学校。至1981年,全国各省、自治区、直辖市(不包括上海市)共有重点小学5271所,占小学总数的0.6%,在校生417.7万多人,占小学在校生的2.9%。共有重点中学4016所,占中学总校数的3.8%。[①] 这些重点学校几乎全都是以理科优秀为特征的,同时,基本分布在城市地区。1982年对13个省、自治区、直辖市的348所重点中学的调查显示,城市243所,占70%;县镇98所,占28%;农村7所,占2%。其中7个省、直辖市的农村没有一所重点中学。[②]

80年代以来,重点中学政策的负面影响日益彰显,教育界的讨论和反思持续不断。具有共识的主要认识是,重点学校没有起到示范性、实验性的作用,反而通过拉大学校差距,强化了学校之间对于升学率的竞争,恶化了基础教育气氛,成为推动应试教育的重要机制。

1981年,作为教育部顾问的叶圣陶在《中国青年》杂志发表《我呼吁》一文,呼吁各方面关注中学生在高考重压下负担过重问题,引起强烈社会反响。此后,教育部下发文件要求"重点中学已基本装备齐全的地区,应把投资的重点转移到改善一般中学的办学条件上来"。多数地区取消了重点小学。但基础教育气氛的恶化并没有解决,教育部为此下发的文件多达数十种,各种讨论和发表的文章不计其数。但"片面追求升学率"、学生负担过重的情况仍然愈演愈烈,成为严重的社会问题。到90年代,"片面追求升学率"的教育被正式命名为"应试教育"。

1985年,《中共中央关于教育体制改革的决定》(以下简称《决定》)的颁布,实行教育体制改革,是一个具有里程碑意义的重大事件。它与1984年颁发的《中共中央关于经济体制改革的决定》和《中共中央关于科技体制改革的决定》一起,构筑了20世纪80年代以经济体制改革为中心的制度变革的主线。《决定》继续反对阻碍教育发展的"左"的思想,指出"轻视教育、轻视知识、轻视人才的错误思想仍然存在,教育工作方面的'左'的思想影响还没有完全克服,教育工作不适应社会主义现代化建设需要的局面还

---

① 刘英杰主编.中国教育大事典(1949—1990).杭州:浙江教育出版社,1993.333,343
② 袁振国.论中国教育政策的转变——对我国重点中学平等与效益的个案研究.广州:广东教育出版社,1999.38

没有根本扭转"。《决定》认为教育体制的弊端主要是：政府有关部门对学校主要是对高等学校统得过死，使学校缺乏活力；政府部门应该管的事却没有很好地管起来，等等。《决定》认为"要从根本上改变这种状况，必须从教育体制入手，有系统地进行改革。改革管理体制，在加强宏观管理的同时，坚决实行简政放权，扩大学校的办学自主权；调整教育结构，相应地改革劳动人事制度。还有改革同社会主义现代化不相适应的教育思想、教育内容、教育方法"。

《决定》确定的教育改革的具体内容为：实施九年义务教育制度，将发展基础教育的责任和管理权限下放给地方；调整中等教育结构，大力发展职业技术教育；扩大高等学校办学自主权，改革高校招生和毕业分配制度，学校逐步实行校长负责制；撤销教育部，成立国家教育委员会，等等。

今天回头来看，《决定》对教育形势和问题的认识、所提出的各项改革措施，不仅是正确的，而且至今并不过时，是我们今天仍然面临的，并没有解决和需要改革的。但其个别做法，主要是基础教育管理权限下放地方后层层下放，导致农村义务教育责任以县乡为主，中央和省级财政承担的责任太少，从而致使农村义务教育产生严重问题，是值得反思和总结的。

1986年我国通过并实施《中华人民共和国义务教育法》，将普及九年义务教育纳入了法制的轨道。它突出了在以经济建设为中心的社会现代化进程中，教育的主要任务是普及和扩大教育，即扩大教育机会和实现"教育机会均等"的主题。但是，在现实的教育发展中，教育的重心是重点学校、高等教育、科技和工程教育。因而，80年代的教育主题，在宏观方面是教育的战略地位、体制改革、尊重知识和尊重人才问题；在教育内部，教育经费不足、农村中小学生流失辍学、农村学校危房倒塌、体脑倒挂、教师待遇过低、片面追求升学率，以及学潮等等，成为教育危机的实际表现。

3. 教育公平成为突出的社会问题

自20世纪90年代中期以来，中国的社会变革和教育改革进入了一个与此前很不相同的新的发展阶段。

社会学家把80年代与90年代中期以来的社会转型加以划分。这两个发展阶段既有连续，也有重要的区别。它被区分为改革的"侵蚀阶段"和"转型阶段"。在"侵蚀阶段"，改革的主要任务是消解旧体制、旧观念，市场改革的平等化效益能够比较明显地体现，社会结构和利益开始出现分化，但还没有造成严重的贫富差别，不同社会阶层都能从发展市场经济的改革中获益。

而在"转型阶段",新的社会结构相对定型,出现了各不相同的利益集团,使改革的逻辑和机制发生变化。以政府主导、"内部人"为主的改革形成的扭曲的市场,使强势阶层在社会转型中获得更多的利益,甚至出现"赢者通吃"的现象,社会财富迅速集中到少数新贵和特殊利益集团手中,从而致使社会贫富差距、城乡差距持续扩大,社会阶层的分化造成了一个包括失地农民、下岗工人、失业和半失业人群等构成的庞大的弱势阶层和底层社会。它被社会学家称为一种"断裂社会"。[①]

80 年代教育的恢复重建,形成了延续至今的中国教育的基本格局、基本价值、基本模式,它大致是"文革"前"十七年教育"的翻版。20 世纪 90 年代以来的中国教育,是以教育规模、数量的急剧扩张为主要特征的,体制改革的任务被搁置,呈现"发展大于改革"的特点。然而,这并非是完全健康的发展。在教育突飞猛进的发展中,教育公平成为突出的社会问题,成为被社会舆论持续批判、声讨的众矢之的。

"教育产业化"的影响

20 世纪 90 年代以来,我国的教育在规模、数量上得到迅速发展,从而使教育更具有全民教育的价值;与此同时,由于向市场经济体制转型的社会变迁,教育的外部环境发生了巨大变化,唯一不变的是教育的贫困,它成为一个致命的诱因。在实现国家主义的发展目标与追求经济利益的双重驱动下,旧有的制度性障碍在市场环境中的演化,产生转型社会特殊的教育问题,教育走上一条被称为"教育产业化"的路径,学术化的说法是"单纯财政视角的教育改革"。其基本特点是:

(1) 教育改革以解决教育经费短缺为核心,以提高宏观效率为主要取向。无论是农村普及九年义务教育、"两基"达标,还是多渠道筹措教育经费、高校投资体制多元化等等,都是从这一基本现实出发,围绕这一目标进行的。各级教育在数量和培养规模上的扩大,尤其是高校的大规模扩招,取得了很大成效。

(2) 教育初步出现"多元化"的格局。单一公立学校的格局被打破,出现了投资、办学、管理体制的多元化,引导了教育价值的多元化,教育消费、教育

---

① 孙立平.转型与断裂:改革以来中国社会结构的变迁.北京:清华大学出版社,2004;孙立平.侵蚀阶段与转型阶段.经济观察报,2005-11-21

服务、教育市场、教育成本分担、教育产业等概念得以建立,新的思想和模式开始涌现,学生和家长的教育权益开始受到重视。教育吸引了大量社会投资,而政府对教育的投入增长缓慢。

(3) 在"效率优先"的发展观影响下,政府对教育公平比较忽视。各种名义的"市场化"改革在很大程度上损害了教育的公共性、公益性和公平性,加大了基础教育的城乡差距、地区差距和阶层差距。与此同时,教育规律所要求的教育的相对独立性,以及人的发展需求,在很大程度上也被模糊和忽视了。

伴随高校扩招、普通高中的大发展,城乡之间、地区之间的教育差距在拉大,在2001年左右达到顶点,然后开始改善、回落。高校出现了庞大的贫困生阶层,高中和高校的阶层差距显现,阶层差距成为突出问题。接受高中教育、享受优质教育越来越成为家长社会经济地位的竞争。教育作为社会分层的工具,呈现出凝固和制造社会差距的功能。

(4) 由于宏观的教育管理体制并没有改革,政府对教育资源宏观垄断的格局并没有真正改变,从而形成"宏观垄断、微观搞活"的扭曲格局。公办教育通过"转制"学校、"名校办民校"、"独立学院"等政策设租寻租,面向社会、家长强势地攫取经济资源,形成与民办教育的不公平竞争。民办教育受到歧视,发展艰难。

巧立名目的乱收费和高额的"择校费",使教育支出成为民众的重负。单一的"分数—能力"标准被打破,以金钱换取学额被大规模地合法化,实质性地腐蚀着基础教育的品质,造成教育的社会声誉严重跌落。

中国教育在世纪之交突飞猛进的发展中,教育公平成为突出的社会问题,引起社会舆论的强烈关注。

一系列调查显示,多数人对社会公平状况不满意。教育、医疗和住房成为压在老百姓头上新的"三座大山"。据2005年"转型期中国社会公平问题研究"课题组的研究结果,对当前的社会公平状况,感到很不公平和不太公平的合计占90%,认为基本公平的仅占7%。调查发现,在受益方面,社会保障体系改革获得最多的肯定,选择受益很大和一般的占42%,其余依次是医疗体制改革(34.2%)、教育体制改革(28%)、国有企业改革(21.4%)。但除社会保障体系改革外,认为受损的群体人数都高于受益者人数。在利益受损方面,教育成为首选,高达50.7%的人选择了教育体制改革,44.4%的人选择了医疗体制改革,37%的选择了国有企业改革,30.1%选择了社会保障体系改革。对教育的负面感受竟然在医疗体制改革、国企改革和社会保障体制改革之上,是出人意料的。

对于公平与效率的关系,选择公平与效率并重的占44%,选择公平优先的占31%,选择效率优先的只占23%。这表明越来越多的人认为公平应当优先于效率。高达93%的被调查者认为政府应当优先关注公平而不是经济发展。[①]

2005年11月,21世纪教育发展研究院与搜狐网进行的"2005中国教育满意度调查"结果显示,77.8%的公众对教育的总体情况很不满意或不太满意。公众最不满意的是教育公平状况,涉及教育公平的六个问题都进入最不满意的前十位,分别是城乡教育差距(第一位)、地区差距(第二位)、教育腐败(第三位)、通过交纳赞助费或择校费进入"优质学校"(第五位)、进城务工子女的受教育条件和环境(第六位)、学校差距(第九位)。[②] 可见,我们既要追求教育增长,也需要关注增长的教育资源究竟是如何分配的,老百姓反对的是忽视公平、损害公平的增长。

近年来,社会对教育的批评之声高涨,要求恢复教育的公益性和公正性,实行免费的农村义务教育,反对"教育产业化"的道路。2005年是中国教育公共政策发生宏观转向的转折之年。在建设和谐社会、贯彻科学发展观的新的社会背景下,围绕制定"十一五"规划、制定《面向2020年的教育发展与改革纲要》,以及《义务教育法》修改等,一些社会强烈关注的教育问题终于提到了改革的议事日程,确定从2006年起用两年时间在农村全面免除义务教育阶段费用的政策,促进义务教育均衡化也成为教育部门的重要工作内容。

五、新中国教育公平的轨迹

回顾1949年以来我国教育公平的历程,有一些基本认识。它大致有两个基本脉络:一是基于政治意识形态的变化,从权利平等到机会均等的发展过程。此外,是精英主义与大众主义两种不同的教育发展模式的矛盾,其背

---

① 该研究结果由国务院发展研究中心所属中国发展基金会赞助,通过"人民网"的网上调查得出。见:余斌,卢周来,欧阳亮.民调:社会不公已成众矢之的.改革内参,2005(34)
② 21世纪教育发展研究院编.2005年:中国教育发展报告(教育蓝皮书).北京:社会科学文献出版社,2006.436

后是实行赶超战略的国家主义目标与面向大多数人的教育这样的社会主义目标的冲突。在转型社会的大背景下,近些年的教育发展,出现了赶超模式向普适状态的转变,即开始注重面向大多数人的义务教育、基础教育、农村教育。但在市场化的过程中,"教育产业化"的发展构成对教育公平严重的侵害。意识形态、国家目标和发展战略,以及形成之中的市场等因素消长交织,在不同时期对教育公平造成不同的影响。

1. 从权利平等到机会均等

20世纪50年代初的教育,重视面向大多数人的教育,强调教育向工农开门,扩大劳动人民接受教育的机会。但在阶级斗争理论和"左"的路线下,当时教育平等的理论基础是阶级斗争理论,强调的是"阶级内的平等",以家庭出身、政治身份作为判别标准,实行对"非劳动人民"具有歧视性的"阶级路线"政策,极大地侵犯了公民平等的受教育权利。"阶级"内部的权益也是等级化的,出现了干部阶层的教育特权。在干部子弟学校被取消后,干部子弟更多地获得了重点学校的教育机会。在"文革"期间恢复高校招生后,这种特权表现为通过"开后门"进入高校。从阶级内的平等,到阶级内的等级化,到少数人的特权,这一脉络是清晰可辨的。

"文革"之后废止阶级路线政策,公民平等的教育权利得以恢复。目前,仍存在一些权利平等问题,如大学招生中过高的体检标准,一些学校对身体残疾者的歧视,大学生就业过程中的性别歧视等等。但总体而言,我国教育公平问题的基本关注,已经从不公平(教育权利)转到不均衡(教育机会),集中在教育机会均等的问题上。

尽管如此,我们仍应对"权利的平等"保持必要的警惕,它仍然是一个现实的问题,主要是如何保障弱势阶层的受教育权利。突出的例证是关于进城务工的农民工子女接受教育的问题。在大规模的城市化进程中,20世纪90年代中期这一问题即开始出现,流动人口子女接受义务教育的权利被极大地漠视。经长达10年的努力,才在2004年形成"以流入地为主"、"以公办学校为主"的教育政策,从制度上保障农民工子女的受教育权利。

另一方面,1977年"文革"之后的拨乱反正,主要是对平均主义的否定而缺乏对特权思想的清算。90年代之后官本位价值回潮,利益集团的特权又重新出现,公然挑战教育公平。主要表现为:在入学机会上,特权阶层寻求超越公平规则的特殊利益。目前重点中小学普遍存在着三类学生:通过考试入学的"公费生",通过交费上学的"自费生"或"交费生",还有一类"条子生",

即官员和权势阶层通过权力获取的教育机会。"条子生"所体现的权学交易对教育公平的侵害,更甚于缴费上学。一个极端的例子是,河北省东光县办学条件最好的公办的实验小学,根据县文教局红头文件,明文规定招生对象限定为"县城内党政机关、事业单位在编干部职工子女"。① 这说明在中国这样具有深厚的封建传统、官本位价值的社会,教育机会是权利还是特权,是个不会过时的提问。

2. 四个不同阶段

新中国的社会发展和教育发展,可以清晰地划分为四个各具特点的不同阶段。

(1)文革前"十七年教育"。这个时期的教育作为计划经济时代的产物,奠定和形成了我国基本的教育体制、教育价值和教育模式。其主要的制度特征是突出政治、阶级路线政策、城乡二元格局、优先发展高教、重点学校制度等主要体现精英主义的价值和路线。这一时期教育公平的特征是:基于政治歧视的权利不平等;从20世纪50年代初的大众主义转向精英主义教育。在"文革"前十七年,基于革命理念和社会主义的公平价值与工业化和赶超模式下的效率优先一直处于强烈的冲突之中,毛泽东发动的"教育革命"则为这一矛盾的总爆发。

(2)"文革"时期。毛泽东发动教育革命,以政治乌托邦的理想冲击"文革"前的教育模式和教育制度,除了在政治挂帅、贯彻阶级路线等政治化的方面承继"十七年教育"外,其他方面皆"反其道而行之"。通过打击知识分子、下放教育权力、取消学校差别、取消考试制度,以破坏性的暴烈方式推进公平。教育的重心下移至农村,重在普及教育,是一种低重心、公平优先和"平均主义"的发展模式。这一时期教育公平的特征是:权利不平等,教育面向大多数人,低水平的教育机会均衡。

(3)20世纪80年代的教育。对"文革"教育的拨乱反正,导致对"十七年教育"的全面恢复,区别在于废止了阶级路线政策,改变了打击、否定知识分子的政策。教育重新蹈入体现国家主义目标的精英路线。教育公平问题主要表现为制度性原因造成的城乡差距、地区差距、学校差距等。这一时期教育公平的特征是:权利平等,能力主义取向的分数面前的平等,面向少数人的精英型教育。

---

① 余智骁."特权学校"校长栽了.中国教育报,2005-07-04

(4) 20世纪90年代中期之后。由于市场经济和教育市场化的发展，单一公立学校的格局被打破，入学机会的单一分数标准也被打破。教育在规模、数量上的大发展，使其具有全民教育的价值。但旧有的制度性障碍在市场环境中的演化，产生转型社会特殊的教育问题：教育机会扩大、教育差距扩大，即"不公平的增长"。

由于80年代的教育具有一种过渡性，在类型上与50年代相似，故可将其忽略，则新中国的教育公平主要为三种类型，其制度特征见表1-5。

表1-5 我国教育公平不同阶段的制度特征

	"文革"前十七年（1949—1966）	"文革"时期（1966—1976）	转型社会（20世纪90年代中期以来）
国家目标	工业化、赶超西方	革命化、政治化	现代化、赶超西方
教育价值	精英主义、效率优先	大众化、公平优先、平均主义	精英主义＋全民教育、效率优先
资源配置	城乡二元、高教优先	面向农村和基础教育	城乡二元、高教优先
发展路径	扶持重点	群众运动、群众路线、多种形式办学	扶持重点、多渠道筹资、学校经营创收
学校系统	重点学校制度	取消学校差别	重点学校制度＋民办教育
教育权利	阶级内的平等＋少数人特权	阶级内的平等＋少数特权	平等权利＋少数人特权
教育机会获得	政治标准和能力标准：阶级路线政策＋分数	政治标准：阶级路线政策	多元标准：分数＋金钱＋权力
教育公平评价	权利不平等；精英教育	权利不平等；低水平的均衡教育	权利平等；教育机会扩大，教育差距扩大

3. 两种不同的发展模式

新中国教育发展的历程，启示我们认识两种不同的教育发展战略。一种是以普及义务教育为基础，循序渐进地扩大和普及教育，发展高中和高等教育。这是先现代化国家常见的渐近发展模式。另一种是将教育发展的重心置于城市和高等教育，同时将基础教育尤其是中学纳入为高等教育服务的升学教育轨道，形成一个高度竞争的宝塔形的学校教育系统。见表1-6。新中国教育选择了后者，这是与当时迅速实现工业化和科技现代化的赶超战略相匹配的。这两种发展模式、教育价值的冲突，构成新中国教育的基本矛盾。

表 1-6 两种教育发展模式的特征

	渐近模式	赶超模式
教育目标	优先为大多数人提供教育机会,提高国民素质	优先培养专家,迅速实现工业化,参与国际竞争
教育价值	大众主义	精英主义
教育重心	以农村为主、普及基础教育	以城市为主、高等教育
基础教育学校制度	以公立学校为主,比较均衡	城乡二元、重点与非重点二元
公立学校的功能	以保障公平为主	突出重点,培养尖子
中学教育的功能	全面发展教育,为生活做准备	升学教育,为高校输送人才

20世纪五六十年代基础教育的方针徘徊于"扩大教育机会—提高教育质量"这样两个不同的目标之间。以政治运动方式推行的教育改革造成了教育发展的剧烈动荡。如:1958年的"教育革命",强调扩大劳动人民的教育机会,大力发展全日制中学和各类职业的民办中学,以及半耕半读中学;1961年后进行的调整和收缩,强调教育质量,大规模减少农村学校和学生数(这部分也是为减少商品粮的提供人数)。湖北省的压缩方案是:在校生人数原则上按"从两个高中毕业生中选一个大学生,从两个多一点的初中毕业生中选一个高中生"的比例加以安排。1962年后,中学教育的重心是全力办好全日制重点中学,加强农村中学。[①] 但1964年后,又开始推行"两种劳动制度,两种教育制度",大力发展半耕半读学校。

"文革"时期的教育,提供了有别于1949年之后大多数时期的另一种选择和实践,在文化价值和发展模式的层面上,具有不可轻视的认识价值。与"重高等教育,轻基础教育"、构造一个宝塔形的升学教育体制相反,"文革"时期的教育方针强调面向基层、面向农村,大力发展基础教育。教育主要培养面向农村、面向基层的中、初级科技人员、教师、赤脚医生等。基于类似的价值理念,1971年恢复招生后的高等教育也降低培养目标,向实用化方向发展,培养掌握适用技术的工程技术人员以促进企业的技术革新,推广和普及适用技术。"文革"时期的教育政策被视为"反智主义"、"文化平均主义"的表现。"文革"中对教师和知识分子的歧视打击无疑有"反智主义"的价值,取消一切考试,取消各种不同类型的学校也的确是搞"平均主义",但对"文革"时期教育政策的整体评价不是用贴标签的简单方法可以完成的。

[①] 湖北教育委员会编.湖北教育年鉴(1949—1987).武汉:武汉大学出版社,1990.120

在"三农问题"再次成为社会焦点的今天,我们仍然面临这样的挑战和诘问:在中国这样经济、文化落后,农民占大多数的发展中国家,教育发展的重心究竟应当是在城市还是农村,是高等教育还是基础教育?教育究竟应当首先满足大多数人的基本需求,提高国民的基本素质,还是应当优先培养少数专家?教育究竟应当采取严格竞争淘汰、旨在选拔少数"尖子"的"升学教育",还是应当采取能够适合大多数人的实际需要、能够改善生活质量的"生活教育"(借用陶行知的概念)?即便就实现国家经济发展和参与国际竞争的目标而言,究竟哪一种教育模式是真正有效的?

4. 两种不同的公平政策

比较各国普及教育、实现教育公平的历程,有两种基本思路:一种以美国为代表。由于美国社会多元文化、种族、宗教的异质性,教育被作为实现社会整合的大熔炉。在著名的《科尔曼报告》的基础上,美国从20世纪60年代开始以消除种族歧视为主,通过强有力的国家干预和强制性的补偿性政策推进教育公平,促成了黑人学校和白人学校的合校运动、为学生提供交通便利的校车运动,并规定了高等学校招收少数族裔的比例和制定了优惠政策,等等。这是因为在事实上存在巨大的社会不平等的现实中,仅仅给予弱势群体"一视同仁"的对待是远远不够的,而必须采取向弱势群体倾斜的"补偿性原则",才能有效地减少不公平。这就是罗尔斯公平判据中"平等性原则"之外的"补偿性原则"。

与美国不同,作为单一文化、单一民族的日本,主要通过发展性政策推进教育公平,即将增进教育公平的目标蕴涵于整体提高教育的普及程度中,也就是我们所熟悉的扩大总量,从而改善每一个个体教育机会的思路。多年来,中国实行的也是这种"总量—人均"模式的发展思路。

但中国问题的特殊性在于:中国虽然没有美国那样巨大的种族、宗教、文化的差异,但作为一个幅员辽阔的大国,各地基于不同的资源、环境、历史、文化的发展性差距极大,超过了欧洲国家之间的差异,这是与美国不同的另一种"异质性"。中国普及教育的历程已经说明,在差异性极大的现实中,仅靠同等对待的平均推进策略,企图通过社会发展自然地缩小和弥补差距的设想是不真实的。必须依靠政府的补偿性的倾斜政策对弱势地区、弱势人群予以特别关注。或者说,在中国这样发展差距极大的人口大国,必须同时使用"发展性"和"补偿性"两种准则,才能有效地促进普及教育,增进教育公平。

还应当看到,韩国等许多国家普及免费义务教育的历程,都是首先在最偏远、贫困的海岛、渔村实行免费,逐渐扩大到普通农村,最后惠及城市,是一种依据经济发达程度"逆向"普及的策略。让最贫困的地区和人群首先受惠，这实际上也是一种补偿性原则。比较之下，不难看到中国普及教育进程的重大谬误：在城乡二元、重点学校与普通学校二元的精英主义发展模式中，教育资源优先向城市和强势阶层倾斜，更需要扶持的农村和贫困地区日益被边缘化，从而造成城乡之间、发达地区和欠发达地区之间"锦上添花"和"雪上加霜"这样的两极分化。

5. 转型时期影响教育公平的动力机制

自20世纪90年代中期以来，伴随社会生活和利益主体的多元化，教育领域也出现了多元利益的新格局。政府与学校之间传统的行政联系，正在被政府—学校—市场的复杂关系取代，后者是由教育消费者（来自不同阶层的学生和家长，以及社会用人单位）、教育投资者和举办者构成的。因而，教育等公共事业领域的改革，存在着三种不同的价值诉求，构成转型社会特殊的动力机制。

（1）计划经济时期的惯性。计划经济时代形成的国家主义的目标和价值具有很大的惯性，仍在当下的社会生活、公共政策制定中发挥重要作用。其基本特征是强调中央政府所代表的国家利益，强调效率优先，习惯性地主张国家掌控资源，实行集中计划，强化政府和部门的权力，存在行政化、部门化、官本位等价值特点。在资源配置上存在城市中心、扶持重点之类的惯性，倾向于维系城乡之间、重点学校与普通学校之间、公办教育与民办教育之间的"二元结构"。

（2）来自市场的动力和价值。市场经济的发育改变了教育的外部环境，学生和家长成为重要的利益主体，主张自身的教育权益，要求提高和改善教育服务的质量。多元的教育投资主体，强调微观的管理效率和经济效益，具有用企业管理改变教育管理、将市场准则（如利益交换原则）引入教育的倾向，它推动了入学机会标准的多元化、教育地方化的发展，也带来文凭主义、就业功利主义的强烈影响，产生了所谓的"地主效应"，如各地名牌大学招生本地化的趋势。

（3）教育利益集团的特殊利益。转型期体制改革的重要特点被称为"内部人改革"，即在缺乏有效的社会参与和利益博弈机制的情况下，由掌控重要资源的权力部门主导的改革。在这一机制下的市场化改革，其实际关注的往往不是开放教育市场，更多、更好地提供公共服务，以及通过改革提高微观效率，而是集中在经营、创收等营利性环节上，以弥补由于政府投入不足、学校扩张冲动和管理效率低下造成的资金匮乏。由于垄断和缺乏监督,逐渐形成基于部门利益的特殊利益集团,并出现了公开地设租寻租、权学交易、钱学交易等制度性腐败,造成扭曲的市场和不公平竞争,败坏了改革的形象,引致人们对市场化方向的怀疑。

因而,在当前谈促进教育公平、教育机会均等,一个突出的问题是政府治理。通过正确处理政府、市场与学校的关系,确立教育的公益性、公共性、公正性等基本价值,确立政府提供公共服务、公共产品,维护公平竞争的市场秩序等基本职责,规范政府在市场经济环境中的行为。另一个重要方面是,在多元利益格局的现实中,建立新的公共政策决策机制。通过公众参与、多元利益表达和利益博弈等机制和制度创新,达到价值和利益的平衡,确保教育公共政策的公正性,不仅体现和保护大多数人的利益,而且体现和遵循教育、学术自身的规律,避免教育公共政策仅为"官场"和"市场"所左右的失误。

第二章

教育资源配置：短缺和失衡

- 在发展经济的热潮中,无论是中央政府还是地方政府,更倾向于为"看得见"的经济项目投资,并互相攀比;教育经费被称为"剩余财政",有剩余才投给教育。于是,具有战略地位的教育,在实际生活中成为"略占地位"。
- 热衷于形象工程、经济建设的官员作为家长的时候,其选择并不会失常,仍然会把孩子的教育放在重中之重的地位。
- 在片面追求GDP的发展观中,政府以主要精力直接参与经济建设;与此同时,却没有有效地履行在教育、医疗、就业、住房、社会保障等方面提供公共产品和公共服务这一最基本、最重要的职能。
- 教育部门在办学条件、教育经费、师资配备等资源配置上,实行城乡不同标准。有限的教育经费主要集中于城市,原本更需要扶持的农村教育得到的资源远远少于城市。世界各国的倾斜政策都是向弱势地区、弱势人群倾斜,只有中国相反,明确地向城市倾斜。
- 当前在中小学推行的新课程改革,农村教师、学生普遍感到"水土不服",重要原因是新课程标准采取了城市化和西化取向,其先进的理念与现实教育资源、师资水平的巨大反差难以弥合。
- 地处西部地区的贵州省,全省唯一的一类省级示范性高中贵阳一中修建的金阳新校区,占地面积为440亩,投资竟然高达4亿元。而当年整个贵州省的农村教育经费不过才4.5亿元。
- 传统的重点学校仍然不断得到政府的倾斜性投资。2001年,教育部在京直属高校的6所附中,每校平均获投资5000万元进行扩建,使招生规模扩大了1倍。2003年,北京市给五中投入2亿元、给八十中投入3亿元改善办学条件,引起了政协委员的质疑。
- 在基础教育阶段,依靠政府力量做大的名牌学校(原先的重点学校和现在的示范校)与依靠名校品牌和社会资源组办的"转制"学校、"校中校"、"名校办民校"等,在仍享有招生、教育经费、师资等各方面的优惠政策的同时,强势地向家长、学生收取高额费用,攫取社会资源,使得名校愈名愈富,差校愈弱愈贫,造成学校的两极分化。正是这一人为地制造和拉大学校差距的没有重点学校的"重点学校制度",制造、推动着"择校热",导致基础教育的非正常化。

教育投入的总量不足和教育经费的分配不合理,是两个同时存在的制度性问题。是否愿意为教育投资,反映的是国家对教育的根本态度,它主要取决于对教育在社会发展中的重要性的认识,取决于一种价值理性。后者则主要是效率的考量:有限的教育经费如何使用是最合理的,如何合理地配置使用资源,使之产生最大的社会经济效益。在我国的现实中,这两个问题同样严重,但对短缺的关注往往掩盖了后者。

我国教育资源配置中的价值和结构失衡,突出地表现为重城市、轻农村的城乡分治模式,三级教育中重高等教育、轻基础教育,等级化的学校制度等等。它助长了客观存在的城乡差距、地区差距,造成高等教育与基础教育发展失衡,制造了严重的学校差距。近年来一个新的评价维度,是体制内和体制外教育资源合理匹配。

一、"穷国办大教育"

中国教育最大的骄傲之一,是所谓"穷国办大教育"。多年来,我国年度公共教育经费在170亿美元左右,占世界公共教育经费总数的1.5%;支撑起2.4亿全日制在校学生的教育,约占世界教育人口的20%。2004年,全国义务教育人口覆盖率达93.6%,初中毛入学率达94.1%,高中阶段教育毛入学率达48.1%,在校生约3650万人;高等教育毛入学率达19%,在学人数超过2000万。[①]

这无疑是个了不起的发展成就。但是,我们仍然需要深入探究这一发展成就背后的路径和机制,这对于认识中国教育的现状和问题,对于面向未来的教育改革可能更为重要。

---

① 周济.以素质教育为主题,着力完成普及发展提高三大任务.中国教育报,2005-11-30

1. 教育投入严重不足

我国教育的诸多问题有一个基本的根源,即国家的教育投入不足,教育经费严重短缺。早在20世纪80年代初,我国就明确地将教育作为国民经济建设的"战略重点",后来更确定了"科教兴国"的战略。但教育战略地位的落实与否,教育在实际社会生活中的重要性,并不是体现在文件和口号中,而是体现在国家的教育投入上。

1949年以来的国家的教育投资,在各个不同时期波动较大,教育事业与国民经济建设的关系不够协调,见表2-1。1977年,我国教育经费占国民生产总值的2%,在联合国统计的149个国家中,居第139位。[①]

表2-1 建国以来教育投资的基本状况(%)

	教育投资占国民收入的比例	国民收入的平均增长率	教育事业费的平均增长率
"一五"时期	2.33	9.04	16.85
"二五"时期	2.61	0.35	4.28
1963—1965	2.50	14.42	6.55
"三五"时期	1.96	6.79	−1.10
"四五"时期	1.97	5.38	11.86
"五五"时期	2.60	8.06	14.31
1979—1983	3.17	9.20	14.28

资料来源:王善迈.我国教育投资的历史分析.北京师范大学学报,1987(5)

1993年制定的《中国教育发展和改革纲要》(以下简称《纲要》)提出:"逐步提高国家财政性教育经费支出占国民生产总值的比例,本世纪末达到4%。""中央和地方政府教育拨款的增长要高于财政经常性收入的增长,并按在校学生人数平均的教育费用逐步增长。""要提高各级财政支出中教育经费所占的比例,'八五'期间逐步提高到全国平均不低于15%。"虽然全国教育经费总量在不断增长,各级政府教育投入的水平均有较大幅度的增长,但由于教师工资增加和物价上涨,生均公用经费并没有实质性的增长,教育经费短缺的情况并没有得到缓解。许多地方没有达到"两个增长"的要求。

衡量一个国家教育经费基本状况的重要指标"国家公共教育经费占国内生产总值的比值",即国家公共教育经费占GDP的比值,在我国,多

---

① 厉以贤主编.现代教育原理.北京:北京师范大学出版社,1988

年来一直徘徊在 2.5% 左右的低水平,见表 2-2。1991 年这一比值为 2.86%,此后持续下降,最低为 1995 年的 2.41%。经艰苦的努力,2000 年的这一比值虽然回升为 2.87%,但仍然没有达到 1993 年《纲要》所规定的 4% 的目标。在发展经济的热潮中,无论是中央政府还是地方政府,更倾向于为"看得见"的经济项目投资,并互相攀比;教育经费被称为"剩余财政",有剩余才投给教育。于是,具有战略地位的教育,在实际生活中成为"略占地位"。

表 2-2　1991—2004 年国家财政性教育经费占 GDP 的比例(%)

1991	1992	1993	1994	1995	1996	1997
2.86	2.74	2.51	2.51	2.41	2.44	2.49
1998	1999	2000	2001	2002	2003	2004
2.55	2.79	2.87	3.19	3.32	3.28	2.79

资料来源:中国教育与人民资源问题报告课题组.从人口大国迈向人力资源强国.北京:高等教育出版社,2003.563. 2000 年以后数据据历年教育部发布的统计公告

高速的经济增长与低位徘徊的教育投入构成强烈的反差。2004 年,全国教育经费为 7 242.60 亿元,比上年增长 16.66%。国家财政性教育经费为 4 465.86 亿元,比上年增长 15.98%。但是,国家预算内财政性教育经费占 GDP 的比例却持续走低,呈连续两年下滑之势。2002 年的这一比例为近 15 年来的最高值,达到 3.32%;2003 年为 3.28%,减少了 0.04 个百分点;2004 年又创新低,为 2.79%,比 2003 年减少 0.49 个百分点。[1] 可以解释的原因是,根据国家经济普查的结果,2004 年我国国内生产总值调高了 2.3 万亿元。但即便不考虑这一因素,这一指标仍然是降低的,只是降幅小一些而已。

从教育经费执行情况看,仍有一批省、自治区没有达到《教育法》规定的教育投入增长要求。2004 年预算内教育拨款的增长率低于财政经常性收入增长率的省、自治区为 11 个,占三分之一;预算内教育经费占财政支出的比例比上年减少的省、自治区、直辖市为 19 个,几乎占三分之二,包括天津、上海、福建、山东这样的经济发达地区。[2] 问题还在于,2004 年度中央财政支出决算表显示,教科文卫支出只完成了 89%。国家审计署对教育部 2004 年度预算执行情况的审计,发现了违规违纪、腐败现象,以及贷款比重过高、存在

---

[1] 教育部国家统计局财政部.2004 年全国教育经费执行情况统计公告.中国教育报,2005-12-31
[2] 教育部国家统计局财政部.2004 年全国教育经费执行情况统计公告.中国教育报,2005-12-31

债务隐患等问题。

2. 对教育的根本态度

中国教育投入的水平不仅远远低于发达国家,不仅大大低于发展中国家的平均水平,而且低于许多经济发展状况远不如中国的发展中国家。这大概是与中国经济增长的成就同样令人困惑的中国之"谜"。据联合国教科文组织的统计,发展中国家教育投资占国内生产总值的平均水平,1960年为2.3%,1965年为2.8%,1970年为3.3%,1975年为3.9%,1980年、1985年为4.0%。[①] 表2-3显示的是1990年以来部分国家教育投入的情况。

表2-3 公共教育经费占GDP比例的国际比较(%)

	中国	印度	泰国	马来西亚	韩国	英国	南非
1990	2.3	3.7	3.6	5.1	5.1	4.8	5.9
1995	3.1	3.1	4.1	4.4	4.4	5.2	5.9
2000	2.9	4.1	5.4	6.2	6.2	4.5	5.5

资料来源:国际统计年鉴2003

长期以来,我们形成了一种思维定势:我国"穷国办大教育"的基本国情注定了教育的贫困。现在我们已经知道这不是全部的事实。2004年以来,要求在农村实行免费的义务教育的呼声蜂起。一个刺激民众的旁证是亚洲开发银行提供的:人均GDP仅有中国三分之一的越南、柬埔寨、老挝、孟加拉、尼泊尔等亚洲邻国,都已经实行了全部免费的义务教育。

在国家确立了"科教兴国"的战略、提出"科学技术是第一生产力"的口号,在国民经济持续高速增长之时,国家对教育、科技的投入严重不足、低于发展中国家平均水平的事实,是发人深省的。我们通常的解释就是:国家经济落后,没有那么多钱,"穷国办大教育"只能是大国办"穷"教育。但上述数据说明事实并非如此。正如一位经济学家所言:无论对于一个国家还是对于一个家庭来说,钱总是不够花的,关键看你怎么花。对经济资源的分配实际是对价值的分配,即对事物重要性的排序。一个家庭主妇、一个普通农妇可以节衣缩食,甚至举债供养子女上学;与之相反,许多的政府行为会认为修大马路、大广场是更为重要的。这反映出教育的贫困首先是价值的贫困、国家落后首先是教育落后这样的基本事实。

但是,热衷于形象工程、经济建设的官员作为家长的时候,其选择并不会

[①] 第39届国际教育大会材料及联合国教科文组织《统计年鉴》(1985),转自:中国教育通史.第6卷.济南:山东教育出版社,1989.393

失常,仍然会把孩子的教育放在重中之重的地位。显然,出问题的是社会整体的价值观和发展观。教育投入不足并不是孤立的现象,科技投入也呈现类似的下滑趋势。我国科技经费投入占国内生产总值的比重,由1992年的2.09%下降为1996年的0.5%;研究开发经费(R&D)占GDP的比重也在大幅度下降,由1991年的0.72%下降为1996年的0.5%,五年期间下降了三分之一以上。据报道,发达国家的这一比例普遍在2%以上,韩国、巴西和印度也分别为1.8%、1.1%和0.9%。我国的这一指标处于发展中国家的中下水平。[1] 按国家规定,2000年R&D占GDP的比值应达到1.5%,但实际上只达到1.0%。

公共卫生的情况更为糟糕。从1980年到1999年,在20年时间里,政府公共卫生支出平均比例以每年1个百分点的速度下降。在公共卫生经费中政府投入的比例,1990年为24.1%,1998年为15.6%,2003年为17%;而个人承担的经费,1990年为37.6%,1998年为57.9%,2003年达到60%。[2] 世界卫生组织第53届卫生大会发表的《2000年世界卫生报告——卫生系统:改善绩效》,对191个成员国量化评估,"一个令人极为震惊的结论是:中国在'财务负担公平性'方面,位居尼泊尔、越南之后,排名188位,倒数第四,与巴西、缅甸、塞拉利昂等国一起,被列为卫生系统'财务负担'最不公平的国家!一向被认为'贫富差距极大'的印度,却排名第43位"。[3]

它反映了我国当前发展阶段的一个重要特征:从私人消费品的匮乏,到社会公共品的匮乏。与文化、教育、研究经费在低位徘徊的情况相反,政府行政经费却不受制约地急剧增长。1978年,我国的行政管理经费占财政支出的比重仅为4.71%,而在2003年的政府财政支出结构中,经济建设费占30.6%,社会文教费占26.2%,行政经费上升为19.03%。1995—2003年,社会文教经费年平均增长17.4%,8年提高了不到1个百分点。行政经费增长最快,年平均增长21.4%,8年提高了4.4个百分点。从2000年到2003年,行政经费共增长了1923亿元,年均增长23%,大大超过了同期GDP的增长和财政收入的增长。[4] 另一个人们经常用于和教育

---

[1] 全国政协专题调研组.依法落实科教投入.人民政协报,1998-07-06
[2] 原卫生部副部长殷大奎的发言.新京报,2005-11-17
[3] 周雁翎.差异悬殊:中国卫生保健事业面临严峻挑战.中国改革,2002(4)
[4] 张曙光,高辉清,牛犁.如何化解中国发展症结.改革内参,2005(34);新华社.行政机关浪费令政协委员怵目.新京报,2006-03-09

经费比较的数字是:仅2005年,我国各级行政机关公车消费3000亿元、公款吃喝2000亿元、公款考察旅游1000亿元,三项合计6000亿元,占当年国家财政收入的20%。①

教育、科技投入不足,已经造成了严重后果,损害了国家的长远利益。自20世纪90年代以来,教育和知识分子的状况虽然得到明显改善,体脑倒挂的局面已经基本扭转,但总体而言,教育仍处于比较边缘和弱势的地位,知识分子和教师待遇仍然偏低,最显著的指标是人才流失的局面并没有改变,教师和年轻知识分子流失的情况仍然相当严重。据全国政协1998年发表的专题调查,对40多个科研单位抽样调查显示:具有研究生学历的流失率达38%,大学本科学历的流失率达27%,有的单位年轻科技人员的流失率高达80%。②

不难看到,单纯追求经济增长的片面发展观,技术主义、工具主义的价值观,以GDP作为地方政绩考核的主要指标,缺乏公众参与的、民主和科学的公共决策机制,尚未建立公共教育财政体制,教育经费投入缺乏法制保障,等等,都是造成这一怪现象重要的观念障碍和体制障碍。它显示了政府职能的扭曲、缺位与越位。在片面追求GDP的发展观中,政府以主要精力直接参与经济建设;与此同时,却没有有效地履行在教育、医疗、就业、住房、社会保障等方面提供公共产品和公共服务这一最基本、最重要的职能。

二、基础教育的城乡差距

我国各地经济、文化发展的巨大差异和不平衡发展的现实,形成教育在城乡、地区、性别、民族之间的极大差异。教育差异是教育机会不均等的外在表现。

1. 贫困的农村教育

当前农村教育的基本面貌是:农业人口的平均受教育程度不足7年,还处在普及和巩固九年义务教育的阶段。中小学生的流失、辍学,主要发生在农村。此外,我国四分之三以上的文盲、半文盲人口集中在西部农村、少数民族地区和国家级贫困县。

---

① 任玉岭:行政管理费25年增长87倍.南方周末,2006-03-16
② 全国政协专题调研组.科技教育人才队伍建设亟待加强.人民政协报,1998-07-11

城乡教育之间的巨大差距,表现在存量上,是人均受教育年限的差距。2000年我国人均受教育年限为7.62年,其中城市人口为9.80年,农村人口为6.85年,城乡差距为2.95年。

在校生中表现为学历层次越高,农村人口的比例越少。以2000年为例,当年全国小学生升入初中的比率为94.9%,但农村小学生升入初中的比率为80.8%,城市小学生进入初中的比例比农村学生高25.7个百分点。全国初中生升入高中的比例为51.2%,但农村初中生的这一比例仅为7.1%,城市学生进入高中的比例是农村学生的9.4倍。见表2-4。

表2-4 分城市、县镇和农村的初中和高中的升学率(%)

年份	小学毕业生的升学率(普通初中)				初中毕业生的升学率(普通高中)			
	全国平均	城市	县镇	农村	全国平均	城市	县镇	农村
1965	44.9	81.8	105.9	22.9	26.4	24.5	57.6	7.7
1971	89.7	94.8	99.2	88.0	38.5	32.1	81.8	35.4
1975	90.6	101.8	110.5	86.9	60.4	84.0	102.7	48.1
1980	75.5	99.9	106.9	62.1	39.7	63.8	85.9	24.7
1987	68.2	102.1	105.8	59.3	22.2	40.2	53.8	9.7
1990	73.5	103.0	112.5	63.7	22.5	40.4	54.2	8.7
1995	89.3	104.8	125.2	76.6	22.3	41.6	42.6	6.5
1998	92.6	104.7	124.5	80.8	22.8	47.2	40.2	6.0
2000	93.6	106.5	124.5	80.8	29.4	66.7	52.8	7.1
2003	96.8	113.0	181.1	69.8	37.7	77.4	56.5	8.7

资料来源:教育部计划财务司.中国教育成就统计资料1949—1983.北京:人民教育出版社,1986;国家教委计划建设司.中国教育统计年鉴.1990、1995、1998、2000、2003.北京:人民教育出版社

注:表中初中、高中均指普通中学。计算公式为:小学升学率=初中招生数/小学毕业生数,初中升学率=高中招生数/初中毕业生数。如当年初中招生数大于小学毕业生数,会出现升学率大于100%的情况。

2000年全国第五次人口普查千分之一抽样数据库中,118万人口的样本涵盖了近一个世纪的人口信息,为研究我国教育公平状况提供了一些整体性的数据。

学历人口在城市和农村的分布见表2-5。农业人口中低学历人口的比例远远高于非农人口:前者小学以下学历人口的比例是后者的3.2倍,初中学历人口比例是后者的1.28倍。而非农业人口中高中及以上学历的比例明显高于农业人口,其高中、中专、大专、本科、研究生学历人口的比例分别是农业人口的3.5倍、16.5倍、55.5倍、281.55倍、323倍,这既反映出城乡之

间基础教育的差距,也反映出在城市化过程中高学历人口大量向城市流动和集中,农村缺乏吸纳、留住人才的环境和能力。

表 2-5 15 岁以上人口中分城乡的学历人口比例(%)

	小学及以下	初中	高中	中专	大专	本科	研究生
农业	51.5	41.5	6.0	0.8	0.2	0.020	0.001
非农业	16.3	32.4	21.0	13.2	11.1	5.631	0.323

资料来源:2000 年全国第五次人口普查千分之一抽样数据

各级学校在校生和辍学学生来自农村和城市的分布,见表2-6。由于在校大专以上学生的户口基本转为城市户口,所以表中不作比较。可见,随着学历层次的提高,在校生中农业人口中的比例逐渐下降,城市人口的比例增加。这是由于教育程度越高,提供给农业人口的就学机会越少。与此同时,辍学流失的学生又以农村学生为主。小学和初中阶段的流失学生中,农村学生占九成,高中和中专的流失学生中,农村学生分别占七成、六成。

表 2-6 样本中在校生和辍学生的城乡比例

	在校学生		辍学学生	
	农业人口	非农人口	农业人口	非农人口
小学	83.9	15.4	91.0	8.8
初中	78.1	21.7	90.1	9.7
高中	54.6	45.3	73.5	26.1
中专	21.4	77.7	62.3	36.4

资料来源:2000 年全国第五次人口普查千分之一抽样数据

进行历时性的分析,可以得到农村和城市人口学历结构的变化曲线,用差异系数可以比较明显地看到不同学历人口城乡差异的变化。差异系数在 0 和 1 之间,接近 0 表示差异最小,接近 1 表示差异最大。见图 2-1。

由图 2-1 可见,学历层次越高,城乡之间的教育差异程度越大,本科、大专、中专的差异程度远高于高中和初中阶段。另外,高中和初中阶段城乡差异程度变化极大。20 世纪 50 年代出生的人口,高中和初中城乡差异显著下降,在 1958 年前后出生的人群,初中的城乡差异降至零左右(1957 年为 0.0015)。从 60 年代末期到 70 年代末期的出生人口(接受教育年代为 80 年代初期到 90 年代中期),初中学历的城乡差异不断扩大,而高中学历人口的城乡差异却出现缩小的趋势。原因在于这一时期,农村人口的初中普及率快速上升,而城市中初中学历人口下降,高中学历人口在城乡出现同步上升的情况。

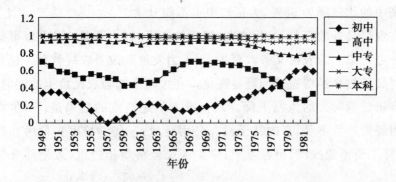

图 2-1 历年出生的学历人口的城乡差异系数变化

值得注意的是,1979—1982年出生的人口(接受高中教育的年代是1994—2000年),高中的城乡差异出现了明显扩大的趋势,这一时期的高教扩招、转轨和收费政策极大刺激了城市高中学历人口数量的增加,而农村同期的高中学历人口只是缓慢增长,导致了城乡差距的扩大。

在90年代,农村和县镇的高中发展速度远远低于城市高中,如表2-7所示。全国高中生在校人数中农村学生从1990年占24.09%下降为1995年的13.14%,同期城镇高中在校生从75.91%上升到86.86%。以2000年为例,我国农村人口占总人口的70%左右,但城乡普通中学中,农村学生占初中在校生的比例为55.59%,高中阶段农村在校生仅占15.86%。

表2-7 1990—2004年普通中学分城镇、农村的学校数和在校生比例(%)

	1990			1995			2000			2004		
	学校数(万所)	初中在校生	高中在校生	学校数(万所)	初中在校生	高中在校生	学校数(万所)	初中在校生	高中在校生	学校数(万所)	初中在校生	高中在校生
城市	13.07	15.54	30.15	16.38	17.82	38.49	18.73	16.77	35.60	15.12	17.29	35.95
县镇	16.02	18.13	45.76	23.46	25.07	48.37	26.99	27.64	48.54	23.39	33.78	52.56
农村	70.91	66.33	24.09	60.16	57.11	13.14	50.88	55.55	15.86	40.55	48.93	11.49

资料来源:国家教委计划建设司.中国教育统计年鉴.1998、2000、2004.北京:人民教育出版社

90年代后期,由于学龄人口减少和为了提高教育效率,在农村大规模撤并学校,中学更多地向县镇集中。与1995年相比,2004年在县镇就学的初中在校生增加了8.7个百分点,高中在校生增加了4.2个百分点,这大致是农村在校生减少的比例。

不顾实际情况地撤并学校,在一些农村地区尤其是山区减少了农村学生的入学机会,增加了学生的学习费用。例如山西晋城地区沁水县,1978年共有24所高中,在校生3846人,当年初中毕业生升入高中的比例达到48%;到2001年,全县仅3所高中(包括1所职业中学),在校生1253人,初中毕业生

升入高中的比例降为36%,大量初中生不能升学。①

在农村义务教育"以县为主"的管理体制下,财力薄弱的县乡级财政承担了三分之二以上的农村义务教育投入,无力发展和改善农村教育。税费改革使农村义务教育经费短缺问题显性化。在大幅度减轻农民负担的同时,也带来了乡镇政府财力的急剧下降。教育投入不足造成的后果是:不少农村学校公用经费严重不足,有的甚至没有公用经费;一些学校存在危房和教育欠债;教师工资不能按时、足额发放;学生家长经济负担过重,致使部分学生失学。②

2000年基本"普九"之后,出现了农村初中生辍学流失严重的反弹。据东北师范大学课题组2003年对辽宁、吉林、黑龙江、河南、山东、湖北6个省14县17所农村初中学校的抽样调查显示,所有样本县初中辍学率都大大超过了3%的"普九"要求,最高的竟然达到54%,平均辍学率约为43%,见表2-8。县域内不同学校的差距非常大,乡镇初中的辍学率远远超过县城中学,最高的达到了60%。在流失最为严重的一个乡中学,初中入学时有254人,到毕业时只剩下68人,辍学率高达73.2%。导致学生辍学和流失的两个主要原因,一是教育收费等经济因素,二是教育内容贫乏和质量低下。③

表2-8 六个调查样本县初中阶段的辍学率(%)

调查样本县	平均辍学率	县城初中辍学率	乡镇初中辍学率
东南A县	3.78	0	4.24
东北B县	54.05	9.61	60.82
东北C县	28.06	0.97	29.99
华北D县	3.66	0	3.99
西南E县	35.55	12.41	39.54
西南F县	20.97	3.14	22.16

资料来源:袁桂林.部分农村初中学生辍学问题及控辍对策思考.中国教育学刊,2004(2)

不少地方农村教师流失严重,流动去向主要是条件好的县城或大中城市。农村出现了一个庞大的代课教师队伍。据教育部提供的统计数据,中小学代课教师1999年为81.9万人,2004年为49.9万人,2005年为44.8万人。分布在农村公办中小学的大约有30万人,占农村公办中小学教师总数

---

① 殷理田.调整农村教育布局必须尊重农村现实.人民政协报,2003-07-23
② 程钢.做大蛋糕并先切给义务教育.中国青年报,2005-08-19
③ 袁桂林.部分农村初中学生辍学问题及控辍对策思考.中国教育学刊,2004(2)

的5.9%。[①] 他们往往在一般人不愿意去的最偏僻、落后的山区教学点从教,许多是从事复式教学、只有一位教师的"一人校",而他们的工资只有几十元至一二百元,是公办教师的十分之一左右,成为最弱势的教师群体。

2. 城市中心的价值取向

从20世纪50年代开始,在城乡二元、高度集中的计划体制下,形成了一种忽视地区差别和城乡差别,以城市社会和居民为出发点的"城市中心"的制度安排。随着实行严格的户籍制度,国家的公共政策优先满足甚至只反映和体现城市人的利益,例如过去的粮油供应政策、就业、医疗、住房、社会保障等各项社会福利等等。教育作为一种公共产品,也具有一种社会福利的性质,尤其是过去免费的高等教育,因而长期也体现"城市优先"的价值。

事实上,城乡分治建构的是一个从中心城市出发、依行政权力而衰减的等级框架。因而,我们在直辖市、省会城市、地级市、县城、乡镇和农村,看到了从最豪华到最破败的不同学校。长期实行这一政策的后果之一,是人们对这一现实逐渐习以为常,从而形成了教育公共政策中"城市中心主义"的价值和思维定势。

国家对教育的投入主要用于城市地区,教育部门在办学条件、教育经费、师资配备等资源配置上,实行城乡不同标准。有限的教育经费主要集中于城市,原本更需要扶持的农村教育得到的资源远远少于城市。正如有学者指出的,世界各国的倾斜政策都是向弱势地区、弱势人群倾斜,只有中国相反,明确地向城市倾斜,加剧了历史形成的城乡差距,造成穷者愈穷、富者愈富的累加效应。

对于城乡教育差距,我们需要关注的主要是这一差距是在改善还是在恶化。1993年,全国城市小学的生均教育经费为476.1元,农村为250.4元;城市初中的生均教育经费为941.7元,农村为472.8元。城乡差距分别为1.9倍和2倍。到1999年,城乡小学的生均教育经费分别为1492.2元和476.1元;初中的生均教育经费分别为2671.2元和861.6元。两者的差距都扩大至3.1倍。[②] 2001年的城乡生均教育经费差距见表2-9。城乡教育经费的差

[①] 2006年3月27日,教育部表示在短期内将清退44.8万代课教师。见http://www.sina.com.cn,2006-03-28

[②] 张玉林.分级办学制度下的教育资源分配与城乡教育差距.中国农村研究网 http://www.ccrs.org.cn

距,以生均公用经费差距为大,生均预算内公用经费最大,小学和初中分别为 2.5 倍和 3.25 倍。

表 2-9　2001 年城乡生均教育经费的差距(元)

		城市	农村	城市/农村（倍）
小学	生均教育经费	1483.98	797.6	1.86
	生均预算内教育经费	953.11	558.36	1.71
	生均公用经费	389.06	159.75	2.44
	生均预算内公用经费	95.39	38.12	2.50
初中	生均教育经费	1955.02	1013.65	1.93
	生均预算内教育经费	1120	666.7	1.68
	生均公用经费	624.44	268.16	2.33
	生均预算内公用经费	145.86	44.95	3.25

资料来源：袁振国.缩小差距：中国教育政策的重大命题.北京:人民教育出版社,2005.97

2003 年,农村普通中学生均经费支出 1210.75 元,比上年增长了 7.22%,仍只有全国普通中学生均经费平均水平的 55.89%;农村普通小学生均教育经费为 1058.25 元,比上年增长了 10.97%,也只有全国普通小学生均水平的 81.68%。生均公用经费和生均基建费更能显示中小学生均经费的城乡差距,见表 2-10：[①]

表 2-10　2003 年数农村中小学教育经费情况(元)

		全国平均	农村	农村/全国（%）
普通小学	生均教育经费	1295.66	1058.25	81.68
	生均公用经费	280.27	200.49	71.53
	生均基建费	43.14	25.79	59.78
普通中学	生均教育经费	2166.45	1210.75	55.89
	生均公用经费	715.62	306.81	42.87
	生均基建费	184.17	36.81	19.99

资料来源：教育部财务司,国家统计局人口和社会科技统计司.中国教育经费统计年鉴 2004.北京:中国统计出版社,2005

随着市场经济体制的逐步建立和城市化的进程,这一思路显然已经不合时宜,但作为一种思维定势,它仍具有较大的惯性,潜存于社会决策之中。

---

① 教育部财务司,国家统计局人口和社会科技统计司.中国教育经费统计年鉴 2004.北京:中国统计出版社,2005

例如,"全国统一"的教学大纲、教材和课程标准,无视城市和农村在教育环境、教育资源上的巨大区别,主要以城市学生的学力为依据制定,学科教学的深度、难度,连城市儿童也普遍感到不适应,农村的孩子更是难以适应。对农村和边远地区的学生无疑是很不公正的。多项调查表明,教学难度过高,致使许多学生难以胜任,已经成为导致农村学生流失辍学居第二位的重要原因(仅次于经济负担)。早在 20 世纪 90 年代初,河北省教委对 19 县市中小学辍学问题的调查显示,学习成绩差成为辍学的首要原因,家庭困难居第二位。小学生中因学习成绩差而辍学的占 46.6%,因家庭困难而辍学的占 42.5%;初中生中因学习成绩差而辍学的占 44.6%,因家庭困难而辍学的占 33.6%。小学辍学生中 69% 为留级生,主体为多次留级生;初中辍学生有 17% 留过级,超龄学生为辍学生的主体。① 如前所述,2003 年东北师范大学课题组对 6 省 14 县 17 所农村初中的抽样调查显示,平均辍学率约为 43%。导致学生辍学的教育内部原因,主要是课程设置没有充分考虑农村条件,内容偏深偏难,教育资源匮乏,学习枯燥,致使学生学习跟不上。因厌学而辍学,占 53% 左右。②

又如农村由于学校分散、学校规模及班额较小,需要更多的教师,尤其是在山区和地广人稀的边远地区。然而,国家制定的教师编制标准是,农村学校的编制反而比城市更少。现行规定的城市小学的师生比是 1∶19,城镇小学的师生比是 1∶21,农村小学的师生比则为 1∶23,这是非常不合理的,它加剧了农村教育的困境。当前在中小学推行的新课程改革,农村教师、学生普遍感到"水土不服",重要原因是新课程标准采取了城市化和西化取向,其先进的理念与现实教育资源、师资水平的巨大反差难以弥合。同样,关于在小学三年级开设英语,以及在考试中增加听力测试、进行普通话测试等提高教学质量的要求,往往成为阻碍农村学生获得更多学习机会的门槛。

它提示我们关注中国农村教育的特殊性。作为解决中国"三农"问题的根本出路,城市化是社会现代化的基本趋势,作为主流价值的城市文化取向也具有一种正当性和合理性。但在中国这样一个幅员辽阔、地域差别极大的农民大国,如何普及和发展教育仍然是一个需要特别认识、解决的特定问题。早在 20 世纪 30 年代,陶行知等"五四"一代教育家就意识到简单地照搬西方

---

① 郑鸿杰,韩清林.中小学辍学问题辨析.中国教育报,1991-02-07
② 袁振国.缩小差距:中国教育政策的重大命题.北京:人民教育出版社,2005.209

城市教育的学校制度、教育模式不适合中国农村的实际需要。陶行知认为在中国要真正普及教育,一是要省钱,二是要省时间,三是要通俗。在经费、师资极端困难的条件下,普及教育的计划必须"建筑在极困难的农业经济的基础上",用穷办法普及穷人所需要的"粗茶淡饭的教育",反对用浪费的方法去普及"少爷教育"、"小姐教育"、"书呆子教育"。而且,他意识到仅仅靠制度化的学校教育是不够的,必须在学校之外,创造出更为简便实用的教育组织。20世纪30年代的乡村建设运动就进行了许多这样的探索。近年来,在一些农村出现了"私塾",从另一方面印证了农村教育的实际需要。而山西柳林县前元庄学校等农村教育的探索,部分地实践了教育的"地方化"、"本土化"理想,因地制宜地举办自己所需要的教育。

至于城市化进程中出现的农村教育问题,即城市农民工的子女——"流动"儿童——的教育,以及他们在农村的"留守"儿童的教育,则是对教育的新挑战。

三、基础教育的地区差距

巨大的地区差距是我国教育非均衡发展的空间表现。各地自然、地理、文化的巨大差异主要是历史形成的。同时,地区经济和教育发展深受计划体制和城乡分治制度的深刻影响,因而在一定程度上是城乡差距的另一种表现。

1. 省域之间的教育差距

当我们谈地区差距时,经常使用的是两种不同的地区概念:一是省域之间的差距,它经常被转换为东、中、西部的地区差距;二是省域之内的地区差距。

图2-2显示了第五次人口普查各省、自治区、直辖市6岁以上人口受教育程度的结构。

按中小学及以下教育人口比例的排序,比例最高的依次是中西部地区的西藏、贵州、云南、青海、甘肃、四川、重庆、安徽、江西等。按大专以上受教育程度的高低排序,北京、上海、天津、辽宁、吉林、黑龙江、新疆、湖北、陕西等名列前茅。它既显示了西部经济欠发达地区教育落后的基本事实,同时,新疆、黑龙江高教水平较高的事实也显示出教育成就与经济发达程度并非完全相关,有各种复杂的因素。

在基础教育阶段,造成地区差距的原因,首先与义务教育以乡镇财政为

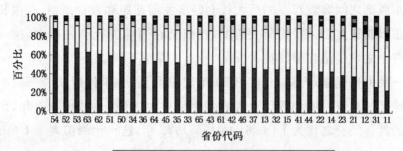

图 2-2 各省区 6 岁以上人口教育程度

资料来源：2000 年第五次人口普查千分之一抽样数据。各地区代码为：11-北京，12-天津，13-河北，14-山西，15-内蒙古，21-辽宁，22-吉林，23-黑龙江，31-上海，32-江苏，33-浙江，34-安徽，35-福建，36-江西，37-山东，41-河南，42-湖北，43-湖南，44-广东，45-广西，46-海南，50-重庆，51-四川，52-贵州，53-云南，54-西藏，61-陕西，62-甘肃，63-青海，64-宁夏，65-新疆。

主、分级办学的体制相关。乡村经济发展的差距直接影响了教育投入，而省级和中央政府对义务教育承担的责任过少，未能有效地通过财政转移支付去缩小这种差距。其次，由于多渠道筹措教育经费的模式，各地预算外教育经费的情况差别很大，也是造成不同经济水平地区教育经费差距加大的重要原因。东、中、西部的教育差距，体现在受教育程度、义务教育普及程度、教育资源、教师等各个方面。表 2-11 显示的是基础教育经费的差距。可见东部和西部地区小学和初中的生均教育经费的差距在 2 倍左右，生均公用经费的差距在 2.5 倍左右。

表 2-11 2000 年全国东、中、西部小学和初中教育经费差异

		全国	东部	中部	西部	东部/西部（倍）
小学	生均教育经费	792.36	1662.98	691.02	754.79	2.20
	生均预算内教育经费	499.69	1098.45	446.62	570.04	1.93
	生均公用经费	197.11	431.09	172.12	168.58	2.56
	生均预算内公用经费	37.15	145.73	21.97	66.84	2.18
初中	生均教育经费	1210.42	2336.35	1014.70	1186.09	1.97
	生均预算内教育经费	698.04	1376.06	580.79	868.71	1.58
	生均公用经费	375.87	769.73	321.78	303.47	2.54
	生均预算内公用经费	73.94	277.06	42.81	101.25	2.74

资料来源：袁振国.缩小差距：中国教育政策的重大命题.北京：人民教育出版社，2005.91～97

东西部之间客观存在的巨大社会经济发展差距和教育差距,在很长的时间内难以真正克服。我们所关心的,仅仅是在当前的社会发展中,这一差距是在缩小之中还是在继续扩大。

一系列研究显示,从20世纪80年代中期至90年代后期,东部、中部和西部地区的教育发展和教育投入的差距呈拉大之势。例如,1990年,东、中、西部的教育经费之比为1∶0.63∶0.55;1995年,这一比例扩大为1∶0.50∶0.36。[①]

省际之间的教育经费,差距最大的是预算内教育经费。如表2-12所示,以小学生和初中生生均教育经费的最高值和最低值相比,省际之间教育经费的差距仍在继续拉大,尤以生均公用经费差距最大,小学生生均公用经费的差距由1995年的38.66倍扩大到2000年的51.11倍;初中生生均公用经费的差距由1995年的20.11倍扩大到2000年的41.65倍。

表2-12 20世纪90年代省际之间中小学预算内生均教育经费的差距(元)

	1990			1995			2000		
	最高	最低	差距(倍)	最高	最低	差距(倍)	最高	最低	差距(倍)
小学生均教育经费	344.03	56.56	6.08	1248.63	145.25	8.60	2791.63	261.39	10.68
小学生均公用经费	99.46	2.78	35.78	251.30	6.50	38.66	448.20	8.77	51.11
初中生均教育经费	2470	171.80	14.38	1595.11	322.25	4.95	2861.90	425.90	6.72
初中生均公用经费	1089.41	23.37	46.62	402.71	20.03	20.11	745.12	17.89	41.65

资料来源:中国教育经费统计年鉴.1990、1995、2000

2000年,上海市普通小学生均预算内教育事业费最高(2791元),河南省最低(261元);普通小学生均预算内公用经费上海市最高(448元),陕西省最低(不足9元)。其差异分别达到10.69倍和49.78倍。按另一个统计,2001年各地教育经费的差异是,中小学各项经费指标的差距大多在七八倍左右,小学生均公用经费的差距最大,达到17倍左右,见表2-13。这仍然是相当惊人的。

---

① 杨丹芳.市场经济条件下的教育支出配置.教育发展研究,2000(4)

表 2-13 2001 年我国部分省、自治区义务教育经费投入状况(元)

	教育经费	平均	最低的部分省区	最高与最低相差(倍)
小学	生均教育经费	871	甘肃(687)、河北(678)、湖北(666) 陕西(660)、贵州(545)、河南(537)	8
	生均公用经费	218	广西(138)、河南(129)、安徽(120) 甘肃(112)、贵州(76)	17
	生均财政预算内教育经费	658	安徽(486)、陕西(483)、湖南(482) 贵州(453)、湖北(397)、河南(356)	9
初中	生均教育经费	1371	安徽(895)、河南(857)、贵州(807)	5
	生均公用经费	403	甘肃(240)、安徽(233)、青海(219) 贵州(196)	9
	生均财政预算内教育经费	838	江西(585)、贵州(585)、安徽(578) 湖南(558)、河南(518)	7

资料来源:教育部 1995—2001 年全国教育事业统计资料。转自:中国教育与人力资源问题报告课题组.从人口大国迈向人力资源强国.北京:高等教育出版社,2003.63

2005 年 2 月,国家教育督导团发布的《国家教育督导报告 2005》,提供了关于城乡差距、地区差距的最新数据。

2000—2004 年,小学、初中生均预算内事业费的城乡之比由原先的 1.5∶1 下降为 1.2∶1。农村义务教育生均预算内公用经费的城乡差距缩小也很明显,小学的城乡差距由 2.6∶1 缩小为 1.4∶1;初中则由 2.4∶1 缩小为 1.3∶1。但中、西部与东部生均拨款水平的差距却进一步拉大。2004 年,东部地区初中生均预算内事业费平均为 1874 元,西部地区为 1017 元,东、西部之比为 1.8∶1;初中生均预算内公用经费的东、西部之比为 2.5∶1。均比 2000 年有所扩大,小学的情况类似。

值得注意的是所谓"中部塌陷"现象。由于国家的转移支付主要给西部地区,致使经济欠发达的中部地区成为被忽视的区域。2004 年中部地区小学、初中生均拨款均低于西部地区,其中生均预算内公用经费比西部约低 20%,与东部地区的差距则更大。[①]

2. 区域之内的教育差距

当我们把目光转向省域之内,同样有重要的发现。王蓉对教育经费差异的实证研究显示,我国教育投入的区域性差异最显著的表征是各省之内的县、区之间的不平等,而非省域之间的差异。也就是说,省内的差异大于省际之间的差异。对所有教育支出指标的分析均表明,省内差异对总体不平等的

---

① 国家教育督导团.国家教育督导报告 2005(摘要).中国教育报,2006-02-24

贡献都超过50%,其中小学生均事业性经费支出和初中生均事业性经费支出的该百分比分别为67%和70%。在小学阶段,预算内经费上的差距是造成我国教育投入的地区性差异的主导因素。①

这意味着,一个省区内部同样存在城乡和地域之间的巨大差距,这种差距甚至超过全国范围的平均水平。例如,2000年湖北省中小学生均预算内公用经费的差距,竟然达到一千多倍,远远超过湖北省与北京、上海等地的差距,见表2-14。

表2-14　2000年湖北省中小学教育经费(元)

		平均	最高	最低	最高/最低（倍）
小学	生均预算内教育经费	302.48	881.46	62.19	14.17
	生均预算内公用经费	8.58	38.94	0.02	1947
初中	生均预算内教育经费	502.10	1485.64	162.74	9.13
	生均预算内公用经费	44.62	1058	0.03	—

资料来源:袁振国.缩小差距:中国教育政策的重大命题.北京:人民教育出版社,2005.96

1999年,河南省会郑州市小学生的人均预算内教育经费为全省农村平均额的5.9倍,相当于最低的滑县农村的14.7倍;关于初中生的预算内教育经费,最高的新乡市与全省农村的平均数相差也高达5.9倍,与最低的延津县的差距则高达11.4倍。② 表2-15显示,2000年全国城乡人均受教育年限的差距是2.95年。但在西部地区青海省的城乡差距为4.62年,甘肃省的城乡差距为4.33年。

据沈阳市政府教育督导室公布的教育经费执行情况,2003年沈阳市的教育投入整体上大幅上升,但各区县对学校的投入存在极大差异,最高的学校生均公用经费达到580多元,最低的只有8.8元,相差近70倍。③ 即便在北京市海淀区这样的经济发达地区,区域内部城乡之间的学校差距仍然十分显著。农村小学的校均经费为城镇学校的31.9%,农村初中的校均经费为城镇学校的83.4%,城镇完全中学的校均经费为农村学校的3.5倍！④

---

　　① 王蓉.我国义务教育经费的地区性差异研究.北京大学高等教育研究所网站 http://www.hedu.pku.edu.cn

　　② 张玉林.分级办学制度下的教育资源分配与城乡教育差距.中国农村研究网 http://www.ccrs.org.cn

　　③ 谭晓刚.高的580　低的8块8　沈阳教育投入不均相差70倍.时代商报,2004-09-24

　　④ 程方平.北京市海淀区基础教育均衡状况调查.见:杨东平主编.中国教育发展报告(2005).北京:社会科学文献出版社,2006

表 2-15　2000 年我国东西部地区城乡人均受教育年限比较(年)

		城市	农村	城乡差距
	全国	9.80	6.85	2.95
西部	青海	9.34	4.72	4.62
	甘肃	9.94	5.61	4.33
	贵州	9.27	5.30	3.97
	云南	9.42	5.61	3.81
东部	山东	9.55	6.80	2.75
	江苏	9.66	7.15	2.51
	福建	9.31	6.81	2.50
	广东	9.57	7.37	2.20

资料来源：全国第五次人口普查资料.转自：中国教育与人力资源问题报告课题组.从人口大国迈向人力资源强国.北京：高等教育出版社,2003.68

据 2005 年 2 月发布的《国家教育督导报告 2005》显示，与 2000 年相比，2004 年有 21 个省份的小学、19 个省份的初中生均预算内教育事业费的县际差距呈缩小态势；但生均预算内公用经费的县际差距很大，三分之二的省份县际差距在 10 倍以上，初中尤为严重，"保运转"的问题仍然突出。2004 年，东部地区的江苏、广东、天津，中部地区的河南、河北，西部地区的陕西、广西都有相当一部分县(区)初中生均预算内公用经费不足本省平均水平的一半；江苏、河南、河北、陕西、广西都有 10 个以上的县初中生均预算内公用经费甚至为零。

这次督导的另一个重要发现是：城乡之间、地区之间的教育差距逐渐转移为体现在"软件"上，如生均教学仪器设备的配置水平、中级以上职务教师的比例。农村初中一级以上教师比例的城乡差距超过 10 个百分点的有 27 个省份，其中差距较大的包括北京、浙江、山西、重庆。农村初中一级以上教师比例的县际差距更大，有 28 个省份超过 20 个百分点，其中有 16 个省份超过 30 个百分点！[1]

区域内的教育差距与省域之间的教育差距完全是同构的，源自城乡分治、城市中心、重点学校制度等同样的制度性原因。它提示我们：缩小差距，增进教育公平，对每一个区域都是现实的需要，每一级地方政府都是可以有所作为的。

---

[1] 国家教育督导团.国家教育督导报告 2005(摘要).中国教育报,2006-02-24

四、三级教育的结构

有限的教育资源在初等、中等、高等这样的三级教育之间如何恰当配置，是另一个重要问题。它涉及如何评价三级教育产生的社会效益和经济效益，即对教育的公平与效率的不同考量。

1. 重高轻基

发达国家普及教育的历程，基本是由低到高、循序渐进的路径，而且高等教育以私立教育为主，因此三级教育之间争占资源的问题并不十分突出。但在实行赶超战略、政府主导型的发展中国家，普及基础教育与发展高等教育同步进行，往往构成尖锐的矛盾。教育投资孰轻孰重，是优先普及基础教育，还是优先发展高等教育，对社会整体的公平和效率影响至关重大。

从20世纪50年代开始，为实现国家主义的现代化目标，我国教育发展的重心逐渐上移到高等教育，形成教育价值和发展重心"重高等教育、轻基础教育"的基本格局。80年代之后，基础教育的管理权限下放到地方，中央政府的教育投入较多地投向能够直接产生经济和科技效益的高等教育。

在80年代，我国高等教育经费所占比例曾高达30%以上。国家"六五"计划（1981—1985年）完成的情况，高等教育远远超过指标，基础教育的计划却没有完成。[①] 1987年，我国小学生人均教育经费为59.9元，中学生为141.15元，大学生则为2314.7元，一个大学生的费用相当于38个小学生或16个中学生。[②] 三级教育经费的比重如此失调，是世界各国少有的。

90年代以来，这种"重高轻基"的资源配置失衡仍然存在。政府预算内教育经费中高等教育所占比例超过20%，与世界平均水平相比仍然过高。而且，高教经费总量中的80%来自政府，义务教育经费中却只有60%来自政府拨款。"九五"期间，国家预算内教育经费对普通高校的拨款大幅度增加，从1995年的197亿元增至2000年的504亿元，增幅为155.8%；同期对普通

---

① 郝克明，张力. 中国高等教育结构改学的探讨. 教育研究，1987(12)
② 王铁. 反思十年最大失误，研讨教育发展路子. 光明日报，1989-04-03

高中的拨款增幅为123.9%;而对义务教育的拨款增幅仅为98%,大大低于普通高校。2000年与1985年相比,普通高校和高中阶段教育各种渠道经费收入总和的增长幅度为239.54%和156.88%,而义务教育各种经费5年来的总和增长为72.69%,其中农村义务教育的这一比例仅为50.49%。①

由于1998年之后高等教育的加速发展,这种倾斜呈加大之势。如表2-16所示,2003年高等教育经费所占比重高达24.29%,为多年来之最高;而初等教育经费所占比例自2001年以来却连年降低。

表2-16　近年来我国政府预算内教育经费在三级教育中的比重(%)

	初等教育	中等教育	高等教育
1997	32.91	35.63	20.96
1998	32.64	34.39	22.69
2001	34.24	36.60	22.85
2002	33.63	35.93	24.24
2003	33.49	36.32	24.29

资料来源:王烽.2002年度中国教育经费报告.见:中国教育蓝皮书(2003年).北京:高等教育出版社,2003;杨东平主编.中国教育发展报告(2005).北京:社会科学文献出版社,2006

高等学校的空间布局在地域之间也是极不平衡的,它成为各地高考录取分数和录取率差别极大的主要原因。一方面,高等学校与地方社会经济发展的程度密切相关,因而在东、中、西部的发展很不均衡。在东部的北京、上海、江苏、辽宁等地,高校数均达45所以上;在广东、浙江等地,高校数约为30所至45所之间;而在经济不发达地区,高校数在30所以下。1995年,中国西部9省、自治区共有普通高等学校214所,约占全国高校数的不足五分之一。

此外,由于历史原因,高校主要集中在少数大城市。如2001年全国共有1033所高校,其中,4个直辖市拥有138所(占13.36%),28个省会城市有417所(占40.37%),两者共占53.73%。它深刻影响了高等教育的价值以及它与地区发展的关系。

关于高等教育与基础教育的关系,不能不说到国家教育行政机构的设置。1949年成立的教育部,到1952年分为高等教育部和教育部。1958年3月,两部合为教育部。1963年10月,再次分为高等教育部和教育部。1966年7月,两部又合为教育部。1970年,成立国务院科教组,撤销教育部。

---

① 谢丽娟.义务教育应免费.中国教育报,2003-03-04

1975年1月,重新成立教育部。20世纪50年代以来,教育部和高等教育部几分几合,都是为了解决教育部事实上成为高等教育部,基础教育被忽视的问题,即所谓"大大,小小"的问题。

根据1985年《中共中央关于教育体制改革的决定》,1985年教育部改为国家教育委员会,成为国务院的一个综合部门,工作范围和行政权力有所扩大,在学校教育以外,统筹职业技术教育、成人教育等。1998年,国家教育委员会重新改为教育部,其功能实际上又变成了"高等教育部"。目前的几十个司局中,只有基础教育司和教育督导团办公室是直接管理基础教育的;主要的业务司局如高等教育司、人事司、思想政治工作司、社会科学司、科学技术司、直属高校工作司等等,都是面向高等学校的。时至今日,教育部部长鲜有从基础教育领域产生的。这种在管理职能上的失衡,不能不说是影响教育正常发展的重要原因!

2. 三级教育的公平和效率

需要讨论三级教育不同的"公平与效率"。教育经济学的研究,以教育的投资收益率来衡量、评价初等、中等和高等教育的经济效益,虽然方法不一,但结论大致是清晰的。如1985年世界银行的经济学家萨卡罗普洛斯对不同地区、不同类型国家的教育收益率进行了测算,发现在发展中国家,初等教育的收益率远远高于高等教育的收益率,见表2-17。

表2-17 世界若干地区的教育收益率(%)

	社会收益率			个人收益率		
	初等教育	中等教育	高等教育	初等教育	中等教育	高等教育
非洲	28	17	13	45	26	32
亚洲	27	15	13	31	15	18
拉丁美洲	26	18	16	32	23	23

资料来源:蒋凯.从"奢侈品"到"生存的必需"——世界银行关于发展中国家高等教育的新观点.见:刘海峰主编.公平与效率:21世纪高等教育改革与发展.福州:福建教育出版社,2003.345

这意味着,在发展中国家优先发展初等教育、普及教育,不仅是最公平的,也是效率最高的。在初等教育阶段,公平和效率之间不仅没有矛盾,而且是高度一致的。这一研究结论对发展中国家的教育政策产生了深远的影响。

20世纪90年代以来,世界银行的专家对高等教育的社会收益率的看法有很大改变,认为高等教育对宏观经济、科学研究和促进公民社会有巨大影响,其社会收益率要远远高于个人收益率。如对拉丁美洲的研究表明,获大专文凭的工人,比只受过6年教育的工人收入高出200%。① 如何测算三级教育不同的收益率,是个值得探讨的复杂理论问题。在学历社会的现实中,拥有高学历者的个人收益更高是个普遍事实,但这并不是与普及基础教育的功效相对立的。一些发展中国家走过的道路,可以说明这一点。

与先现代化国家循序渐进的发展模式不同,发展中国家如印度及拉美、非洲等地区国家的教育,较多地采取了"高重心"的发展战略,优先投资和发展高等教育,其后果现在已经可以进行评价。

印度1947年获得独立后,按照甘地的主张,即建设一个"以教育和社会道德为基础的重视农村的国家",十分重视教育公平。但印度并非首先普及基础教育,而是重视高等教育机会均等,在招生中采取"开放招生"的政策,实行"放任的供求原则"。高等教育的大扩张从20世纪50年代中期开始,60年代达到高潮。1951—1983年,大学和学院年增长率为6%,入学人数年增长9.7%。与此同时,基础教育十分薄弱。到1980年,一至八年级的入学儿童数占6~14岁年龄组儿童总数的67.2%。由于社会上约有50%的人生活在贫困线以下,高昂的学费使得高等教育扩张主要满足了优势阶层的利益。高等教育在数量上和层次结构上都超过了实际需要或不甚合理,造成较高的大学生失业率和人才外流,成为"高等教育过度"的典型案例。印度高教扩张的趋势在20世纪70年代之后逐渐退潮。80年代以后,通过发展函授教育、自治学院(独立学院),推行"学位与职位分离",以遏止学历主义,减轻社会对高校的升学压力。②

类似的,战后拉美国家也经历了高等教育的大发展。20世纪60年代之后,由于发展大型工业和资本密集型产业的需要,在发展主义和人力资本理论的推动下,教育的重点从初等教育转向中、高等教育。从1960年到1975年,巴西、厄瓜多尔等国的高等教育增加了9倍多,哥伦比亚、委内瑞拉等国增加了7倍多,墨西哥、秘鲁等国增加了4倍多。拉美国家18~23岁青年的高校毛入学率快速增长,1960年为3%,1970年为6.3%,1980年为13%,1990年达到18.7%。例如阿根廷的高等学校毛入学率,1975年为27.2%,1985年为36.4%,1987年已达40.8%。拉丁美洲青年的在学率远远超过非

---

① 蒋凯. 从"奢侈品"到"生存的必需"——世界银行关于发展中国家高等教育的新观点. 见:刘海峰主编. 公平与效率:21世纪高等教育改革与发展. 福州:福建教育出版社,2003. 344
② 赵中建. 战后印度教育研究. 南昌:江西教育出版社,1992

洲(3.2%)和亚洲(8.1%),约为发达国家的一半。①

拉美国家优先发展中、高等教育,受益者主要是中、高等阶层,"教育的发展为市场经济中的统治阶级所支配",而初等教育依然是"穷人的教育",出现了教育的"两极化":基础教育的"边缘化"(多数人学习年限不到3年)和中、高等教育的"大众化"。20世纪70年代,巴西的联邦教育经费一半以上投入高等教育,而初、中等教育发展艰难,80年代文盲的绝对数比70年代反而增加了。1960—1980年,拉美的中学生人数增长4倍多,大学生增长7倍多,小学生仅增长1.4倍。这一时期,拉美国家高等教育学生的人均开支约为初等教育的11倍,中等教育学生的人均开支约为初等教育的2倍;在经济合作与发展组织(OECD)国家,这两个数字分别是3.4倍和1.3倍;而在非洲国家,这两个数字则达到55倍和6倍。②

此后,国际社会对此进行讨论和反思,研究更广泛地分配有限的经济资本和更充分地利用人力资源的新战略。即将创造就业视为与GDP增长同样重要的社会发展目标,从而使社会上数量巨大的贫困阶层和失业人员从中受益。与此相应的教育政策调整,是"四个优先":优先发展基础教育,优先关注多数人的职业培训,优先扫除文盲,优先发展农村的初等教育和农民的培训服务。③

在经历了80年代的经济危机、社会危机之后,拉美国家按照新自由主义理论,减少政府干预,削减公共开支,大规模推进"经济市场化"、"企业私有化"、"贸易自由化"的经济改革。值得注意的是,在这一过程中,却并没有提出"教育商品化"、"教育市场化"之类的口号,反而大张旗鼓地宣传教育的福利性质和平等性。1989年颁布的墨西哥《教育现代化纲要》提出"支持以福利为目的的经济增长";教育改革的目标是"让高质量的教育和平等的教育机会真正向一切人开放,实现平等的增长",而初等教育对实现这一目标"起有决定性的作用",因而是"新教育模式中最优先的重心"。④ 明确经济的运行机制是市场竞争,而教育的功能则是保障机会平等。

---

① 曾昭耀等主编.战后拉丁美洲教育研究.南昌:江西教育出版社,1994.301
② 曾昭耀等主编.战后拉丁美洲教育研究.南昌:江西教育出版社,1994.380、421
③ 曾昭耀等主编.战后拉丁美洲教育研究.南昌:江西教育出版社,1994
④ 曾昭耀等主编.战后拉丁美洲教育研究.南昌:江西教育出版社,1994.443

五、等级化的学校制度

中国教育资源的配置失衡和价值失衡,还有一个重要的方面,即形成一种等级化的学校制度,它与城乡二元结构一起,形成双重的二元结构。在义务教育阶段,通过公共政策明确地制造学校的差别,是违反义务教育所具有的全民性、公益性和公平性的,有违公民拥有平等的受教育权利的精神。

如前所述,重点学校制度是在 20 世纪 50 年代为实现国家的工业化目标而建立的,集中力量构造一个"小宝塔",为高等学校输送人才。在我国实行义务教育制度之后,尤其是在 2000 年我国已经基本普及九年义务教育之后,这种制度已经失去了合理性和必要性。

这一制度最不合理之处,是把本应面向全体公民的教育分为三六九等,国家的教育资源优先向被列为重点的学校倾斜,用国家——纳税人的钱举办面向少数人的"精英教育"。例如,据对某地重点学校与非重点学校的调查,两者在生均教育经费上虽有差别,但并不严重,差别主要来自附加经费。1989—1996 年,3 所重点中学共得到 855 万元附加经费,每年的数额相当于 1 所重点中学的办学经费。1996 年的 500 万元被用于为一所重点中学修建运动场。而普通学校却没有得到任何附加经费。仪器设备的投入,每所重点中学所得几乎等于 9 所非重点中学设备费总和的 9 倍。对一个特大城市的调查显示:1994、1995 年,分别拨给一所重点中学 1 亿元设备费,拨给另 2 所重点中学 5000 万元设备费,相当于常年教育经费的 20 倍以上。[①] 不仅如此,重点学校还可以得到在师资配备和待遇、招生政策等方面的各种特殊政策,与普通学校完全不是基于市场的平等竞争,从而不具有可学习、可模仿的所谓的"实验性"、"示范性"。

基础教育阶段的学校可以被简单地分为城市重点、城市普通学校、农村重点、农村普通学校这样四类,形成从高到低的差序格局。当然,重点之中还有国家重点、省重点、区重点,它们获得的资源、待遇各不相同。因而,在现实的发展中,出现学校严重的两极分化,它们被区分为"优质学校"和"薄弱学校",后者水平、风气最不堪的往往被蔑称为"垃圾学校"、"流氓学校"。尽管国家也有改变薄弱校的政策要求,但与建设重点学校相比,它是非常"柔性"的。以财力雄厚

---

① 袁振国.论中国教育政策的转变:对我国重点中学平等与效益的个案研究.广州:广东教育出版社,1999.47、55

的上海为例,"从 1986 年到 1994 年的 8 年中,动员和吸纳用于薄弱学校更新的资金,才相当于 1995 年拨给一所重点中学的附加经费。"①

据 2005 年对北京市海淀区学校的调查,学校被分成重点学校(其中又包括市重点、区重点和准重点等)、一般学校和薄弱学校,据抽样调查统计,72.2% 的农村小学、62.5% 的农村初中和所有的农村完全中学属于薄弱校;即便是在城镇,也有 24.1% 的小学、18.2% 的初中、50% 的高中和 27% 的完全中学属于薄弱校。②

尽管我国从 90 年代中期起,国家教委明确取消了义务教育阶段的重点学校制度,但这一制度不仅依然存在,而且还在不断发展。这种"没有重点学校的重点学校制度",得到两个方面的驱动,一是国家教育主管部门发起的"示范性高中"建设,一是挟市场力量兴起的"转制"学校。

1995 年 7 月,当时的国家教委下达了一个《国家教育委员会关于评估验收 1000 所左右示范性普通高级中学的通知》,决定在 2000 年以前分期分批建设并评估验收示范性高中。其所依据的,仍然是 1980 年之后教育部颁发的《关于分期分批办好重点中学的决定》,即建设重点中学的思路。它显然是与普及九年义务教育、缩小学校差距的任务和要求相背离的。1996 年初,国家教委即叫停了评选,要求暂停 1000 所示范性高中、2000 所重点职业学校的达标评定活动,"促进地方把更多的投入用于薄弱学校的建设"。③ 但是,这一政策仍在显示其威力,人们在为"暂停"之后的恢复评定做准备,全国各地掀起了创办示范性高中的热潮,各省、自治区、直辖市相继评定了一批省级示范性高中。

国家教委评定示范性高中的政策动机中,除了发展重点学校的传统思路外,另一个动机是,通过这一"给政策"的方法争取地方更多地为教育投资。地方果然热情非凡,如上海市 1999 年通过土地置换,以每校 1 亿元的造价,在郊区建成 11 所高标准的示范性高中,这成为一个典范。此后,2 亿元的高中和更昂贵的中学相继出现。最近的消息是,地处西部地区的贵州省,全省唯一的一类省级示范性高中贵阳一中修建的金阳新校区,占地面积为 440

---

① 袁振国.论中国教育政策的转变:对我国重点中学平等与效益的个案研究.广州:广东教育出版社,1999.111
② 程方平.北京市海淀区基础教育均衡状况调查.见:21 世纪发展研究院.2005 年:中国教育发展报告(教育蓝皮书).北京:社会科学文献出版社,2006
③ 朱开轩.对当前若干教育热点问题的认识.中国教育报,1997-05-15

亩,投资竟然高达4亿元。① 而2002年整个贵州省的农村教育经费不过才4.5亿元。2004年,贵州省各级政府新建、改扩建150所农村中学,计划投资2.87亿元。它成为认识区域内差距的一个注脚。

传统的重点学校仍然不断得到政府的倾斜性投资。例如2001年,教育部在京直属高校的6所附中,每校平均获投资5000万元进行扩建,使招生规模扩大了1倍。② 2003年,北京市给五中投入2亿元、给八十中投入3亿元改善办学条件,引起了政协委员的质疑。③ 重点学校从体制内获得资金的新渠道,是所谓的"共建费"。政府、企业或机构资助一笔不菲的费用,学校提供几个学额作为交换。此举将权势部门子女的择校费转化为公款,不需要家长出资,对学校也十分安全。

在另外一个方向上,由于少数重点学校门庭若市、供不应求,催生了一种新的办学方式。原教育部副部长张承先写道:"在市场经济大潮冲击下,市场交换原则也逐步渗透进一些重点中学。开始是当地领导给重点中学一定机动名额,允许招择校生高收费,继而发展到'一校两制',办'校中校'、'校中班';后又发展到'国有民营',甚至提出把学校推向'质量市场',主张义务教育阶段办学也应该实行'效益优先、兼顾公平'原则。这样搞的结果负面效应很大,在学生中滋长了拜金主义。"④他并没有否定重点学校制度,只是认为这一制度被市场经济污染了。他提出了一个非常理想化的设想:"在新的形势下,重点中学不应靠在国家帮助下形成的优势,去招择校生,高收费,而应坚持社会主义办学方向,向广大劳动人民子女开门,有条件的也要办宏志班和农村班,把劳动人民的优良作风带进学校。根据小平同志办好重点带动一般学校的要求,发挥自己的优势去帮助薄弱校;带头坚持'三个面向',全面贯彻教育方针,深化教育改革,摆脱'应试教育'的影响,全面实施素质教育。"⑤

但是,市场和经济利益的力量显然更为强大,强劲的需求使各种各样的"校中校"、"国有民营"、"民办公助"学校如雨后春笋,蓬勃发展。它们后来有一个共同的称谓,叫"转制"学校,尝试用不同于公办学校的多种体制、机制办学。它们还有一个俗称,叫"名校办民校",即公办名牌学校举办按照民办机

---

① 贵阳一中2005年招生简章. http://www.blog.edu.cn 另一来源称贵阳一中金阳新校总投资4.9亿多元. 见:刘文国. 六天"集合"4个亿——贵阳民间资本待"突围". 新华网焦点网谈
② 李岚清. 李岚清教育访谈录. 北京:人民教育出版社,2003. 280
③ 夏伦勤. 如何让"择校"不再愈演愈烈. 中国教育报,2004-02-24
④ 张承先. 关于办重点中学的回顾和前瞻. 中国教育学刊,1997(2)
⑤ 张承先. 关于办重点中学的回顾和前瞻. 中国教育学刊,1997(2)

制运行的"民办学校",它被诟病为"假民办"。

在基础教育阶段,依靠政府力量做大的名牌学校(原先的重点学校和现在的示范校)与依靠名校品牌和社会资源组办的"转制"学校、"校中校"、"名校办民校"等,构成当前学校系统中的"优质教育资源",成为家长竞争、择校的目标。这些学校在仍享有招生、教育经费、师资等各方面的优惠政策的同时,强势地向家长、学生收取高额费用,攫取社会资源,使得名校愈名愈富,差校愈弱愈贫,造成学校的两极分化。正是这一人为地制造和拉大学校差距的没有重点学校的"重点学校制度",制造、推动着"择校热",导致基础教育的非正常化。

六、体制内和体制外

由于教育是国家和全民共同的事业,各级各类的教育功能各不相同,在政府的教育投入之外多渠道筹措教育经费,促进教育经费来源多元化,形成全社会共同参与举办教育的局面,是现代教育的重要特征,也是20世纪90年代以来我国教育改革的一个重要追求。

目前,我国教育经费来源的多样化已成为一个基本现实。然而,王蓉的研究揭示了中国基础教育投入中所谓"小的非公共部门,大的非公共投入"的格局。例如,2002年,全国教育经费中只有56.83%来自政府预算内拨款。小学教育的该比例为74.51%,初中为68.28%,高中仅为38.63%,而高等学校为44.68%。[①] 2003年,教育经费来自政府预算内拨款的比例下降为55.63%,见表2-18。

表2-18 2001—2003年全国教育经费来源的构成

	2001		2002		2003	
	(亿元)	(%)	(亿元)	(%)	(亿元)	(%)
总计	4637.66	100.00	5480.03	100.00	6208.27	100.00
1. 财政预算内教育拨款	2582.38	55.68	3114.24	56.83	3453.86	55.63
2. 各级政府征收用于教育的税费	281.42	6.07	235.50	4.30	244.45	3.94
3. 企业办学校教育经费	139.49	3.01	88.10	1.61	98.01	1.58
4. 校办产业、勤工俭学和社会服务收入用于教育的经费	53.73	1.16	53.56	0.98	54.31	0.87

---

① 王蓉.也谈教育产业化.北京大学教育经济研究所,高等教育研究所简报,2004(31)

续表

	2001		2002		2003	
	（亿元）	（%）	（亿元）	（%）	（亿元）	（%）
5. 社会团体和公民个人办学经费	128.09	2.76	172.55	3.15	259.01	4.17
6. 社会捐、集资办学经费	112.89	2.43	127.28	2.32	104.59	1.68
7. 学费、杂费	745.60	16.08	922.78	16.84	1121.50	18.06
8. 其他教育经费	594.06	12.81	766.01	13.98	872.54	14.07

资料来源：根据《中国教育经费统计年鉴》2002—2004年整理

注：在我国的教育统计中，1、2、3、4项合计，称为"财政性教育经费"，即来自体制内的"公款"；5、6、7、8合并为"非财政性教育经费"，即体制外的教育投入。第8项"其他教育经费"中包括除学费、杂费以外的其他事业收入，如住宿费、借读费、赞助费等等。

2001—2003年，来自个人和体制外的教育投入所占比例每年上升1.7个百分点，从2002年的34.61%上升到2003年的37.98%，见表2-19。

表2-19　2001—2003年全国教育经费来源的构成（%）

	2001	2002	2003
财政预算内拨款占教育总经费的比例	55.68	56.83	55.63
个人和体制外投入占教育总经费的比例	34.61	36.29	37.98

资料来源：根据《中国教育经费统计年鉴》2002—2004年整理

问题在于，这一教育经费结构与教育事业的结构并不匹配。虽然来自个人和体制外的教育投入约占三分之一强，但体制外的教育规模却十分有限。如表2-20所示，民办教育经多年的发展，在校生占全国在校生总数的比例，小学、初中占百分之三，高中阶段占百分之七八，在高等教育阶段的学历文凭教育中占百分之二三，2004年将200多所独立学院的学生统计进去，才达到10.47%。无论是与1950年时的规模、水平还是与其他发展中国家、发达国家相比，这几乎都不具有可比性。民办教育缺乏与公办学校平等竞争的政策环境，是它难以充分发展的重要原因。

表2-20　2000、2003、2004年各级民办教育在校生数及所占比例（万人）

	幼儿园		普通小学		普通初中		普通高中		中等职业教育		普通高校本专科	
	在校生	%	在校生	%	在校生	%	在校生	%	在校生	%	在校生	%
2000	284.26	—	130.81	1.0	99.14	1.61	51.48	4.29	29.19	—	6.83	1.23
2003	480.23	23.96	274.93	2.35	256.57	3.88	141.37	7.20	79.38	6.37	81.0	7.31
2004	584.11	27.96	328.32	2.92	317.17	4.90	184.73	8.32	109.94	7.80	139.75	10.47

资料来源：中国教育统计年鉴.2003、2004.2004.民办高校在校生含独立学院学生

我国教育财政投入格局"小的非公共部门，大的非公共投入"的特点，说

明教育投入渠道的多样化并没有相应地促进教育体制、教育事业的多样化，公办教育系统强势地从非政府渠道攫取大量教育资源，主要不是用于扩大民办教育，而是用于滋补自己，这正是当前公办民校的"生长机制"，也是公立学校高收费、乱收费等的经济机制。

学校获得非财政性经费的能力，成为形成公办学校之间差距的主要原因。以北京市海淀区的学校经费为例，如表2-21所示，城镇中学来自社会和个人的非财政性经费的比例高达46%～48%。农村小学获得的财政性教育经费仅为城镇小学的三分之一，而获得的非财政性经费仅为城镇小学的19.7%。虽然农村初中获得的财政性教育经费是城镇初中的1.5倍，但它获得的非财政性经费仅为城镇初中的4.8%，因而总教育经费仅为城镇初中的83.4%。农村完全中学的财政性教育经费是城镇完全中学的一半，非财政性经费仅为城镇完全中学的1.3%，总教育经费则只有城镇完全中学的28.7%。

表2-21　2003年北京市海淀区各类学校校均教育经费状况

学　校		合　计	国家财政性经费		非财政性经费	
			万元	%	万元	%
小学	平　均	297.8	247.8	83.2	50.0	16.8
	农　村	144.0	127.5	88.5	16.5	11.5
	城　镇	451.7	368.1	81.5	83.6	18.5
中学	平　均	829.1	521.1	62.9	308.0	37.1
	农村初中	537.7	523.4	97.3	14.3	2.6
	城镇初中	644.7	346.1	53.7	298.6	46.3
	城镇高中	1180.8	631.5	53.5	549.3	46.5
	农村完中	397.7	389.3	97.9	8.4	2.1
	城镇完中	1384.6	715.4	51.7	669.2	48.3

资料来源：程方平.北京市海淀区基础教育均衡状况调查.见:21世纪教育发展研究院.2005年:中国教育发展报告(教育蓝皮书).北京:社会科学文献出版社,2006

对民办教育的态度是国家对教育的另一个根本态度。既然是"穷国办大教育"，既然国家的教育经费有限，理应积极地扩大民办教育，"更大程度地发挥市场在资源配置中的基础性作用"，使教育成为全社会共同参与的事业。而目前的现实是，国家垄断教育资源、包办高等教育的状况并没有真正改变，在宏观没有放开的情况下，鼓励公办学校微观搞活，以及鼓励公办学校举办民办学校，从而形成与民办学校严重的不公平竞争，既抑制了民办教育的发展，又很容易导致公办学校的教育腐败，与《民办教育促进法》的精神是相悖的。如果说在80年代,对民办教育的歧视主要来自政治意识形态,那么在90年代之后,更多地是对公立学校独大的利益格局的保护。这需要改革政府行政职能,确立政府为全社会提供公共服务的职能,确立政府保障公平竞争的市场秩序的功能,通过培育和扩大民办教育去满足社会不断增长的教育需求,而不是直接举办、管理公办学校,对民办教育实行亲疏有别的不同政策。

第三章

反思"教育产业化"

- 我国当前教育公平领域最主要、最突出的问题,是教育机会均等——更多的入学机会和更公平地获得入学机会。
- 教育领域的高收费和乱收费,是近年来"教育产业化"招致强烈批判的最重要原因,因为它直接损害了大多数人的经济利益,造成了严重的教育不公平,滋生了教育腐败。
- 目前,我国各地重点学校、示范性高中的校园建设和硬件水平不仅普遍超过清华、北大等国内重点大学,而且超过发达国家公立学校的水平,不但有违基本国情和教育规律,而且极大地增加了教育投入和学生家长负担,没有任何合理性可言。少数豪华、奢侈的学校与大量薄弱、贫困的学校并存,成为基础教育畸形化的一道荒唐、乖张的风景!
- "择校热"的形成,固然有唯学历的社会环境、独生子女和望子成龙的文化心态等多种原因,但主要是由于我国长期实行的中小学重点学校制度造成了学校之间的巨大差距,成为"择校热"的制度性因素和基本条件。
- 少数名校、强校和大片一般校、薄弱校并存的现实,构成了家长不得不择校、倾家荡产也要择校的刚性的制度性结构,并形成少数"名牌"学校的"寻租"空间和强大的利益机制。
- 学校不与家长直接发生金钱交易,而以与有关单位合作办学的名义,对方给学校提供一笔"建设费"。它在多数情况下就是学生家长交付的"择校费";在有些情况下则是权力部门的"公款消费",拨付给学校一笔公款,交换条件是录取几名本部门工作人员的子女。
- 公办中小学以引进"民办机制"的名义,可以名正言顺、大言不惭地向家长说:"拿钱来!"不仅重点学校、"转制"学校这样做,许多普通学校也设置了各种"寻租"的条件和门槛。教育高收费、乱收费的风气大开,极大地异化了学校的教育价值和功能。
- 许多"奥数班"都是由重点学校直接或变相举办的,与培训市场结成"神圣同盟",教师在课堂上鼓励、介绍学生去读"奥数班",自己则在"奥数班"兼课。
- 教育作为一门科学和艺术,真正高水平的教育家无不是治顽治劣,在改变"差生"上下工夫,主要通过教育家的优秀理念和卓有成效的教育效果塑造学校的声誉和品牌。而把最优秀的学生汇聚到一起,获得100%的升学率,算什么教育水平、教育质量?这正是目前一些财大气粗的名校、重点学校并不令人尊重的原因。
- 地方政府是择校政策的主要推动者,其动机主要是扩大优质教育供给。从举办"转制"学校、改造薄弱校到以"名校办民校"为主,政府由于不但可以减少教育投入、扩大教育需求,而且可以借此吸纳大量资金,而成为最大的受益方。

第三章 反思"教育产业化"

教育既具有促进社会平等的平等化功能,又是一个强有力的社会分层的"筛选器"。在当前中国社会剧烈转型的过程中,教育如何参与这一过程,发挥了什么样的作用,格外令人关注。

在近十年来的教育发展中,"教育产业化"不仅是理论研究的热门领域,而且成为舆论关注和公众批判的焦点。2004年9月,教育部副部长张保庆在人民网答问,严厉抨击教育产业化,称"教育部历来是坚决反对教育产业化的,因为教育是一个要体现社会公平的最重要的部门,教育是一种崇高的公益事业……将教育产业化违背了我们的办学宗旨,也违背了我们的办学方针,也直接违背了人民群众的利益。可以说,直接违背了我们社会主义制度的一个根本原则"。[①] 2005年底,教育部新闻发言人再次重申坚决反对"教育产业化"。

的确,教育部从未表态支持过"教育产业化"的观点和理论。同样明确的是,"教育产业化"的思路已经弥漫在20世纪90年代的教育公共政策中,深刻地影响了中国教育的功能、性质和面貌。

一、"教育产业化":理论与现实

1. "教育产业化"的理论

教育产业、教育产业化、教育市场、教育市场化理论等,是1992年之后教育经济学界的研究热点,在1998年高校扩招和高收费后达到高潮。在经济生活市场化过程中,教育对经济增长的拉动作用明显,教育市场、教育消费的出现推动了这一研究。在许多国际组织的统计分类中,教育均被列为"服务产业"、"第三产业"。1992年中共中央和国务院颁发的《关于加快发展第三产业的决定》,教育被明确列为第三产业,而且是"对国民经济发展具有全局

---

① 张保庆:如果教育产业化,教育事业就毁了.人民网,2004-09-02

性、先导性影响的基础产业"。《决定》提出要以产业化为方向,建立充满活力的自我发展机制,对包括教育产业在内的第三产业,坚持谁投资、谁所有、谁受益的原则。在1999年6月召开的第三次全国教育工作会议上,第一次由党中央、国务院确定了教育的经济作用、地位,明确了"扩大教育消费,拉动经济发展"的教育改革基本思路和方向,确立了"教育是一个全局性、先导性、战略性基础知识产业"的本质。①

中共中央、国务院的《决定》、第三次全国教育工作会议的提法,被主张教育产业化的意见引为最重要的论据。它同时也是教育主管部门认为从来没有提倡过"教育产业化"的根据——它只提发展教育产业,而没有提"产业化"。教育部指出,所谓"化"者,就是彻头彻尾、彻里彻外之意,怎么可能提倡"教育产业化"呢?② 显然,这种"化"与不"化"的文辞之争是没有更大价值的。我们评价公共政策,主要依据政策本身所体现的价值、导向,而不是管理者的声明。

把教育作为一个产业来发展和经营,是教育产业化理论的核心主张。1998年,厉以宁教授在为《教育产业论》一书所作序中,清晰地介绍了该理论的基本面貌:

> 教育产业论的理论及延拓到实践层面操作的逻辑是:教育是一种特殊的产业,教育在社会的选择性消费中进入市场;教育市场的产生使得教育的经济价值得以直接补偿或兑现,也为教育的有效经营提供了背景基础;高质量的、有特色的和适合不同教育消费者的教育,是社会教育选择的具体对象,教育是社会的重要资源,而高质量的、有特色的教育更是一种稀缺资源;如何占有与利用这一社会稀缺资源,是学校及其教师这一高智力群体的职业优势;因此,对教育的有效经营可以产生利润,教育产业经营有利润,就可以吸收投资,既可以大量吸引个人和家庭因教育选择注入的消费性教育资金,又可以吸收社会团体和个人举办教育的利益获得性投资;教育经营是教育发展方式的一次革命,教育将在有效经营中获得大幅度

---

① 张铁明.教育产业论.广州:广东高等教育出版社,2002.5
② 如教育部新闻发言人王旭明说,"教育产业化"这个提法从它产生之日起,教育部就旗帜鲜明地表示反对,因为教育产业化会毁掉中国的教育。这里面关键的一个字就是"化"字。我们同意教育的某些部分可以发展成教育产业,比方说高校后勤社会化、高校科技产业及成果转化都是可以变成产业的。但是在基础教育,特别是在义务教育阶段,是不能用产业的思想来引导的。新华网,2005-12-26

第三章 反思"教育产业化"

的教育经费增加,以解决总体性短缺的窘境;而在经济发达地区的教育经营开支,则将大大节省国家教育经费的投入,并使国家教育投入向贫穷地区的倾斜成为可能,以有效改变教育经费结构性的短缺现象,国家教育由此可以进入良性循环的轨道。国家是教育收益的最大最终获得者,企业和个人是教育的直接利益获得者。因此,作者主张建立以"政府投入为主,全社会共同分担"的教育多元化共同投入体制,建立起新型的教育体系。①

对于教育产业化理论进行定义和概念之争并不太重要。通俗的理解是,教育产业化泛指利用市场手段扩大教育资源,利用市场机制"经营"教育的各种举措。在教育经费严重不足的背景下,多年来教育界推行的是一种被称为"财政视角的教育改革",或者说是一种"经济主义路线"的改革,其主要动机为弥补教育经费短缺,兴奋点围绕着创收、经营、转制、上市、产权、市场化等问题,以增长和效率为主要追求,而缺乏对教育公平、教育品质的关注。20世纪90年代以来我国主要的教育政策,无论是多种渠道筹措教育经费、"人民教育人民办"的农村"普九",还是大学缴费并轨和高收费,中小学和高校广办企业、公司开展经营创收活动和多种经营,公办重点学校高收费以及通过"名校办民校"收取巨额费用,公办高等学校举办民办机制的"二级学院"、"独立学院",以及用房地产开发的模式兴建"大学城"等等,都是沿着这一思路进行的。

不难认识到,教育产业的发展有其正面价值,如教育经费的来源更为多样化,教育培养能力扩大,教育效率得以提高,教育服务、教育消费概念开始形成,教育市场和教育的选择性开始出现,学校与政府、社会和学生之间的新型关系开始建立等等。发达国家也在进行市场化方向的高等教育改革。但在中国当下的情境中,这一理论最大的弱点是,它淡化、模糊了政府在教育发展中的特定作用、政府教育投资的决定性作用、义务教育主要是政府的义务这样的概念,在一定程度上混淆了政府与市场、公办教育与民办教育的不同功能,从而掩盖了教育投入不足首先是政府不愿和未能履行法律规定的教育职责的严重问题。在实践中它很容易成为地方政府卸除教育投入"包袱"的方便的借口。最极端的是,一些经济困难的县通过出卖公办学校和幼儿园的

---

① 张铁明.教育产业论.广州:广东高等教育出版社,2002.3

方式"发展"教育。

教育产业化思路之所以备受政府主管部门青睐并广为推行,是因为它不仅可以比较便捷、有效地解除"教育经费"之患,使教育"脱贫致富",而且还有"发展是硬道理"的"政治正确",体现的正是"效率优先"的价值。在这种价值观看来,只要能解决问题,什么方法都可以用;只要不能马上解决问题,说什么都没用,都是空的。这种"市场—效率"导向的公共政策,损害和牺牲的主要就是公平,它将原本用纳税人的钱提供的"公共产品",变成需要花钱购买的服务,从而架空了社会弱势阶层和人群享受公共服务的机会和权利。

教育的公平与效率

如果说导致"教育产业化"的外部环境是教育经费严重不足,是教育通过经营、转制、创收之类"做大蛋糕"的"效率"冲动,那么它的内在价值和理论基础,就是未加证明而从经济领域借用的"效率优先,兼顾公平"。

我国教育公平的讨论之所以围绕公平与效率之争,几乎没有其他的主题,原因之一是,自20世纪90年代末以来我国对教育公平的关注,既不是源自人文主义、民主主义的社会思潮,也不是来自教育内生的民主需求,而是由经济领域"效率优先,兼顾公平"的命题从外部切入的。国外关于公平问题的理论研究中,较少有公平与效率之争。在政治理论层面,关注的主要是公平与自由的矛盾。由于社会公平主要由政府解决,自由主义的理论家担心政府对公平的重视有导致集权、侵害市场和个人自由的倾向。在教育学本体的意义上,关注的主要是公平与优秀的矛盾。功能主义的教育家担心基于公平的考虑把低于学术标准的人吸纳进来,会降低教育质量,损害追求卓越优秀的学术标准,从而伤害社会的整体利益。

"效率优先,兼顾公平"的口号是在20世纪80年代的价格和分配制度改革中提出的。据目前的资料,卢中原、周为民发表于《经济研究》1986年第2期的《效率优先,兼顾公平——通向繁荣的权衡》一文,在国内首先提出这一概念,此后逐渐得到传播。1992年中共"十四大"报告提出在经济领域的改革中要"兼顾效率与公平"。1993年中共十四届三中全会通过的《中共中央关于建立社会主义市场经济体制若干问题的决议》提出:"个人收入分配要坚持以按劳分配为主体、多种分配方式并存的制度,体现效率优先、兼顾公平的原则……允许属于个人的资本等生产要素参与收益分配。"1997年中共"十五大"报告提出,要"把按劳分配和按生产要素分配结合起来,坚持效率优先、兼顾公平,有利于优化资源配置,促进经济发展,保持社会稳定"。2002年中共"十六大"报告的提法是:"坚持效率优先、兼顾公平,既要提倡奉献精神,又要落实分配政策,既要反对平均主义,又要防止收入悬殊。初次分配注重效率,发挥市场的作用,鼓励一部分人通过诚实劳动、合法经营先富起来。再分配注重公平,加强政府对收入分配的调节职能,调节差距过大的收入。"

可见,"效率优先,兼顾公平"的原则的所指非常清晰和具体,它是在建设社会主义市场经济的过程中,在经济领域,尤其是在收入和分配领域处理效率与公平关系的原则。然而,这一提法逐渐被泛化,成为一个简单化的、工作性的口号,未经论证地变成了各行各业通行的改革准则。这是我国社会生活中一个具有普遍性的现象——经济改革的一枝独秀使经济学话语取得了"霸权"地位。教育和其他领域由于改革滞后的"失语",不得不大量地借用、套用经济改革的概念,致使经济学成为教育研究的强势理论,在很大程度上取代了教育话语。

当"效率优先,兼顾公平"的原则沿用到文化教育、卫生等公共事业上时,其所指和价值变得模糊不清,适用性大成问题。社会公共产品的提供,是以政府为主,以公共财政为基础,而且是以"公平、公正、公开"作为基本行为准则和价值的。在这一领域,"效率优先"的所指究竟是什么,是指优先发展三级教育中投资回报率最高的那部分教育,是指优先发展营利性的部分,用市场化、产业化的手段做大"蛋糕",还是优先发展高水平的"优质教育资源",优先满足精英阶层的需求?由于缺乏基本的理论共识,它便成为各取所需、各行其是的口号。另一方面,在现实的社会环境中,"兼顾"成为一个很软的概念,往往意味着可以不顾。因此,这一口号最直接的后果,就是强势的经济主义成为教育发展的主导价值,"效率优先"成为不容置疑的"硬道理",而教育公平价值则旁落,在教育决策中失去了应有的位置。

严格地说,效率作为一个经济学概念,关注的是典型的经济学问题,即投入产出、投资回报;效率的概念经常被换取为"效益",它表示的是一种广义的社会效率,其核心是"资源的有效使用和有效配置"。公平则是典型的社会学话语,关注的是社会正义和社会资源"合理的分配"。经济效率、经济增长本身不是目的,发展经济是为了改善人民生活,增进社会福祉,包括增进社会公平。因而,公平是社会发展具有基础性和终极性的目标,而效率和经济增长则是一种工作性的、工具性的目标。对公平和效率的追求成为现代社会发展的两个基本动力,在大多数情况下,两者并不存在此消彼长的简单关系,而是可以互相促进的。在现代社会的治理中,公平与经济发展分属两个不同的领域,政府和市场的分工是十分明确、清晰的,即所谓"政府管公平,市场管效率"。通过国家财政的二次分配以帮助弱势群体,促进和维护社会公平,是公共政策的基本出发点和政府的主要职责之一。在"效率优先"、"经济主义"的发展模式中,政府部门直接地、过多地参与市场活动和经济活动,将经营、创造经济效益视为重点,这必然与它们维护市场秩序、提供公共服务和促进社会公平的职责相冲突。社会生活中公平问题突出,反映的不仅是价值失衡,也反映了社会治理中政府行为的偏差和"缺位"。

关于教育领域不同层面的"公平—效率"问题,大家关注、讨论的其实是两类不同的问题:一类是教育效率问题,一类是教育公平问题,两者大致是互相独立的。只有在教育资源配置、发展战略和教育公共政策制定中,才涉及公平与效率的冲突这样特定的问题。

狭义的教育效率问题,主要指在教育和学校管理层面上开源节流,提高投入产出效益,基本与公平问题无涉。以高等教育为例,如胡建华所言,"高等教育领域内似乎不存在公平与效率之间的直接的矛盾关系",因为"影响高等教育效率的因素主要来自高等教育内部,诸如资源的有效配置、学校的师生比、校舍设备的利用率等。影响高等教育公平的因素则主要来自高等教育外部,如家庭背景、地区经济发展水平、居住环境等"。[①] 也就是说,在给定的教育资源约束下,提高效率主要是教育系统内部的事。例如,民办学校的办学效率远远高于公立学校,就是一种制度性的效率。

我国当前教育公平领域最主要、最突出的问题,是教育机会均等——更多的入学机会和更公平地获得入学机会。这也是西方国家促进教育公平为时最久、最主要的层面。在教育规模、总量扩大的情况下,如何保证城乡之间、阶层之间享有比较平等的入学机会,通常与"效率"并没有直接关系,它关注的是教育机会的"分配",需要一种公正的制度和政策设计。这一领域存在公平与不公平的冲突,而不是公平与"效率"的纠缠。

真正涉及公平与效率的冲突的,是在教育资源配置、教育公共政策制定、教育发展战略这样的领域。如上所述,基本问题之一是如何在初等、中等、高等教育之间合理配置资源。此外是在当前的现实中,如何迅速扩大教育资源

---

① 刘海峰主编.公平与效率:21世纪高等教育改革与发展.福州:福建教育出版社,2003.34

以满足日益增长的教育需求。那么,我们的问题是:教育产业化、市场化的思路是合理的吗?它是否兼顾了或者伤害了教育公平?

2. "教育产业化"的表现

由于"教育产业化"并非严格的理论概念,理论界和公众使用这一词语时的所指各不相同,对事实层面上的"教育产业化"的指斥,可以说是众说纷纭。

尽管如此,对近十年"教育产业化"的发展,我们还是可以大致地加以梳理,有一个基本可辨的脉络。在以下的描述中,包含了广义的和狭义的两种理解、宏观的和微观的两个层面的教育政策和教育表现。

狭义的理解,或者说理论性的解释,是指:① 学校举办经营性的第三产业,例如劳动服务、教育服务公司,或者兴办科技产业,以获得一些经济利益,提高教师待遇,弥补经费不足;② 国家通过发展民办教育来发展体制外的教育,以满足社会高涨的教育需求;③ 非义务教育阶段的教育通过收取学杂费获得经济利益,高校后勤社会化,等等。对教育产业持正面认识的,主要是在这一层面上使用"教育产业化"的概念。

广义的理解,指教育界利用市场机制经营教育、获得教育经费的行为和政策,除以上行为外,还包括:① 农村集资办学,多渠道筹措教育经费;② 基础教育阶段的"转制"学校政策;③ 高等教育阶段的"独立学院"政策,等等。对于这些政策的正当性、合理性,政策后果的评价,是在"教育产业化"的争论中分歧最大的,将在后文中专门展开讨论。

最宽泛的理解,则泛指学校和教育界利用教育营利的各种不规范现象、腐败现象,例如教育乱收费、高考腐败、权学交易和钱学交易、"注水文凭"等。网上和舆论中的一片骂声,基于公众自身的不公平感受,主要集中在这一层面上。

值得关注的,是宏观层面上教育公共政策价值的偏斜和扭曲。

例如,为解决农村教育经费困窘问题,农村兴起集资办学,起初是通过教师、干部等内部人自我集资,筹集办学经费。后来这一思路被制度化,形成"多渠道筹措教育经费"的教育经济政策,即俗话所说的"人民教育人民办",并扩大到城市基础教育、高等教育等领域,成为基本的教育经济政策。

同样,由于教育经费严重不足,从20世纪七八十年代开始,中小学"自谋生路",广设校办工厂、校办产业,出租校舍,经营创收,增加教师收入。它逐渐被奉为正路,在90年代初全民经商的气氛中,高校掀起大办校企的热潮,北京大学也"破墙开店",一时公司林立,教师下海,出现"村村点火,户户冒烟"的景象。一些高校的科技企业逐渐做大。至2000年底,全国近400所高校共有科技企业近2100家。至2001年底,全国高校已有控股或参股的上市公司33家,其中在上海、深圳两地上市的公司29家,总市值占深、沪两市市值总额的3%左右。[1] 这一成就背后的事实是北大方正、清华同方那样的企业屈指可数,大多数校办企业都是不赚钱的,高校深感风险巨大,无利可图。由于企业运作不规范,校企不分,产权不明晰,造成校企"小的亏了,大的跑了"的骑虎难下之势。尤其是企业文化与校园文化的冲突,商业化价值对大学精神的侵蚀和对教育行为的扭曲十分明显,影响高校正常的教学、科研秩序。自2001年8月起,北京大学和清华大学进行校企改制试点,明晰学校与企业的关系,并最终使校、企完全分离,宣告着一个政策的终结。

其实,发展教育产业的本意或者正意,主要应当是发展民办教育,发育教育培训、留学教育等教育市场,由此弥补政府教育经费的不足和增加教育的丰富性、选择性、竞争性。民办教育应当是教育产业化最主要和最重要的力量。然而,尽管近10年来民办教育获得了很大的发展,却步履蹒跚,整体仍然非常弱小,缺乏公平竞争、健康发展的制度环境。

如果非要给"教育产业化"下个定义,能否这样表达和概括:所谓"教育产业化",是指20世纪90年代以来,在教育经费严重不足的背景下,我国教育系统和各级学校使用市场机制和手段大规模经营创收、扩大教育资源的制度化活动。其基本特点是对教育资源的"宏观垄断,微观搞活",它衍生出基础教育阶段的"转制"学校、高等教育阶段的"独立学院"等政策。它的确弥补了教育经费不足,扩大了教育资源,但与此同时,出现高收费、乱收费等严重弊端,致使教育行为扭曲,教育腐败丛生,教育的品质、质量和社会声誉也因此受到极大伤害。

二、教育高收费和乱收费

教育领域的高收费和乱收费,是近年来"教育产业化"招致强烈批判的最重要的原因,因为它直接损害了大多数人的经济利益,造成了严重的教育不公平,滋生了教育腐败。教育费用的急剧上涨,是从20世纪90年代后期高

---

[1] 杨健安.高校科技产业发展的状况及存在的问题.中国科技产业,2002(3)

等学校实行收费并轨之后开始的。在市场经济的环境下,非义务教育阶段应当实行教育成本分担,个人支付部分费用是对自己的教育投资,通过付费购买相应的教育服务之类的概念已经被普遍接受。问题在于,教育费用的上涨很快就失去控制,达到了非理性的程度。

1. 教育收费持续高涨

在城乡差距、贫富差距不断拉大的背景下,近年来教育、医疗、住房三项支出占居民消费支出的比例越来越大,占三分之一左右,群众称之为"新三座大山"。上学贵、上学难成为教育领域非常突出的问题。2004 年,教育支出占城镇居民消费支出的 7.8%,人均支出 514 元,比 2000 年增长 41%,年均增长 9%。[1]

据零点调查公司《2005 年中国居民生活质量指数研究报告》,在城市、小城镇和农村,贫困人群分别占 21.4%、14.9%、19.4%。调查显示,教育花费成为城乡居民致贫的"罪魁祸首",城市、小城镇、农村的贫困人群中均有 40%~50% 的人提到家里穷是因为"家里有孩子要读书",特别是农村家庭,教育花费是他们的头号家庭开支。2004 年 10 月至 2005 年 10 月,在拥有就学阶段孩子的农村家庭中,子女教育花费为 2724.2 元,占家庭收入的比重达 32.6%;城市和小城镇家庭中,子女教育花费分别为 6016 元和 4065.7 元,分别占家庭收入的 25.9% 和 23.3%。[2] "因教致贫"、"因病返贫"成为农村常见的现象。

上海市家庭教育发展状况的调查数据显示,在拥有 18 岁以下子女的家庭中,孩子的教育消费占全家总收入的四分之一左右,达 23.6%。这一比例远远高于发达国家 10% 左右的教育支出比例。如果考虑到大学教育和海外留学,这一比例还将大幅上升。[3]

如何评价教育费用的水平是一个复杂的问题,不同来源的数据和解读有时并不一致。如科技部中国科技促进发展研究中心 2004—2005 年开展的"西部 11 省、自治区、直辖市城乡居民生活状况调查"显示,将学杂费、书本费、校服费、在校吃住费、往返交通费等算作教育费用,那么西部地区一个小学生、初中生、高中生一年的平均教育费用分别是 421 元、1296 元和 2805 元,大学以上学生的年均费用为 8586 元。西部地区家庭年平均收入

---

[1] 汝信等主编.2006 年:中国社会形势分析与预测.北京:社会科学文献出版社,2005.94
[2] 刁蓉艳,付艳华.教育不公,何以脱贫.零点指标数据网,2006-02-06
[3] 龚瑜.上海家庭总收入四分之一用于子女教育消费.中国青年报,2005-11-28

为11 633元,有人计算,供养一个小学生和初中生的费用占家庭收入的4%和11%,并不算太重。① 但同一个调查指出,西部农村家庭的平均年总收入为9525元,则供养一个小学生、初中生、高中生的费用占家庭年收入的比例为4.4%、13.6%和29.4%。而西部居民收入最低的20%家庭只占有城乡家庭总收入的3.5%,而收入最高的20%家庭占有了全部收入的50.5%,其家庭收入是最低20%家庭的14倍多。此外,四成以上的西部家庭有债务负担,有债务家庭的平均债务额为10 401元。② 可见,对于收入最低的20%家庭和收入次低的20%家庭,其收入远远达不到平均水平,供养中小学生的费用就不可谓不贵了。事实上,在贫困农村家庭出现"因教返贫"的现象,主要是因为供养高中生,而且多数家庭中不止一个孩子上学。

近年来,基础教育收费仍呈增长的态势。据国家审计署对全国50个县基础教育的审计调查,2002年收费总额为23.2亿元,比上年增长7.8%,生均负担469元,增长4.68%。③ 2003年各级学校的事业收入增长明显,主要是学杂费的增长。其中小学阶段的学杂费为128.39亿元,比上年增长11.40%;中学阶段为292.61亿元,增长20.25%;高等学校为548.75亿元,增长28.68%。④ 新疆的调查显示,2000—2004年的5年间,全疆教育费支出累计上涨40.5%,远远高于居民其他消费价格的涨幅。⑤

家庭教育消费支出的高涨,与前面教育经费结构的状况相映证,说明教育发展在一定程度上是靠教育收费支撑的。教育支出大大高于同期其他费用的增长,抑制了其他消费,已经对国家的经济生活产生了不利影响。

2. 高等教育高收费

作为20世纪80年代以来发展最快、最受重视的领域,高等教育在20年中获得了前所未有的发展,尤其是1999年开始的高等学校大规模扩招,使高等教育的规模在短短几年内翻了几番,原定2010年实现的"高等教育大众化"目标(在校大学生数占18~21岁适龄人口的15%),在2002年提

---

① 刘好光."因学致贫"与理性选择教育.中国教育报,2006-02-20
② 王奋宇,赵延东.西部11省(市、区)城乡居民生活状况调查.见:汝信等主编.2006年:中国社会形势分析与预测.北京:社会科学文献出版社,2005.23~26
③ 李金华审计长作2003年度审计工作报告.人民网,2004-06-25
④ 教育部财务司,国家统计局人口和社会科技统计司.中国教育经费统计年鉴2004.北京:中国统计出版社,2005
⑤ 刘冰,李润文.新疆城镇教育支出五年上涨四成.中国青年报,2005-03-11

前实现。

表 3-1　20 世纪 90 年代以来高等学校扩大招生的情况（万人）

	1990	1995	1998	1999	2000	2001	2002	2003	2004
本专科招生	60.89	92.59	108.36	159.68	220.61	268.28	320.50	382.17	420
比上年增（%）	2.01	2.9	8.3	47.4	31.45	21.61	19.46	19.24	9.9
研究生招生	3.0	5.11	7.25	9.2	12.85	16.52	20.26	26.89	32.63
比上年增（%）	3.45	0.39	13.82	21.38	39.32	28.56	22.65	32.7	21.35
毛入学率（%）	3.5	7.2	9.8	10.5	11.5	13.3	15	17	19

高等学校从 1999 年开始实行大规模扩招。虽然教育经济学的研究表明，教育投资拉动经济增长的效益是中长期的，短期的教育投资反而会遏止正常消费，正如我们今天所看到的那样，但由于当时高等教育的发展远远落后于社会发展的实际需要，落后于发展中国家的水平，加速高等教育发展的决策应当说是正确的，有助于增加高级人才的供给，拓宽过于狭窄的高考瓶颈，延缓就业压力等等。然而，由于拉动经济增长的简单思路，高校扩招马上陷入了非理性的大跃进状态。

高校扩招在改变了许多人命运的同时，遭到越来越多的非议。它最为人诟病的，是高收费政策。从 90 年代初，高校开始收费制度的改革。1997 年，全国高校实现"公费生"和"自费生"并轨收费，我国高等教育全面实行收费制度，1950 年以来实行的高等教育免费制度宣告结束。个人应承担部分高等教育成本的"教育成本分担理论"被广泛接受。几乎没有人反对收费，问题是收多少，如何收。

自 1997 年高校全面实行缴费上学，学费标准不断攀升。目前国家规定的收费项目只有学费和住宿费。现行住宿费标准规定大约每生每学年 800～1200 元。学费标准 1990 年不到 100 元，1994 年 400 多元，1998 年本科生学费为 2000 元左右。1999 年全国普通高校平均学费 2769 元，比上一年增长 40.3%。2000 年，普遍在 1999 年基础上又提高了 15%，有的地区达 20%，平均学费超过 4000 元/年。此后稳定了几年。2004 年是近年来学费调整最大的一年，在 2003 年基础上提高了约 15%，有的达到 20%，全国普通高等学校平均学费达 5000 元左右。[①] 重点学

---

① 据 2005 年 6 月 10 日《西安晚报》报道，2004 年部分高校学费标准为：清华大学 5000 元；北京大学 4900～5300 元，医学部 6000 元；北京师范大学、中国人民大学 4800 元；北京理工大学、北京邮电大学等文科 5000 元，理科 6000 元；对外经贸大学、北京语言大学等 6000 元；上海外国语大学 10000 元；复旦大学 5500 元；哈尔滨工业大学 4000～5500 元；南开大学 4200～5000 元；中山大学文科 4560 元，理科 5160 元；四川大学文科 4600 元，理科 5000 元；西安交通大学 3750～5200 元；浙江大学 4800 元；南京大学 4600 元；山东大学 3600～3940 元。

校和热门专业则高达万元。加上住宿费、生活费,本科四年要花6万元左右。一般高校大学期间的费用也要4万元左右。① 这对低收入的城市居民和贫困农民来说,是一个不易承受的巨大经济负担。一个流行的说法是,高校学费10年翻了20倍,而在此期间,国民人均收入才增长了不到4倍。② 同时,大约从2000年起,一些传统免费的师范、农林院校也开始高额收费。

1999年,教育部《关于深化教育改革,全面推行素质教育的决定》规定,高校收取的学费最高不得超过生均培养成本的25%。目前我国高校的培养成本,理工科每位学生约为每年1.4万~1.6万元,文科每位学生约为每年1.2万~1.4万元。若按现在每生每年5000元学费的标准计算,学生分担的教育成本为33%~38%。2005年8月,教育部副部长张保庆坦言高校收费标准过高,1999年时确定的全国高校平均收费标准为3500元。③ 在发达国家,公立大学的学费一般占培养成本的13%~15%,美国公立四年制高校1994—1995年年平均学费水平为2689美元,占人均年收入的12%左右。④

如何计算我国高校的培养成本,是个复杂的课题,至今未有定论。但从不同方面比较,都足以说明中国高校的学费之高已经到了不合情理的程度。

1998—2001年,中国高等教育规模扩大了1倍以上,政府拨款增幅达到了80%,高等学校自筹收入增长了1.7倍,其中学费收入增幅达2倍以上,成为支撑我国高等教育筹资多元化体制的最重要因素。⑤ 1998—2002年,我国普通高等学校经费收入总量分别为545亿、704亿、904亿、1145亿、1488亿元,学杂费收入成为高校事业收入的主要收入来源,它在事业收入中的比例在2002年已达26.3%,学杂费以外的事业收入基本持平在13%左右,见表3-2。

---

① 吴小兵.大学生拖欠学费的影响因素研究.北京理工大学高等教育研究所硕士论文,2004;陈杰.社会捐助力量偏向名牌高校.新京报,2005-01-11
② 周欣宇.大学学费10年翻了20倍教育成本到底转嫁给了谁.中国青年报,2005-08-03
③ 郭少峰.教育部副部长张保庆直言中国教育五大问题.新京报,2005-08-30
④ 北京大学课题组.既要着眼于未来,也要立足于现实——对徐滇庆及汤敏、左小蕾文章的答复,1999
⑤ 陈晓宇.中国高等教育成本分担的理论与实践.北大教育经济研究(电子季刊),2003(4)

表 3-2 1998—2002 年我国普通高等学校经费构成(%)

	1998	1999	2000	2001	2002
预算内政府拨款	60.5	60.0	55.8	52.9	
其中：事业费拨款	49.6	49.4	47.9	46.7	48.7
基建拨款	11.9	10.6	7.9	6.2	
教育费附加	1.4	1.0	0.9	0.6	
校办产业和经营收益用于教育的经费	2.1	1.8	1.8	1.4	
学杂费	13.4	17.2	21.3	24.7	26.3
学杂费以外的其他事业收入	13.2	12.7	13.4	13.3	
捐赠收入	2.1	2.3	1.7	1.5	
其他收入	6.4	5.0	5.1	5.5	

资料来源：李文利.中国高等教育经费来源多元化分析."高等教育发展与财政政策国际研讨会"论文,2004

2004 年,我国公立普通高校生均学杂费已占生均总支出的 32%,而美国公立高校总收入中学费所占比例仅为 19%(1996—1997 年)。[①]

就学费占人均年收入的比例而言,中国的学费标准可能是全世界最高的。以我国高校 2000 年的学费为 4200 元计,它相当于 1999 年城镇居民人均年收入(5854 元)的 72%,相当于农村居民人均收入(2210 元)的 190%。如果加上住宿费、书本费、伙食费等实际支出,则将超过一个城镇居民或两个农村居民一年的总收入。据吉林省政府研究中心的调查,2004 年吉林省高校学生人均学费 6000 元,住宿费 1000 元,伙食费 4800 元,则一年费用为 11 800 元。而 2004 年吉林农民人均纯收入为 3000.42 元。这意味着供养一个大学生需要 4 个农民的纯收入![②]

据 2005 年 5 月英国《观察家报》报道,一家研究机构公布的"全球高等教育排行榜",日本成为世界上学费最昂贵的国家,学生一年的教育支出为 8930 英镑(其中学费为五六千美元),相当于 11 万元人民币,而且没有学费减免。然而,如按照相对购买力计算,日本的人均 GDP 超过 3.1 万美元,而中国仅在 1000 美元左右,日本是中国的 31 倍,则 11 万元相当于中国居民支付 3550 元。中国大学生的实际支出每年在 1 万元之上,按支付能力算,中国是世界最高水平的 3 倍以上![③]

高收费的直接后果,是高等学校出现了一个庞大的贫困生阶层,并影响

[①] 陈国良.教育收费：制度与政策的反思.在"中国教育经济学学术年会"上的发言
[②] 侯婧珠,彭冰.农村学生害怕考大学?.中国青年报,2005-05-11
[③] 童大焕.中国的大学收费在世界上位列第几?.科学时报,2005-07-04

着农村学生接受高等教育的升学意愿。每年都有家长因缴不起学费而自杀的悲剧发生。目前,我国普通高等学校中,经济困难学生约占在校生总数的20％,特别困难学生的比例为5％～10％。但在西部的地方院校,贫困生比例有的高达50％以上。例如,2004年,青海师范大学6841名在校生中,贫困生4167名,占60％,其中特困生2908名。每个学生的每年支出费用最低在7000元以上,包括学费3000元,最低生活费3000元,公寓费800元,书费400元。3个壮劳力养不起一个大学生。①

虽然国家有"奖、贷、勤、减、补"等五种方式帮助贫困生,但作为主体的国家助学贷款因种种原因难以大面积推进。从1999年开始实行的国家助学贷款政策,截至2004年3月,共有188.6万学生申请,实际发放贷款人数为85.5万人;申请贷款总额为140.4亿元,实际发放金额为69.5亿元。实际获得人数和金额均没有超过申请的半数。② 2003年对助学贷款政策实行改革后,情况有很大改观,至2005年3月,全国应开办国家助学贷款的1509所高校,已落实经办银行的达87％,预计2004—2005学年发贷学生约160万人,金额达90亿元。③

由于社会资本、文化资本的影响,世界各国高等学校学生中,来自社会中上阶层的都占多数。因而,国家对高等教育实行免费或者象征性的低收费,实际上是补贴了多数具有支付能力的家庭,是有欠公平的。近年来,传统上对高等教育学费实行免费或低收费的欧洲国家,已开始改变这一政策。我国高校收费之所以成为问题,关键并不是该不该收费,而是:① 收费标准明显高于国民收入和生活水平;② 收费标准制定缺乏基本的程序公正;③ 救助贫困学生的制度保障严重缺乏和滞后。它之所以引起社会关注和强烈批评,还在于高校不可遏制的收费冲动,很少伴随提高效率、改善服务之类的努力,相反出现了铺摊子、豪华的校园建设等不良现象,显示了传统公有制机构的制度性弊端。

3. 教育乱收费

基础教育领域名目繁多的教育收费逐渐成为社会公害,教育"乱收费"治理已经有10年之久,仍然屡禁不止,没有得到很好解决。

---

① 刘芳.对西部地区贫困家庭学生,高校收费不能再高了.中国青年报,2005-01-18
② 陈韶旭,张晓鸣.国家助学贷款亮"黄灯".文汇报,2004-05-25
③ 谢湘,袁晓露.1000多所国内高校开办国家助学贷款.中国青年报,2005-08-03

教育"乱收费"的界定

对教育"乱收费"的概念,理解很不一样,学校和教育部门往往不认同这种说法。2005年8月,教育部、监察部、国务院纠风办发出紧急通知,再次严厉禁止学校违规收费,并将对治理教育乱收费情况进行检查。从其禁止的内容可以认识"乱收费"的主要方式:

> 严禁将国家规定之外的收费项目纳入"一费制"中;严禁擅自提高"一费制"收费标准;严禁学校从代收费和服务性收费中牟取利益;严禁学校为学生统一办理保险、征订和购买教辅材料。
>
> 公办高中招收择校生纳入统一招生计划,严格执行"限钱数、限人数、限分数"的政策,录取人数、分数和收费要坚持省定标准并向社会公示,接受群众监督。严禁以任何名义挤占计划内招生指标;严禁擅自降低录取分数线和扩大择校生比例;严禁擅自提高收费标准或在择校费限定金额外收取其他任何费用。
>
> 各地、各高校要继续稳定高校收费标准,进一步加强收费管理,坚决遏制与招生录取挂钩的各种乱收费。严禁以任何理由、任何形式提高或变相提高学费、住宿费收费标准,不准出台新的收费项目,也不准向学生收取国家规定项目外的其他任何费用;严禁高校强行向学生提供有偿服务,并从中牟取不当利益。坚决制止与招生录取挂钩的各种乱收费。

可见"乱收费"的内容,不同类型教育是不同的。2003年教育乱收费的突出问题,是中小学校违反规定将捐资、赞助等费用与招生入学挂钩,高等学校违反规定向学生收取赞助费、点招费、扩招费、转专业费等费用;地方政府及有关部门违反规定向学校摊派费用,以及通过学校搭车收费,违反规定挤占、挪用、平调、截留学校收费资金等乱收费行为;基层政府违规进行教育集资;强令培训,教师遭遇乱收费。中小学被查处的多是违反规定擅自设立收费项目、提高收费标准、扩大收费范围收费、继续收费国家已明令取消的收费项目、种种"巧立名目"的收费项目,等等。一些地方乱收费的项目达25种之多,如素质教育费、实验班费、增化补差费、奖学金费、军训费、保安费、补课费、注册费、桌椅费、考试费、窗帘费、设备费、托管费、文娱费、文具费、校牌费、学号卡费、校园卡费、兴趣活动费、电教管理费、周六实验活动费、计算机学习费、体育器材管理费、音乐教育实验费、美术材料学具费等。①

明码标价、花样繁多的收费项目令人眼花缭乱,如择校费、赞助费、补课费、中考费、转学费、水费、电费、自习费、基建费、计算机费、耳机费、资料费、取暖费,以及各种强化班、提高班、特色班、重点班、实验班的费用等。一些基层政府则通过中小学校征收教育事业费附加、农业税、农业特产税、敬老院费、保安费、集资费、危房改造费、代课教师工资、超计划生育罚款、社会抚养费等;还有一些社会有关部门和企事业单位强行订阅报纸杂志,推销保险、食品、学具等。

教育"乱收费"的情况

政府部门统计数字显示,1998—2002年,教育部和各地教育行政部门共组成近5万个检查组,检查了47万多所小学和12万多所中学,查出中小学各种违规收费5年合计15亿元,清退10亿元。② 2003年3月,教育部部长周济称,2002年共检查14.5万所小学、4.1万所初中,查出各种违规收费4.2亿元,清退3.5亿元。③ 2003年,各级监察机关和纠风办共查处教育乱收费案件8539件,涉及金额30.19亿元,清退教育违规收费6.3亿元。④ 2006年3月,在国务院新闻发布会上,教育部部长周济宣布:自2003年以来,全国共派出5.6万个检查组,检查各级各类学校87.6万多所(次),清退乱收费资金13.7亿元,查处乱收费案件1.9万件,"教育乱收费蔓延的势头正在得到有效遏制"。⑤

而媒体的推测是,10年间全国教育乱收费至少有2000亿。因为2002年全国的9.88万所中学和45.69万所小学中,至少2%为省市级重点学校,按保守的估计,每所重点中、小学年收择校费分别为500万和200万元,则仅择校费一项全国每年超过270亿元,其中大部分属于乱收费。⑥

舆论和民间的估算与主管部门查处的数据出入极大,因为统计口径并不一致。事实上,高中阶段的择校费已被合法化,只有超过限额的部分才被视

---

① 民盟中央.规范学校收费制度,杜绝乱收费.光明日报,2002-03-21
② 储召生.教育部今年将重点整治教育乱收费.中国教育报,2003-02-24
③ 周济.在全国教育系统治理中小学乱收费工作电视电话会议上的讲话.中国教育报,2003-03-29
④ 新华社北京2004年3月31日电
⑤ 叶莎莎.加大治理力度,建立长效机制——2003年以来治理教育乱收费综述.中国教育报,2006-03-23
⑥ 师琰,徐琳玲.教育反腐直指2000亿乱收费.21世纪经济报道,2003-09-04

为"乱收费";初中、小学阶段的有些借读费、赞助费也是合法化的。

虽然社会对学费高涨的批评强烈,教育部也一再出台稳定收费的政策,但学费高涨的现实依然没有改变。近年来,各地教育乱收费情况仍然很严重。2003年,石家庄仅市属5所重点中学就查出违规资金3000多万元。[1] 四川省教育厅2003年上半年共查处教育违规收费案件435件,清理违规收费1449.8万元。[2] 河南省查办681起,纠正违规收费1692万元。[3] 广西查出60多个单位教育乱收费2000多万元。[4] 湖北省上半年查处乱收费案244件,涉及金额1797万元,已清退1703万元。[5] 云南省物价部门对全省13个地(州、市)一中(昆明、迪庆、怒江除外)的教育收费进行检查,共查出违纪金额2000余万元。[6]

就近年来教育部门自查的情况看,他们认定的"乱收费",各省一年在2000万元左右,全国每年为6亿元左右。但2004年,湖南省教育系统完成审计项目5108项,审计总金额达173.9亿元,审出违规资金3.45亿元。[7] 对海南208所中小学2004年度教育收费审计调查结果显示,各类违规问题金额达6668万元。[8]

高等学校乱收费

国家审计署对教育部所属18所高校的专项审计发现,部分高校乱收费现象十分严重。2003年,18所中央部属高校违规收取的各类费用竟然高达8.68亿元,比上年增长32%,占当年全部收费的14.5%。其中包括:收取未经批准的进修费、MBA学费等计64 427万元,国家明令禁止的费用计6010万元,自行设立辅修费、旁听费等计7351万元,超标准、超范围收取的学费、住宿费等计5219万元,强制收取服务性、代办性收费计3284万元,重修费、专升本学费等计554万元等。[9] 从审计情况分析,部分高校在招生入学这一环节中违规和不规范收费的现象尤为严重。

---

[1] 新华网石家庄2003年8月20日电
[2] 曹丰,贺欢.61名校长乱收费遭了查处.华西都市报,2003-10-22
[3] 新华网河南频道2003年9月6日电
[4] 蒋桂斌,肖世艳.新华网南宁2003年10月26日电
[5] 李鹏翔.新华网武汉2003年8月28日电
[6] 百苹.云南物价部门查出教育乱收费2000多万.新华网,2003-09-25
[7] 李伦娥,李让恒.湖南教育审重在审教育投入.中国教育报,2005-05-23
[8] 韩政,曹杰.海南去年208所中小学违规收取金额6668万元.新华网,2005-07-23
[9] 李金华.关于2003年度中央预算执行和其他财政收支的审计工作报告.审计署网站,2004-06-24

两种乱收费：生存型和腐败型

对于教育乱收费，社会舆论、家长民怨沸腾，但在教育内部多为抵制和抵触的意见，认为主要是由于政府教育投入不足，政府将板子打在学校、校长身上，是"揣着明白装糊涂"。

对此，张保庆副部长做出了自己的说明。他直言中小学乱收费不是学校在乱收费，主要是地方政府在乱收费："现在政府该拿的钱不拿，结果通过乱收费的办法转嫁到老百姓头上去了。"由于农村义务教育政府投入不到位，导致一些地方教育机构、学校，包括省级政府通过各种变相的收费项目来代替政府对教育的正常投入。而高校乱收费的主要责任在高校本身。张保庆认为："现在的高校收费上瘾了，相当多的高校校长在高校收费问题上的回答是不负责任的。"① 也许，我们可以区别两种类型的乱收费：政府乱收费和学校乱收费。后者也有两种情况：生存型和腐败型的乱收费。

显然，教育经费投入不足，农村教育经费捉襟见肘，是教育乱收费现象难以禁止的根本原因。许多农村的"乱收费"是所谓的"逼良为娼"，是学校为了维持基本运行的无奈之举，属于"生存型"的"乱收费"。如被国家审计署审计的重庆市巫溪县，"全县的财政收入还不够给教师发工资"，"有的学校连教师领取粉笔的支数都限制"。又如，据山东省教育督导团 2004 年对全省 33 个县、66 个乡镇的抽查显示，低于农村小学人均 30 元、初中人均 40 元全省最低拨款标准的县、乡各占三分之二，小学和初中生均公用经费为零的乡镇占三分之一。② 15 个市共有 3.3 亿元资金没有到位，部分市、县（市、区）存在的截留、挪用教育费问题仍较严重。③

政府行为的失措不仅在于教育投入不足，有些地方政府不仅不愿意为教育投资，反而推卸和转嫁责任，甚至视学校为营利工具，通过学校进行乱收费。如国家审计署对 50 个县的审计显示，2001 年 1 月—2003 年 10 月，其中 45 个县违规收费 4.13 亿元。其中，政府部门违规制定政策收费 2.46 亿元，中小学校自行违规收费 1.67 亿元。④ 政府部门的违规收费竟然占乱收费金额的 60%！

在一些地方，政府部门向学校乱摊派、"吃"教育的问题仍十分严重。如

---

① 郭少峰. 教育部副部长张保庆直言中国教育五大问题. 新京报, 2005-08-30
② 张晓晶. 山东抽查表明三分之一的乡镇政府对中小学拨款为零. 中国青年报, 2006-01-09
③ 新华社, 2005-10-20
④ 中华人民共和国审计署审计结果公告 2004 年第 1 号（总第 02 号）. 国家审计署网站, 2004-06-22

2002年以来,广东省化州市教育局及各镇教办挪用学杂费等2561万元,主要用于建办公楼和办公、招待费开支。地处粤西地区的吴川市,财政十分困难,但却在一年半时间里"吃"、"分"教育经费600多万元,其中市教育局吃喝209万元,人均近3万元,是同期在职教师人均工资的近1.5倍。[1] 在一些地方,教育仍是各部门争相宰割的"唐僧肉"。湖北一所农村初中,全校2000多学生的杂费收入不过20多万元,而2004年秋季开学时,劳动管理所、质量监督局、公安局、地税局、卫生部门、物价局、审计局等的罚款和收费,镇政府公路集资、防汛费等即达1.7万元。[2]

2006年3月,在教育举行的新闻发布会上,中纪委驻教育部纪检组组长、教育部党组成员田淑兰将教育乱收费分为"生存型"、"发展型"、"趋利型"、"转嫁型"四种类型。所谓"发展型"乱收费,是指学校发展受到经费制约,而在没有正当批准权限的情况下收取了学生费用,大致仍属于"图生存"的范畴。至于"趋利型"和"转嫁型",就是上述的"腐败型"乱收费。"有些地方行政领导默许了一些学校的不规范收费行为用于解决所谓'结构性工资'的补贴部分。""一些政府部门向学校乱摊派,学校没有经济来源,就转嫁到学生身上了。"[3]可见,教育被"吃"和不得不"吃"学生、家长,扭曲的政府行为是其关键诱因。

城市地区和重点学校的"腐败型"乱收费,最主要的是"与招生录取挂钩的各种乱收费",即利用紧缺的入学机会设租、寻租。事实上,家长为择校而支付的择校费、赞助费、借读费、共建费等等,数额远远大于教学过程中的各种收费项目。然而,其中大量是属于合法化的,并不在管理部门认定的乱收费范围中,这就是官方和民间测算的乱收费数额有天壤之别的原因。郑州一位姓毕的"择校生"家长说:"我去给小孩交钱时,就像搞地下工作,交了钱,连收条都不给打,收费账为何搞得这么神秘,这些钱能否真的用在改善教学条件上,不能不打一个大大的问号。"[4]

少数被查处的择校乱收费案例,成为露出水面的冰山一角。如据广东省审计厅向广东省人大的报告,2002—2004年,66所被审计的城市公办中小学以各种名目收取"择校费"达7.53亿元,占教育收费总额的54%,其中,义务

---

[1] 李金华审计长作2003年度审计工作报告.人民网,2004-06-25
[2] 鲍道苏.收费名目繁多 学校不堪其扰.中国教育报,2005-05-14
[3] 关莹.田淑兰:教育乱收费分为四种类型.人民网北京2006年3月21日讯
[4] 林鬼,张兴军.重点中学如此敛财.法制日报,2005-04-06

教育学校占了72.7%。① 海南省审计局查处,2004年度,海南省直属和海口市10所中学在义务教育阶段收取与入学挂钩的赞助费、择校费1705万元。部分学校择校生招收比例突破规定,超过统招计划人数30%的比例。②

高校乱收费中"钱学交易"的腐败行为占一定比重。例如,2003年对北京某高校的审计,发现该校教育乱收费1886万元等严重违纪问题。其中向新生收取"捐款收入"1035万元,未按规定上缴。"捐款"的202名学生占当年新生的六分之一,每人"捐款"2万元至10万元不等。"捐款"数额与考试分数无关,但与考生家长与学校的背景关系密切,有关领导委托介绍的,钱额可少一些,一般关系则要出高价。有的考试成绩未达到录取分数线也因"捐款"而违规录取。③ 甚至出现了赤裸裸的卖文凭现象。2003年,海南省纪检监察部门查处海南省委党校乱办学倒卖文凭牟取私利,违规发出数千张文凭,初步查出的被私分的乱办学费用近500万元。④ 假文凭泛滥的情况尚缺乏整体性的数据,但据安徽省教育厅文凭验证中心的数据,该中心自2001年9月启用,至2005年3月10日,共受理了11 550份学历文凭验证,其中假学历证书2711份,假证书和国家不承认学历的占验证总数的四分之一以上。⑤

一些地方政府和学校不择手段地以教育营利的腐败现象,背后有深刻的制度原因。除了缺乏必要的监督和参与制度外,主要是因为行政部门与学校形成了一种由巨大经济利益为纽带的利益共同体,可以减轻政府财政负担和增加学校、教育系统的收入,因而"上有政策,下有对策",有令不行,有禁不止。由于经费投入、供求关系失衡和制度建设这样的深层问题不可能很快解决,"教育乱收费"将是一个很难治愈的痼疾。

4. 择校费和高中教育收费

择校费是目前教育收费中最混乱、最模糊的,也是"乱收费"中数额和比例最大的一部分。由于它一部分被合法化,而且大量是暗中操作的,被揭露和查处的只是很小一部分,因此我们只能从一些局部和片面的数据大致认识基础教育择校费问题之严重。

据1999年9月国家统计局城调总队及湖北省统计局城调队的抽样调查,

---

① 莫让择校成为新的社会不公. 工人日报,2005-10-20
② 韩政,曹杰. 海南去年208所中小学违规收取金额6668万元. 新华网,2005-07-23
③ 陈音. 考生千万元"捐款"的背后. 中国青年报,2005-06-30
④ 黄勇. 海南查处文凭"批发"大案. 中国青年报,2004-06-16
⑤ 殷平. 假证占验证总数四分之一. 新安晚报,2005-03-11

家庭的教育支出中包括基本教育支出(学校规定必须交纳的各种费用,包括学杂费、书本费、校服费、文具费、班费、水电费、住宿费、托幼费等)、扩展教育支出(子女上课外补习班,购买课外读物,聘请家庭教师等所支付的费用)和选择性教育支出(择校生、借读生及其他情况学生,在入学前或每学期初向学校交纳的捐集资、择校费等)。如表3-3所示,基础教育阶段的选择性教育支出最高,在初中占到教育费用的40.65%,小学占到36.32%,高中则占到56.34%。

表3-3 1999年春季学期城市家庭教育支出及构成(元)

	教育总支出 (1)	基本教育支出 (2)	扩展教育支出 (3)	选择教育支出 (4)	(4)/(1)
本科生	4837.68	4632.05	205.63	242.77	5.02
专科生	3971.18	3813.92	157.26	248.75	6.26
中专生	2656.82	2531.69	125.13	460.68	17.34
高中生	1440.52	1191.34	249.18	811.53	56.34
初中生	801.35	625.92	175.43	325.78	40.65
小学生	547.79	423.23	124.56	198.95	36.32
幼儿园	757.90	700.89	57.01	149.91	19.78
综合	1208.44	1057.63	150.81	327.14	27.07

资料来源:张文剑等.关于教育消费的实证研究.教育与经济,2000(3).调查样本总户数为137415户,各教育阶段就学人数总数为82434人

据2001年年底两家调查机构对部分直辖市和省会城市的调查,北京市两项指标遥遥领先:一是50.8%的小学生家长交过"择校费",二是人均交费金额高达4767元,与大学生学费标准持平,相当于同期全市职工年人均工资的三分之一。[①]

北京大学课题组2004年的一项全国调查(有效样本2782人)显示,如将借读和择校都归为择校,则义务教育阶段在校生中择校的比例为22.8%。在直辖市和省会城市,择校比例为27.8%,在地级市和县级市为21.3%,在县城城关镇为14.9%。有择校行为者2004年总教育支出平均为5262.5元,其中择校费(赞助费)平均为4525.6元。[②] 费用与高校学费相当,不可谓不高!

2005年7月10日,宁夏银川市一名13岁的女生在家服毒自尽。她留给父母的遗书令人震撼:"你们养了我13年,花了好多好多的钱!我死了我可

---

① 周大平.对义务教育非均衡发展说不.河南教育,2002(6)
② 北京大学课题组.2004年中国城镇居民教育与就业情况调查报告(之二).北京大学教育经济研究所、高等教育研究所简报,2005(23)

以帮你们节约10万元。""对不起！我辜负了你们的心了！我是个差生！"①报纸上出现了"吃人的择校费"这样令人触目惊心的批判。

高中收费

由于高中教育的非义务性和选拔性，可以实行收费。在实际生活中，高中阶段收费问题集中于少数重点学校的入学机会应当如何分配、按照什么准则分配。高昂的择校费成为高中阶段教育不公最主要的原因。

由于重点高中供不应求，在20世纪90年代中期，一些城市出现以分数为标准的"双轨制"：线内公费生与线外自费生、借读生并存，择校收费渐为人们接受。2001年6月，《国务院纠风办、教育部关于进一步做好治理教育乱收费工作的意见》（国纠办发[2001]10号）正式提出规范高中收费的"三限"要求：限分数（不准违反规定录取低于最低录取分数线的新生）、限人数（不准超过国家规定的班额，不得挤压招生计划指标，变相扩大择校生人数，择校生数量不得超过省级政府规定的比例）、限钱数（择校生交费标准由教育部门提出，经省级人民政府批准后向社会公布）。学校不准超过规定标准收费，不得向择校生收取赞助费或建校费。

目前，各地均明确规定了高中阶段择校生"三限"的政策。据2006年2月网上的不完全统计，部分省市的"三限"政策见表3-4。

表3-4 部分省市高中择校生"三限"规定

	限钱数 （万元/生/3年）	限人数 （择校生占招生比例）	限分数 （低于录取分数线）
北京市	3.0	20%	20分
广州	2.3～4.0	20%	
江苏	2.5（苏北）～3.0（苏南）	20%～40%	
浙江		30%	
山东	0.4～1.8	30%	
安徽		30%、25%、20%、15%	不低于当地最低录取线
云南		20%	
湖北省	2.7、2.1、1.5		
河北省	2、1.2、0.6		
河南	2.1、1.5、1.0	30%	
西安市	2.0、1.2、0.9		
贵州	1.8、1.5、1.2	25%、20%、10%	

注：表中收费标准分为三档，第一档为省级重点和示范性高中，第二档为市级重点和示范性高中，第三档为一般高中

---

① 孟昭丽，马敏，刘佳婧. 择校压力致宁夏一13岁少女自杀. 中国青年报，2005-07-25

第三章 反思"教育产业化"

各地"三限"按学校类别和经济发展水平确定了不同的指标,择校生比例多在30%左右。在许多地方,分数控制已不存在,只要交够了钱即能获得升学机会。①

择校生比例成为判断这一政策对教育公平影响的核心指标。它呈现逐渐增加的趋势。北京市2003年左右公布的高中招收择校生的"三限"政策,录取分数控制在不低于学校正常录取分数线10分,择校生比例不超过学校招生计划的10%,择校费标准每生不超过3万元。2005年,这一标准已改变为分数低20分、比例为20%。

浙江规定"适当放宽利用银行贷款迁建、扩建学校招收择校生的比例",以竣工后新增的招生人数为增量,其择校生比例可适当提高,最高不得超过增量的40%。云南省则将学校分为一级一等、一级二等、一级三等和其他学校四类,确定不同的择校生比例。同时也规定对以政银合作、校银合作、校企合作、股份制合作、公办民助等多种形式、多渠道筹集建设资金的学校,按比例适当、一校一报的原则审批确定收取择校生比例,按国有资产的比例高低,确定为30%(国资比例为60%~70%)、40%(国资比例为50%~60%)和48%(国资比例为50%~60%)。② 可见,一些地方合法的择校生比例即可达40%。就笔者了解到的,在一些地方,高中择校生的比例可以达到50%甚至更高。还有另一个重要问题:只有少数学校可以收择校生,还是大多数学校都可以收择校生?情况是择校的面越来越广。例如2005年,北京市共有251所公办高中获准招收择校生,占北京市普通高中学校总数的75%。

据黑龙江省城调队调查,高中的"择校费",省级重点3年为18 000~24 000元,市重点中学为12 000~18 000元,普通高中为9000元左右。此前对全省2050户城镇居民的抽样调查显示,教育开支几乎占一个三口之家年收入的40%。③ 这一调查揭示了两个基本事实:① 无论重点高中还是普通高中普遍都在收取择校费,只是数额上有差别。② 重点高中的择校费年均为4000~8000元,达到了高校收费的水平。高校收费至少还有教育成本分担的理论依据,高中如此收费,天理何在?

---

① 如河南省开封市兰考县第一高级中学规定的"择校生"录取线是370分,一考生只考了300来分,可答应学校先交8000多元,以后每学期再交500元后,即顺利入学。见:林嵬,张兴军.重点中学如此敛财.法制日报,2005-04-06
② 云南省教育厅关于公办普通高中招收择校生比例有关问题的补充通知(云教基[2005]15号)
③ 方奕晗.高中教育投资主体到底是谁.中国青年报,2004-09-06

在"三限"的规则之外,还有一种通行的付费方式,即学校划定一道分数线,上线者为公费生,低于录取线的,按分论价。一些学校采取提高录取分数线,压计划内招生指标,增加计划外招生的方式多收费。例如,2001年,山东费县共招收4000名高中生,中考分数线提高后,高中统招生的比例减少,全县只有700多名500分以上的考生没交赞助费,其他考生均须交纳捐资助学款,471~499分的分别交纳2000、1500、1000元,300~465分的分别交纳10 000、8000和6000元。有的学校压缩正常招生指标,抽调好教师和设备,举办所谓"实验班",学生"只要"缴纳1.5万元就可入学。① 2004年,山东经济欠发达的莘县两所重点高中招生2400多人,规定中考成绩高于720分的不交助学费,其余按分数分档收费,数额1000元至7000元不等。结果仅有20多人不用交高额助学费。② 虽然按河南省的规定,高中"择校生"比例不得超过学生总数的30%,但开封市重点中学兰考县第一高级中学,全校4700多名在校生中,只有1280多名学生是达到当年录取线的"平价生",超过七成学生是要交"择校费"的"高价生"。高三年级现有18个班、1400多人,可只有278名"平价生";高一年级已达22个班、2000余人,可"平价生"只有503人。该校每班学生都在80人以上,文科班甚至达到100人。该校得以提高限额的办法,是与一民办学校"联合办学"。③

这一做法把许多交不起钱的学生挡在了高中校门之外。一些学生选择复读,更多的学生只能上普通高中。高中教育由此形成以学生家庭的社会经济地位加剧分层的机制。

5. 沉重的教育负债

在面向学生和家长"乱收费"的同时,学校也在向银行大量举债,形成了沉重的教育负债,引起各方面的重视。

许多地方农村教育负债主要是在"普九"过程中形成的。由于县级财政普遍困难,一些地方和学校为追求达标、升级而"负债普九"。据湖北省教育厅的数据,2000年全省中小学的教育负债达21亿元,这是全国"普九"达标欠债的一个缩影。④ 据湖北省统计局的报告,农村教育负债中有72.5%是因新建校舍和"普九"达标形成的。在375个被调查的乡镇中,"普九达标验收

---

① 郑海燕,耿人强.上不起的高中.中国青年报,2002-09-02
② 邢燕峰.上高中要借高利贷?.中国青年报,2004-09-13
③ 林嵬,张兴军.重点中学如此敛财.法制日报,2005-04-06
④ 谢文颂."悬赏机制"对决"普九"负债.现代教育报,2005-03-09

债务"总额为14.85亿元,乡镇平均近400万元,经两年的归还,到2002年仍有11.22亿元;在被调查的300所农村小学中,有227所学校负债,负债覆盖率达到75.7%,校均债务近20万元。① 据国家审计署2003年10月至2004年1月对50个县的调查,2001年底50个县基础教育负债为23.84亿元,2002年底上升为31亿元,增长30%;到2003年6月底,仅半年时间又增长了25.7%,达38.98亿元。负债增长速度大大高于同期教育经费投入增长速度,负债总额相当于这些地方一年财政收入的80%,最高的四川省小金县负债达到地方财政收入的6倍多。同时教育负债面也很广,有些县80%以上的中小学都有负债,宁夏中宁县中小学负债面达96%。② 负债形式主要是银行贷款、施工队垫款以及向教师和社会借款等,其中拖欠施工队垫款较为普遍。一些学校经常被债主强行封门逼债,官司缠身,影响了正常的教学秩序。由于近年来农村中小学布局调整,大量撤并学校,致使前些年举债建设或社会捐资建设的许多农村学校被废弃,这是由于政策不连续造成的一种教育浪费。

基础教育大量负债的另一个原因,是"名校"的投资饥渴和豪华攀比。目前,我国各地重点学校、示范性高中的校园建设和硬件水平不仅普遍超过清华、北大等国内重点大学,而且超过发达国家公立学校的水平,不但有违基本国情和教育规律,而且极大地增加了教育投入和学生家长负担,没有任何合理性可言。少数豪华、奢侈的学校与大量薄弱、贫困的学校并存,成为基础教育畸形化的一道荒唐、乖张的风景!

如浙江省临海市多所中小学互相攀比迁建、扩建豪华新校,城关7所中学,5所在迁建,另2所小学也在迁建、扩建,被戏称建"中学城"。新建的台州中学占地483亩,气势恢弘,堪与高校比肩,已投入1.8亿元,全部建成要2.6亿元。一年利息要1300万元,按规定年招收400名择校生,每人收费3万元,总收入1200万元,尚不够付利息,不仅造成财务风险,而且进一步加剧了阶层差距。③

山东寿光现代中学总投资达2.3亿元,占地460亩,"金底银边的哈佛色调建筑群鳞次栉比,气势恢弘,大气磅礴;艺术中心、体育看台、科学天文馆、塑胶跑道一应俱全;多媒体网络连接起校园的每个终端,豪华实验室、大型图

---

① 中华人民共和国审计署审计结果公告2004年第1号(总第02号).国家审计署网站,2004-06-22
② 朱晟利,张子照.农村"空校"现象原因与对策分析.当代教育论坛,2005(8).下半月刊
③ 方虹.对"名校"攀大要有效控制.中国教育报,2005-08-16

书室全天候开放"。① 陕西省西安中学的新校区占地230多亩,教学设施建设超前,建设了体育馆、游泳池、天文台、天象馆、音乐厅、400米塑胶运动场等,总投资高达2.3亿元人民币。新校区建设采取的是银行贷款、政府贴息、收费还贷的方式。而投资达1.3亿元的湖北天门中学仅校门就有近百米宽。天门中学的全部贷款都由市教育局担保,将来的还贷主要靠向学生收取各种费用。②

高等学校在片面追求数量、规模扩张的过程中,出现大举建设新校区和大学城的潮流。浙江大学新校区占地3369亩,投资22个亿;厦门大学投资12.9个亿建漳州新校区,占地面积为2500亩;西南交通大学投资19个亿建新校区,占地面积为3000亩;上海大学投资13亿建新校区,占地面积1500亩;云南大学投资5.2亿元建新校区,占地面积3000亩。

一些高校在校园建设中互相攀比,追求奢华,不顾条件、不计后果地大举借贷,造成严重后果。例如,国家审计署对南京、杭州、珠海、廊坊4个城市的"大学城"开发建设情况的审计调查发现,不仅违规审批和非法圈占土地问题突出,而且,"大学城"建设贷款规模过大,存在偿贷风险。至2003年底,四市高教园区实际筹集资金257.1亿元,其中银行贷款占59.42%,高校自有资金占23.11%,地方政府投入占12.57%,社会投入占4.90%。③ 高校的贷款比重过高,而偿债能力则被高估。如南京市仙林、江宁和浦口新校区的12所高校建设项目,银行贷款为27.28亿元,占实际到位资金的71%。这些学校还本付息主要靠学杂费收入,按目前收费情况测算,今后每年还本付息额将超过学杂费收入的40%,个别甚至达到80%。④ 国家审计署发现,这些学校普遍存在超规模、超经济承受力建设问题,有的甚至超过国家规定标准的50%;有的高校贷款占全部资金来源的90%,个别年份还贷本息占当年学费收入的比例超过100%。

以中部某省为例,2003年,该省高校贷款规模为11.28亿元,截至2005年7月,已增加到77.52亿元,3年间扩张了587.23%,扩张趋势十分惊人。

---

① 寿光现代中学网站,http://sgsd.wfnet.cn
② 刘书云,张先国,董学清.湖北某中学基建投资达1.3亿元,仅校门就有近百米宽.经济参考报,2006-04-25
③ 刘世昕.审计署通报"大学城"建设审计结果.中国教育报,2005-06-02
④ 新华社.国家体育总局挪用中国奥委会专项资金1.31亿.京华时报,2004-06-24

而且该省10所最大的高校占贷款总额的一半以上,90%以上的贷款资金用于建设新校园和老校区改建,而且还款时间集中,在2007年后迎来还贷高峰,每年仅偿还利息就数额巨大,存在巨大财务风险。①

江苏省审计厅的专项审计也发现,江苏20所省属高校普遍负债运营,至少占总资产的30%,该比例在部分学校超过60%,而全省高校的负债金额可能高达数十亿元。为了建仙林大学城新校区,南京中医药大学向银行借贷达7亿元,南京财经大学8亿元,南京邮电大学7亿余元。南京中医药大学仙林校区占地1500多亩,已耗资8亿元,仅占地数百平方米的圆形音乐喷泉,即耗资上百万元。呈椭圆形、高台阶的行政办公楼,从外面看像政府或司法机关,里面则像宾馆,房间宽敞,楼道考究,每个校长室均有衣橱、卫生间、浴室以及卧室。南京财经大学校园贷款达8亿元,同样被指超豪华。宽数十米的校门,长约百米、宽约十余米的大型绿化带,中间穿插着数个大型喷泉。图书馆正门前,有一个数百平方米的大型广场。据学校称,学校每年的收入除正常开支外,只能还清银行贷款的利息,无力偿还本金。②

高校大规模的基本建设造成沉重债务负担。截至2003年年末,被审计的18所部属高校债务总额72.75亿元,比2002年增长45%,其中基本建设形成的债务占82%。审计还发现,14所高校未将科研收入、收费、投资收益等6.16亿元作为收入管理,有的甚至滞留在所属单位坐收坐支。③2005年,山东省内高校贷款累计已达103.7亿元,如果再加上各高校在建校过程中拖欠的工程款、校内集资款,数量不下130亿元。如今高校是债务缠身,校长们如坐针毡,惶惶不可终日。④

2005年8月,张保庆称,目前高校贷款已达1000亿元。2005年12月21日,中国社会科学院发布的《社会蓝皮书》显示,目前中国公办高校的银行贷款为1500亿~2000亿元,有的高校贷款已高达10亿~20亿元。

大学严重的债务问题,从另一个方面提示了"教育产业化"的危险性。基于发展至上、效率优先这样的经济主义的单向思维,以及追求奢华、排场的攀比,大学的建设缺乏必要的价值支撑和制衡;同时,由于大学债务责任人的缺位,没有人真正为巨额债务负责,从而使大学扩张陷入非理性的局面。一些

---

① 江龙,周俊,王华.莫使高校重走国企老路.中国经济时报,2006-02-13
② 宫靖.江苏高校债务首遭审计,风光表面下面是沉重负债.新京报,2005-07-20
③ 李金华.关于2003年度中央预算执行和其他财政收支的审计工作报告.审计署网站,2004-06-24
④ 兰恒敏.高校扩招带来诸多问题 教授疾呼:高校扩招当放缓.经济导报,2005-10-03

大学已在亏损运行,连债务利息也无法偿还。大学的债务将有可能成为国有银行新的不良债务。沉重的债务将迫使高校进一步提高收费,将债务压力转嫁到学生和家长身上。

三、"择校热"和"转制"学校

义务教育和基础教育阶段炽烈的择校竞争,是当前民怨最大、社会反响最强烈的教育问题,也是认识"教育产业化"最典型的政策案例。应试教育、"转制"学校、"名校办民校"、教育乱收费和高收费,这几件似乎不同的事情之间有着深刻的联系,构成了基础教育阶段难以破除的魔障和怪圈。简单地说,由应试教育提供的单一升学率导向与两极分化的学校制度奠定了择校的价值和制度基础,而"转制"学校、"名校办民校"则挟"教育产业化"之风,将基础教育阶段的高收费和用金钱换取学额合法化、正常化、制度化,从而在价值、制度、政策几方面形成家长不得不就范的刚性机制。

1. 愈演愈烈的"择校热"

近20年来,"应试教育"屡禁不止、愈演愈烈,成为我国基础教育不治的痼疾。对此,人们经历了一个认识过程。在20世纪80年代,主要反思科举教育传统、望子成龙、唯有读书高的文化原因,强调改变刻板的教学方法,更新教育观念。在90年代初,人们逐渐认识到,如果高教毛入学率维持在2%~3%的低水平,那么无论如何转变观念,也不可能改变"千军万马过独木桥"的残酷的升学竞争。随着基础教育的逐渐普及,高等教育规模迅速扩大,教育在整体上已经脱离了50年代那样极其落后、短缺的状态,2005年,高等教育的毛入学率已经达到20%左右。然而,近年来的发展显示,中小学的教育非但没有出现预期的宽松,应试教育反而愈演愈烈,学生负担过重、健康水平下降等状况还在持续恶化。

应试教育在当下的新发展,或者说基础教育的畸形化的主要表现是炽烈的"择校热"。其特点,一是面特别广,已经从大中城市蔓延到了县城和农村地区。二是越来越低龄化,择校竞争层层下移,从高中下移到初中,进而下移到重点小学乃至重点幼儿园。三是小学阶段炽烈的"奥校热"、"考证热"。四是择校收费的面越来越大,择校费用和教育支出越来越高。愈演愈烈的"择校热"严重违反了义务教育阶段应当实行免费和就近入学的宗旨,极大地增加了中小学生的课业负担,损害了少年儿童的身心健康,加大了学校差距和阶层差距。

第三章 反思"教育产业化"

择校成为所有家长的噩梦,它催生了少年儿童的"考证热"和"奥数热"。当前中小学生严重的学业负担、升学压力,很大程度上是课堂教学之外、来自家长的择校压力造成的。为争取进入"优质学校",小学生必须在课堂之外学习"十八般武艺",参加各种补习班,考各种证书。其中尤以参加各种"奥林匹克数学学校"、"华罗庚数学学校"为最热。为获取进入重点初中的"敲门砖","奥数热"、"考证热"极大地扰乱了基础教育的氛围。

层层下压的升学压力,使得上小学,甚至幼儿园都需要"择校"。为在择校竞争中增加筹码,小学生被迫参加各种课外补习班。据东北师大附小王廷波对该校五年级 104 名学生的调查,被测学生共参加 338 个课外班,人均 3.25 个,每周平均 6.5 小时。[①] 一个极端的案例是南京市一位小学五年级的学生汤雯萱,竟然怀揣 44 份各种证书。[②] 为筛选优秀生源,一些享有特殊政策的重点学校竞相举办"奥林匹克数学学校"、"华罗庚数学学校"及各种补习班,将高难度的教学内容下放到小学的课外班,严重损害了少年儿童的成长环境和身心健康,助长了社会性的教育恐慌和"择校热"。

2005 年 9 月,国家英语等级考试(PETS)正在成为北京小学生的新战场,由于禁止了数学竞赛,(PETS)正在成为"小升初"择校竞争新的"敲门砖"。北京市有 5.3 万名 6~15 岁的中小学生参加了 PETS,是成人的两倍,其中小学生超过了 1 万人。据专家说,如果小学生三年级从 ABC 开始学英语,那么 3 年后可以勉强拿到 PETS 一级证书;让小学生去考 PETS 二级,只能用"荒谬"来形容。然而,仅在一个英语培训机构,就有 100 多名小学生报考 PETS 三级,相当于非英语专业大学本科毕业生的水平![③]

在重点学校内部,学生被再次分层。被重点照料的是少数"实验班"、"重点班"的学生。它也成为某些学校"寻租"的新财源。已经出现了这样的情况:重庆部分小学的"实验班"居然收取 6000~10 000 元的"择校费"![④]

2005 年 5 月,教育部下发《关于进一步推进义务教育均衡发展的若干意见》,明确指出:尽管近年来义务教育有新的发展,"但城乡之间、地区之间、学校之间的差距依然存在,在一些地方和有些方面还有扩大的趋势,成为义务教育发展中需要高度关注的问题"。《意见》要求各级教育行政部门采取有效

[①] 王廷波. 谁动了孩子的"奶酪"?. 中国教育报,2004-05-25
[②] 蔡玉高,王骏勇. 新华社南京 2004 年 2 月 9 日电
[③] 蒋昕捷,樊未晨. PEST 成为北京"小升初"考试新战场. 中国青年报,2005-11-24
[④] 鲁嫒,权义. 想上实验班先交 6000 元. 重庆时报,2005-06-11

措施遏制义务教育阶段择校之风,重申"坚持义务教育阶段公办学校免试就近入学,并采取切实措施加快推进义务教育均衡发展,加强依法治教力度,进一步规范办学行为,有效遏制义务教育阶段择校之风蔓延的势头。义务教育阶段公办学校不得举办或变相举办重点学校。具有优质教育资源的公办学校不得改为民办或以改制为名实行高收费"。①

2. 择校政策的形成和演变

"小升初"免试就近入学与"择校热"

"择校热"的形成,固然有唯学历的社会环境、独生子女和望子成龙的文化心态等多种原因,但主要是由于我国长期实行的中小学重点学校制度造成了学校之间的巨大差距,成为"择校热"的制度性因素和基本条件。

20世纪90年代中期,认识到重点学校加剧升学竞争,恶化基础教育的正常气氛,教育主管部门决定取消义务教育阶段的重点学校制度,取消小学升初中考试,"小升初"改为实行电脑派位,在规定的学区内就近入学,严令义务教育阶段禁止择校。1997年前后,各地纷纷采取了这一做法。这一制度的本意无疑是好的,但它能够得以实行的前提却是学校发展比较均衡。在多年实行重点学校制度、学校差距极大的现实中,遽然实行"电脑派位"制度并没有可行性。但凡有一点经济能力和社会关系的家长,都不会服从这种"听天由命"的选择,不甘孩子被随意"派"到数量更多的差校,家长不得不各找门路逃避"电脑派位",产生强大的择校需求。"电脑派位"便成为弱势人群没有选择的选择。据目前对北京市情况的了解,小学升初中通过"电脑派位"上学的不足一半,可以说已经"名存实亡"。

问题还在于,在实行了"小升初""电脑派位"、就近入学政策后,基础教育并没有努力推动缩小学校差距,而在继续扶持、制造重点,扩大学校差距,最突出的就是"示范性高中"政策。为推动普通高中的发展,1995年国家教委提出在全国建设1000所示范性高中的评定,据说,其初衷是为了吸引地方政府更多的教育投入。这一政策立即成为新一轮创建重点学校、拉大学校差距的强大动力。政府的工程也支持和助长了继续扩大差距的思路。2001年,教育部和国家计委以15亿元国债资金扶持优质高中扩建和改建。教育部在京直属高校的6所附中,每校平均投资5000万进行扩建,招生规模扩大了一

---

① 教育部.关于进一步推进义务教育均衡发展的若干意见.国家教育部网站 http://www.moe.edu.cn

倍。各地继续实行"劫贫济富"、锦上添花的重点学校政策,名目叫"实验校"、"示范校"、"星级学校"等等,致使产生择校的土壤非但未被削弱,反而更加严重。少数名校、强校和大片一般校、薄弱校并存的现实,构成了家长不得不择校、倾家荡产也要择校的刚性的制度性结构,并形成少数"名牌"学校的"寻租"空间和强大的利益机制。

这是一个很典型的政策案例:一个原本为增进公平的政策,由于不具备实施的条件,在实践中异变为催生择校、扩大学校差距的政策。应试教育与重点学校互为推动,基础教育进入了这样的恶性循环:单一价值和培养模式的应试教育、升学竞争导致对重点学校的择校需求,"择校热"导致学校差距继续拉大,学校差距过大又导致择校竞争和应试教育更为激烈,如此反复震荡。因此,"优质教育资源稀缺论"无法解释何以在高校入学瓶颈拓宽、中小学优质资源不断扩大之后,基础教育状况反而持续恶化。原因不仅仅是短缺,而是短缺与差距过大并存。

择校收费合法化和"名校办民校"

由于国家禁止义务教育阶段公办学校的择校行为,理论上它是不合法的,因此国家没有相应的规范加以管理、限制小学、初中阶段公立学校的高收费行为,如同高中择校"三限"那样。这使得一些名牌小学、初中的收费成为不受监管、十分混乱的"黑箱"和"黑洞"。其收费面之广,收费数额之高,都是令人咋舌的。为了逃避法律责任和财务检查,学校不仅普遍不开发票甚至不开收据,还出现了一种更为隐蔽的所谓"共建"的收费模式:学校不与家长直接发生金钱交易,而以与有关单位合作办学的名义,对方给学校提供一笔"建设费"。它在多数情况下就是学生家长交付的"择校费";在有些情况下则是权力部门的"公款消费",拨付给学校一笔公款,交换条件是录取几名本部门工作人员的子女。

这种交易必然是偷偷摸摸、见不得人的。社会上大规模地、名正言顺地收取择校费,是由于用金钱交换学额的做法被合法化,成为正式规则和制度。它有两个政策源头:一是90年代中期公办中小学"转制"的改革和"名校办民校",这些"转制"学校由于实行"民营机制"而可以合法地高收费。二是2000年国家通过"三限"的政策规范高中收费,从而将高中阶段择校收费合法化。它极大地激化了"择校热"。

公办中小学实行"转制",按民办机制运行,从1993年在个别省份试点,至今已在全国全面开花,在一些地方所占比例较大。天津市学校转制始于1992年,1995年后形成规模,1995、1996年度,每年增加50所左右"转制"学校,1999年已达117所,为全国公办学校改制之最。至1999年,北京的"转制"学校达35所,占民办中小学的51%。至2001年底,上海共有76所"转制"学校,占民办中小学的三分之一以上。①

公办中小学转制改革的政策依据来自以下文件:1994年国务院颁发的《关于〈中国教育改革和发展纲要〉的实施意见》指出:"企事业单位和其他社会力量按国家的法律和政策多渠道、多形式办学。有条件的地方,也可以实行'民办公助'、'公办民助'等形式。"1996年《全国教育事业"九五"计划和2010年发展规划》提出:"现有公办学校在条件具备时,也可以酌情转为'公办民助'学校或'民办公助'学校。"1997年原国家教委《关于规范当前义务教育阶段办学行为的若干原则意见》指出:"各地在义务教育阶段办学体制改革中,可依实际情况实行'公办民助'、'民办公助'、社会参与、举办民办学校等多种形式。"

各地实行公办学校转制的初衷,都是由于教育经费短缺,无力满足扩大初中、高中教育和改善薄弱学校的需求。早期的"转制"学校具有一定的实验性、探索性,其基本特征是"学校国有,校长承办,经费自筹,办学自主"。由于学校可以名正言顺地高收费,政府可以显著减轻教育支出,并快速地扩大教育资源,所以政府和学校都具有积极性。在实践中,这一政策逐渐发生了变化,即由"学校转制"变为所谓的"名校办民校"。以北京市为例,1998年前主要有三种"转制"学校形态:基础较好的学校转制、薄弱学校转制、新建学校转制。1998年后"转制"学校明显增多,且出现新的形态,主要是重点名牌学校举办"民办学校",即所谓的"名校办民校"。一些名校、重点学校利用初、高中分离的机会,兼并薄弱学校,举办初中改制校。

在这一过程中,大量原先重点学校的初中部成为实行高收费的"改制学校",或者什么也没有改,直接实行高收费。例如,2005年5月14日,中央电视台《焦点访谈》曝光南通市重点学校"名校办民校"问题。这些由国家公办学校投资、出人、出地方、出工资、出牌子举办的初中"民办学校",实际是没有

---

① 上海市教科院民办教育研究所.试论公立中小学转制政策的产生、效果与走向.教育发展研究B,2005(8)

任何改制的"翻牌学校"。南通中学和南通一中向每个学生收取 1.8 万元,南通中学一年招生 1200 人,就有 2000 万元左右的收入。"名校办民校"的做法大量发生在初中校,使属于义务教育的初中阶段的教育公平、教育的公益性受到最大的伤害,引起社会的强烈不满。

由此,用金钱购买学额成为具有合法性和正当性的社会规则。公办中小学以引进"民办机制"的名义,可以名正言顺、大言不惭地向家长说:"拿钱来!"不仅重点学校、"转制"学校这样做,许多普通学校也设置了各种"寻租"的条件和门槛。教育高收费、乱收费的风气大开,极大地异化了学校的教育价值和功能。

"优质学校"之间的生源竞争

由重点学校和"转制"学校构成的"优质学校"的生存机制,是通过高升学率实现高收费,通过优秀学生提高学校的"寻租"筹码。为此,不择手段地吸收、挖掘优秀生源,开展生源大战,成为"优质学校"竞争的主要法宝。择校竞争,究其本质其实是"优质学校"之间为一己私利开展的生源竞争,它们为追求自己的特殊利益而破坏了整个基础教育的正常气氛。

生源竞争的重要手段,是在低龄学童中开展培训教育,筛选优秀苗子。这是推动小学生"奥数热"、"考证热"走火入魔的实际动力。许多"奥数班"都是由重点学校直接或变相举办的,与培训市场结成"神圣同盟",教师在课堂上鼓励、介绍学生去读"奥数班",自己则在"奥数班"兼课。在小学生中开展高难度的学科知识培训,既无科学性可言,也是违反对未成年人进行保护的要求的,甚至是以牺牲青少年的健康和快乐,扼杀他们的学习兴趣和想象力、创造力为代价的。

生源竞争的另一手段,是以优惠条件吸引,甚至高价购买高分学生,以为学校"贴金",它被称为是"摘豌豆尖"的教育,是"撇油花"的教育。[1] 它突出显示了当前重点学校的反教育性。教育作为一门科学和艺术,真正高水平的教育家无不是治顽治劣,在改变"差生"上下工夫,主要通过教育家的优秀理念和卓有成效的教育效果塑造学校的声誉和品牌。而把最优秀的学生汇聚到一起,获得 100% 的升学率,算什么教育水平、教育质量?这正是目前一些财

---

[1] 一些城市重点学校甚至不惜代价挖农村的高分学生。见:谢念. 高中狂抢高分复读生"摘豌豆尖"现象凸显教育畸形竞争. 中国青年报,2004-08-30;黄博. 城市高中疯抢农村尖子生. 中国青年报,2004-08-20

大气粗的名校、重点学校并不令人尊重的原因。

择校政策的利益机制

某些政策虽然制定了,但得不到贯彻和执行(如纠正应试教育、限期取消择校),另一些政策,却在反对声中得以"顽强地"生长、发展,大成气候,其中必然有确定的制度性原因。因此,需要对这一政策的利益相关方——地方政府、学校、学生和家长——的利益得失进行考察,认识这一政策的利益机制和动力机制。

地方政府 地方政府是择校政策的主要推动者,其动机主要是扩大优质教育供给。从举办"转制"学校、改造薄弱校到以"名校办民校"为主,政府由于不但可以减少教育投入、扩大教育需求,而且可以借此吸纳大量资金,而成为最大的受益方。

如上海市某区的一所转制中学,未转制前,教育局每年要拨给学校500万元,转制之后,教育局只管职工的"四金"(养老、医疗保险等),每年大约75万元,学校每年还要上交教育局10%的学费收入并交纳校舍租金。该区共有30多所"转制"学校,按最保守的估计,如每校节约300万资金,教育局每年可省下9000万元。"如此庞大的资金,成为促进学校转制的重大动因。"而且,"经费总是短缺的,学校的改造是没有止境的,学校转制的动因就总是存在"。[①]

此外,"名校办民校"、择校政策还给官员带来明确的实际利益。首先,急功近利的短期政绩观,使得豪华高档的名牌学校成为地方政府看得见的政绩工程。其次,它成为政府官员子女接受"优质教育"的近水楼台。典型案例如前面提到过的河北省东光县办学条件最好的实验小学,按照"红头文件"规定,将招生对象确定为"县城内党政机关、事业单位在编干部职工子女",引致轩然大波。[②] 干部子弟在重点学校比例很高是一个普遍现象。再次,这些重点学校成为教育系统营利创收的财源,有些地方公然规定重点学校向地方财政定额上缴经费,视为地方一个财政来源。"效率优先"的发展观与巨大的现实利益造就政府推动择校政策的强大力量。

学校 重点学校和改制学校是这一政策的直接受益者,这些学校由于放

---

① 胡卫,唐晓杰主编.教育研究新视野:1995—2005.上海:上海人民出版社,2005.365
② 余智骁."特权学校"校长栽了.中国教育报,2005-07-04

开收费而获得了难以想象的巨额财富。普通学校和民办学校则是这一政策不同程度的利益受损者。由于择校政策造成学校差距的进一步拉大,使资源、生源、教师发生了有利于"优质学校"的流动,从而使普通学校更为弱势。实行"民办公助"、"国有民办"的"改制学校"享有公办和民办教育的双重优惠政策。由于不公平竞争,在"名校办民校"大成气候后,许多地方的民办学校陷入生源危机,出现大面积死亡。

学生和家长 教育好坏与否的最终评价,应当来自学生和家长。按照"总量—人均"的评价模式,择校政策有效地扩大了优质教育资源,缓解了社会对优质教育的需求。超越"总量—人均"模式,教育公平关注的是教育增长的成果是如何分配的。它有两个维度:一是在不同阶层、群体中受教育机会的分配是否公平,二是上学的经济负担是否合理或是否能够承受。

学习机会增量的分布,直接取决于不同的招生政策、收费标准。对义务教育阶段和高中教育应当分别而论。由于义务教育阶段国家是禁止择校的,所以除非是本学区有余额,否则用钱和权换取该学校的教育机会,或者扩大班额,都意味着对本学区儿童教育权利的伤害。由于"学区"的划分并不规范,以及其他政策原因,事实上在那些最重点的"优秀"小学,对多数学生都收取数万元的学费。

高中阶段的情况比较复杂,这从上述的情况可以看见,存在几种不同的分配方案:第一种是国家规定的"三限",将择校生的规模控制在可以允许的比例,例如20%。这应当说是相对公平的,至少有一种"程序公正"。第二种是各地很多学校采取划录取线的方式确定公费生和缴费生,低于分数线者按分交费。由于录取线是人为划定的,随意性很大,交费生比例往往达到50%以上,甚至70%、80%。这种大多数人都需要缴费上学的制度,显然是很不公正的。这一方案的敛钱动机相当明显。第三种是一些地方在改制、实行"公办民助"过程中,采取"不减少原有公费生指标"的做法。如原先招10个班,8个班公费,现在扩大到20个班了,还是8个班公费。这一做法表面上似乎没有降低本地学生的机会,实际上择校生比例从20%增加为60%,新增的机会完全没有用于改善本地学生的机会,意味着教育公平状况的恶化。

在可以用钱购买学习机会的规则下,也可以讨论不同类型学生的机会状况。学生如分为学力优秀、次优和不优三类,每种学生又分为家境贫富两类,则择校政策对优秀者影响较少,贫而次优者受损最大,因为付不起钱,而将机会相让与富而次优、富而不优者。学生的学习机会还包括本地学生和外地学生。目前,已经出现基础教育阶段跨城市、跨地区的大范围择校,既有农村富裕学生到县城上学,落后地区的富裕学生到大城市就学,也有大城市学生到周边的县中上学,以让孩子吃苦和磨炼。如何评价这一利益得失是个实际问题。在择校过程中,最直接侵犯教育公平的,是有权势者背景的"条子生"。许多重点学校校长反映,这是令他们最为头痛和难办的。而且,"条子生"呈增长的趋势。

评价学生的利益得失,还有一个重要维度是经济负担。由于高中普遍实行收费,对许多农村和西部地区贫困家庭接受高中教育造成极大压力,一些家庭为供养一个高中生即已经济破产,所谓的"因教返贫"。即便在城市家庭,承受3万元的高中择校费,对大多数家庭来说并非易事。这就是为什么有更多的人获得了教育机会,但他们并不满意,社会怨声载道的原因。

"择校热"中的"政府失灵"

无论是"应试教育"还是"择校热",政府主管部门的态度都是明确改变和禁止,发了许多文件。

1997年1月,国家教委发文要求规范当前义务教育阶段办学行为,文件明确提出"坚持义务教育'免收学费'、'就近入学'及'平等受教育'的原则。不得人为地加大校际间在办学条件、生源上的差距。义务教育阶段公办学校不得招收'择校生'和变相'择校生',对此应尽量做到一步到位,对一步到位实在有困难的也必须尽快限期到位"。国家教委甚至明确规定"义务教育阶段不设重点校、重点班、快慢班",要求"采取有力措施,用三年左右时间,在全国范围内使义务教育阶段免试、就近入学和不招'择校生'和变相'择校生'的原则能够全面贯彻落实"。① 事实上,教育主管部门几乎不断发出这样的禁令。如2002年教育部发出《通知》,规定不得出售、拍卖公办学校;教育质量较高的公办中小学和幼儿园不得改为民办或以改制为名高收费,坚决纠正公办中小学擅自举办实验班、特长班的做法,公办中小学原则上不办学科实验班、特长班,不得违规收费;高中招收"择校生"必须严格遵守"三限",即限分数、限人数、限钱数;严格控制高中复读班。② 值得探究的是,为什么这样一个政府明文禁止、群众反映强烈的重大教育行为,事实上没有得到有效的控

---

① 国家教育委员会.关于规范当前义务教育阶段办学行为的若干原则意见(教基[1997]1号)
② 刘万永.公办高中招收"择校生"有"三限".中国青年报,2003-07-11

制,反而愈演愈烈?

可以看到的直接原因,是教育公共政策自身的价值冲突和利益冲突。

取消或者减缓"择校热",关键在于逐渐缩小学校差距。然而,我们评比高中示范校,创办重点学校,评选星级学校等宏观政策仍然在推动学校差距的扩大。就在1997年国家教委的上述文件中,仍然没有摆脱对少数重点学校特殊对待的政策倾斜。如在禁止招收择校生的规定中,又规定经"严格审批,只允许少数义务教育阶段公办学校(含完全中学初中部)在近期招收'择校生'";在不设重点班、快慢班的规定中,也增加了"除省级教育行政部门批准的教改实验班外"的条件。[①] 这样做的后果,一是通过行政审批,将义务教育阶段的择校行为合法化;二是对少数重点学校网开一面,留下了一个政策缺口,终于导致择校行为一发而不可收拾,为照顾少数重点学校的特殊利益而"坏了一锅汤"。

为了发展初中教育和普通高中而进行的"转制"学校,发展出一批新的名牌学校,进一步刺激和推动了"择校热"。一方面,从"行政审批"授权到引入"民办机制",使在基础教育阶段用钱购买教育机会由少数特例变为普遍行为,成为一种"市场规则",为大多数家长参加这一游戏奠定了合法性基础。另一方面,在单一升学率取向下,"优质学校"数量的有限增加,对"择校热"具有一种带动效应。当只有1%的机会时,可能只有10%的自视有条件者参与竞争,但当机会扩大为5%、10%时,所有人都会加入这场竞争。这就是我们现在所看到的情况。

从20世纪80年代为改善办学条件和教师待遇,给政策不给钱,让学校经营创收、自谋生路,到90年代允许学校通过出卖学额的方式获得发展经费,直至90年代末通过"名校办民校"的改制大规模营利,有一个连续的发展过程,都是在政府许可下进行的,是"教育产业化"思路按逻辑的发展。对这一政策造成的负面效果,教育部开始是坚决反对和明文禁止,但给少数重点学校开口子;到后来面对义务教育阶段大规模的择校,初中的"翻牌学校",小学生的"奥数热"、"考证热"等乱相,虽然仍在发文,但并没有大张旗鼓地纠正、查处,也没有针锋相对地表态,给人的感受是一种"说不清"、"不好办"、若即若离或默认的态度。由此可以感受主管部门价值、立场的游移变化。一个实际原因是,择校产生的巨大经济利益使地方政府、教育主管部门和重点学

[①] 国家教育委员会.关于规范当前义务教育阶段办学行为的若干原则意见(教基[1997]1号)

校结成了利益共同体,形成了强有力的利益机制。它比教育规律、教育宗旨等更有效地影响了政府行为。

现在我们可以清晰地认识择校政策的形成:扩大优质教育资源、减轻政府负担、满足教育需求的现实压力,效率优先、缺乏公平价值的发展观,导致"优质学校"花钱买学额的政策;由于缺乏制度设计,缺乏社会参与、监督、制衡机制,教育资源短缺形成的巨大市场与陈旧落后的体制相接,在实践中产生强烈的寻租冲动,形成部门的特殊利益;它形成了政策性、制度性的路径依赖——为了保持教育系统已经获得的利益,保持教育的发展水平,必须继续推行这一政策。

支持择校政策的理论

(1) 公平与效率的矛盾。从现实功利的角度,择校收费、"转制"学校、"名校办民校"的合理性,被认为是弥补了公办教育经费的不足,扩大了教育资源,从而更大程度地满足了公众的教育需求。它在发展中遇到的问题和非难,被认为是公平和效率(发展)的矛盾。

按照"效率优先"、发展主义的思路,一些人持"先做大蛋糕,其他问题以后再说"的主张,认为教育的主要问题不是不公平,而是"不发展",只有做大"蛋糕"才有利于增进公平。无疑,总量和规模的增长一般而言具有增进社会民主化的趋势,但这并非无条件的。在中小学优质资源不断扩大的情况下,基础教育状况并没有出现人们所预期的改善,恰好说明数量的增长并非必然带来教育公平的增进或教育品质的改善。这就是说,发展并不能代替公平,除非明确地将公平视为发展的基本价值和目标。因此,问题并不是不要发展,而是如何在发展中保持公平,追求公平的发展。

我们说"择校热"明确地损害了教育公平,具体而言有三个层次的不公平。

首先,在普及和发展基础教育的过程中,政府将主要的精力和财力用于打造"优质学校",学校之间的差距被进一步拉大,择校和升学竞争向低龄化发展。这种"优质教育"成为需要"高价购买"的教育,因而是一种面向少数人的教育。由于相对更为公平的学力—能力标准已被打破,进入重点学校越来越成为家长社会资本和经济资本的较量。于是在教育的数量、规模得以大幅度增长时,社会优势阶层子女在"优质学校"的比重远远超过了其在社会人口结构中的分布,其中干部子女的比重尤为突出(详见本书第四章)。如果一个地区的好学校都变成高收费学校,那就意味着普通家庭的子女将无缘接受好的教育,从而形成教育两极分化的市场格局,使学生"起点的平等"不复存在。这违反的是第一层的"同一尺度的平等"。

其次,在单纯升学率导向的学校竞争中,"择校热"和巨额的择校费以及严重的教育乱收费等等,导致学校的培养目标模糊、教育品质变异、质量下降,从而使全体学生受损,这是一种过程的不平等。

再次,在管理制度的层面上,违反了营造公平竞争的市场秩序的政府职责,用倾斜政策扶持打造公办重点学校和"转制"学校,构成对民办教育的不平等。

(2) 教育消费和市场原则。支持择校的另一个理论,是泛化教育消费和市场原则。流行的说法是:"花钱买分数,愿打愿挨。"既然政府和学校缺钱,老百姓愿意花钱上学,两厢情愿,何乐而不为?这一说法是似是而非的。试问,学生家长不得不耗费巨资参与择校,究竟是其自愿的选择,还是被扩大学校差距的政策倒逼出来的"强大需求",正如强制拆迁政策所制造的旺盛的购房需求?

另一个说法比较直露,但更真实地反映了背后的价值观:国家允许一部分人先富起来,教育也应该"让一部分人先聪明起来"。这一部分人就是社会的先富者和优势阶层。此说的大谬之处就是将教育消费混同于普通的商品消费,完全失去了对教育公平的维护。由于基础教育,尤其是义务教育对于促进社会公平、保障社会协调稳定发展具有重要意义,是社会公平的基础,因而被视为一种公共产品,必须主要由政府来举办,这就是义务教育制度、公立学校制度的由来。在这种教育中,公平是第一要义,以保障处于社会不利地位人群的教育权利。因而,国家的经济政策可以"让一部分人先富起来",教育公共政策不能让这一部分人"先聪明起来",而必须保障社会不同阶层和群体"起点的平等"。

(3) 教育选择理论。比较令人困惑的是教育的"选择性"理论。基于自由的理念,教育应当满足不同人群多样化的教育需求,教育的多样性和选择性是现代教育的重要特征。在发达国家,这种多样性和选择性主要基于宗教、文化、教育特色等,而不完全是经济地位差距。先富阶层的教育需求应当满足而且可以满足,但这应当在教育市场上通过民办教育来实现。这也是发达国家的普遍事实。

这就是说,不能混淆公办教育与教育市场的不同功能。主要由政府用纳税人的钱举办的义务教育,是面向每一个纳税人,以保障平等的教育机会为第一要务的教育,它不应该被分成三六九等,成为凝固和生产社会差距的机制。教育部提出过"公办不择校、择校找民校、名校办民校"的说法,前两句话是正确的。公办学校应该追求公平和均衡化的发展,而不应成为主要满足少数人特殊需求的场所。有经济能力和特殊需求、不满足"吃大灶"的家长,应当自己花钱到教育市场去择校。

(4)办学体制改革的"杂交优势"。主张"转制"学校改革的主要理由之一是办学体制创新,认为"转制"学校把"民办"和"公助"、"国有"和"民办"两方面的优势有机地结合起来,"相对公办学校,国有民办学校具有民办学校的优势,相对民办学校,它又有公办学校的优势","不论学校改制的直接动因如何,其客观效果是使学校焕发了新的活力"。[1] 因而,"转制"学校、"名校办民校"通常被视为一种"优质资源"。有些"转制"学校确实进行过一些内部管理体制改革,如校长可自主聘任学校工作人员,打破分配制度上的"大锅饭",建立了利益激励机制,调动了教师的积极性。

然而,对"转制"学校的实证研究,总体上很难支持"杂交优势"的观点。校长们能讲出的变化,主要集中在学校的硬件改造和提高教师待遇方面。如在上海浦东新区的调查中,90.6%的教师认为转制后学校的办学条件有了进一步改善,69%的教师认为老师的积极性有了提高。"经费使用上稍微有些灵活,可以形成某些良性循环",但是,在真正需要改进的办学体制和教学模式方面变化并不大,许多人认为"和公办差不多","没有什么大的区别"。一位校长说:"我们是'转制'学校,国有民办,不属于民办学校。我这校长是国家任命的,我的基本经费是拨的,我的编制是教育局管的,我的干部调动是组织关系,干部享受国家待遇。我们的教师必须由教委人事处批才能进来。"具体调查显示,"转制"学校的招生名额是由政府分配的,学校校舍和场地由政府无偿提供,教师总体水平和工资收入水平与一般公办学校持平,与公办学校一起参加教育局安排的师资培训,课程设置与公办学校一样,学生的毕业考试成绩与一般公办学校持平,对学校重大事项的决定权在教育局和学校领导班子,学校没有董事会。对于"转制"学校的前途,一些校长含糊其辞,有的表示根本没有想过。[2]

---

[1] 韩呼生主编.基础教育办学体制改革新进展.上海:上海人民出版社,2005.104
[2] 胡卫,唐晓杰主编.教育研究新视野:1995—2005.上海:上海人民出版社,2005.357

简而言之,"转制"学校的灵活性,或者说是办学体制的优势主要体现在经费筹集和使用上,这也正是政府、学校热衷于转制的主要动机。强大的政府行为使转制学校的办学自主性十分有限,这其实也是民办学校的现实。办学特色、教学模式的多样化,并不是由教育经费决定的,而取决于政府对学校放松管制的行政改革,取决于学校是否具有办学的自主性。这样的目标在转制改革中并没有出现。

四、"独立学院"政策

在高等教育的发展中,与中小学"转制"学校、"名校办民校"同样性质的学校,是"独立学院"。只要了解对"名校办民校"的不同意见,就很容易理解围绕"独立学院"政策的争论。

1. 从"二级学院"到"独立学院"

20世纪90年代末我国高等教育数量的大规模扩张,主要是在原有公办普通高等教育系统内进行的,新兴的民办高校并没有承担重要的任务。由于公办高校资源原本不足,又需要急剧扩张,所以自发产生了一类新的高校。1995年,民办四川电影电视艺术进修学院与四川师范大学合作成立的四川师大影视学院,被视为我国最早的独立学院。

90年代末,在江、浙等地出现了众多国有民办二级学院。它是借助公办高校母体的品牌资源和教育资源,与社会资金结合,按民营机制运作的本科层次的高校。"二级学院"的举办形式多种多样,包括公司、企业与高校合作举办,政府与高校合作举办,公办高校与自己的校办企业合作举办,公办高校举办"校中校",公办高校举办"校外校"(在外租赁校园或与高职、高专合作),公办高校与民办高校合作,等等。其中公办高校与地方政府合作建设的,如浙江大学城市学院、宁波理工学院、北京师范大学珠海分校等比较规范,就其实际状态和性质而言,更接近于分校的模式。而那些既没有社会资金注入,也没有独立的校园和管理,只是高收费而已的"校中校",最为人诟病。由于二级学院招收的是低于高考录取分数而缴纳高额学费的学生,毕业时发放同样的毕业证书,因此,不难想象,可以用钱来换取高等教育机会,获得正规高校毕业文凭有多么旺盛的市场需求。

这一模式一直备受争议,教育主管部门也抱着允许实验的态度较长时间内没有表态。直到2003年5月,教育部正式发文予以倡导和规范,并命名为

"独立学院"。教育部颁发的《关于规范并加强普通高校以新的机制和模式试办独立学院管理的若干意见》,认为"独立学院是新形势下高等教育办学机制与模式的一项探索和创新,是更好更快扩大高等教育资源的一种有效途径,对今后我国高等教育的持续、健康发展具有重大的意义",并提出"积极支持、规范管理"的管理原则,要求独立学院要体现"民"、"独"、"新"的特色。所谓"民",即采用民办机制,按照国家关于民办高校的法规进行管理,新制定的《民办教育促进法实施条例》即有针对独立学院的专门条款。所谓"独",就是要做到六独立:独立校园、独立的教学管理、独立招生、独立颁发学历证书、独立财务核算、具有独立法人资格。其中比较重要的是"文凭独立",其毕业生所持文凭,必须在"××大学××分院"之后注明"独立学院"。所谓"新",即大胆改革创新。

在教育部发文肯定后,独立学院得到迅速发展。据 2005 年 7 月 15 日教育部最新公布的统计数据,全国 29 个省、自治区、直辖市共举办独立学院 294 所。其中,湖北最多,为 29 所,江苏、浙江分别为 26 所和 20 所。[①]

2. 对独立学院政策的讨论

教育部、地方政府和公办高校成为拥护和推动独立学院政策最积极的力量。

教育部和地方政府认可这一做法最主要的原因是,由于独立学院政策可以"在不增加和占用国家教育拨款的情况下,更快更好地扩大本科层次高等教育可利用资源",是"促进本科教育跨越式发展的战略选择",因而被视为一种"具有中国特色、富有发展活力、能够较好地适应我国高等教育现阶段发展特点的高等教育创新模式"。[②] 支持者认为这一政策既坚持了以公办高等教育为主体的原则,又体现了高等教育发展模式多元化、多样化的要求,是深化高校办学机制与模式改革的重大突破。独立学院具有灵活自主的办学机制、民营化的办学模式,既可以克服公办普通高校存在的弊端,其依托名校办学带来的教育理念、管理方法、教育资源和生源;又可以避免一些民办高校的薄弱环节,保证教育质量。

公办高等学校热衷于举办"独立学院",据分析有如下原因:一是可以通过收取远远高于办学平均成本的学费,或者占学费 20%～30%的"管理费",

---

[①] 教育部. 各省市地区独立学院名单(共 294 所). 中国教育报,2005-07-20
[②] 牟阳春. 独立学院——我国高等教育新一轮发展的历史性选择. 中国教育报,2004-04-02

增加办学经费。绝大多数高校举办独立学院主要是基于这一考虑。此外,可以通过举办独立学院完成政府下达的扩招指标,提高学校的规模效益,扩大学校影响。部分高校可以通过此举将并入的中专、高职学校升格为本科。也有部分高校希望通过独立学院的形式尝试新的办学机制,发展一些跨学科的、与市场联系密切的专业,等等。①

质疑和反对独立学院的意见主要来自民办教育界和教育理论界。他们将独立学院视为高教改革过程中的"怪胎"。其主要反对意见为:

(1) 公办高校举办独立学院,其营利动机十分明显,过度商业化等问题十分突出,有违公办教育的非营利性和教育的公益性。作为合作条件,公办母体高校通常要从学费中抽取30%或更高比例的"管理费",而投资方出资办学同样出于营利动机,也会从学费中抽取相当比例的"利润",这就使得单一靠学费维持运行的独立学院,在很多情况下只能以所收学费一半左右的经费用以办学,大大低于民办高校,很难保障健康运行和教育质量。而且人们质疑:公办高校和品牌是国有资源,如果尚有剩余的资源和能力,为什么不去扩大公办学校的培养规模,而去举办"民营"的独立学院?

(2) 独立学院政策有违公平竞争的原则,极大地挤压了民办高校的办学空间。这主要表现在文凭资格的授予上:独立学院不论办学条件如何,从一开始就可以获准举办本科层次教育;而民办高校被定位于高等职业教育,许多民办高校举办了十几年,但只能授专科文凭。至2005年10月,可授本科文凭的独立学院达295所,而能够颁发本科文凭资格的民办普通高等学校只有25所,构成对民办高校和部分高职高专院校明显的不公平竞争。这种不平等竞争造成"假民办"冲击了"真民办"的局面。国家为控制高等学校层次结构,有可能进一步限制专科院校"升本",一些民办高校为生存计不得不选择变身为独立学院,戴上"红帽子"。最后,民办高校有的垮台,有的被"收编"、同化,"假民办"扼杀了"真民办",失去了真正的办学体制多样化的生长环境。

(3) 民办高校普遍质疑独立学院可以扩大名牌高校"优质资源",可以出现新的办学理念和办学模式。这一方面是由于举办者具有极强的营利动机;

---

① 文东茅.独立学院的形成与发展.见:21世纪教育发展研究院.2005年:中国教育发展报告.北京:社会科学文献出版社,2006.185

另一方面,独立学院与民办高校一样,都是利用公办大学的剩余资源,没有一所公办高校会把最好的资源用于独立学院,也没有一所公办高校有志于将独立学院办成自己的竞争对手。这就是民办高校与独立学院的本质不同。

(4) 许多独立学院做不到真正"独立",也不愿意真正独立。现有的独立学院不少仍是"校中校",出现了名校品牌与民间资本"不结合"或"假结合"的现象,一些独立学院根本没有社会力量注入资金,一些独立学院用学生的学杂费注册公司以冒充合作者。事实上,独立学院大多并不认同自己的"民办"身份。

在独立学院内部,产权和责任不明晰的问题十分突出。母体学校、投资方和校长之间的动机、利益、追求各不相同,商业化的营利追求与办学的教育规律之间经常冲突,困扰着独立学院的走向和发展。

(5) 独立学院的大量出现,有可能影响其他类型高等教育的发展。一方面,由于独立学院分享了普通高校的师资、设备、场所等办学资源,会在一定程度上影响母体高校规模扩大和质量提高。而更严重的是,由于独立学院属于"第三批本科",不仅有学历文凭方面的优势,而且有相对于专科院校的招生优先权,会"挤占"纯民办高校以及公立高专、高职和成人高校的生源,使这些院校招生数量和质量都受到影响。

1977年之后,对个人教育权的歧视已基本取消,但在宏观体制、制度设计的层面,对民办教育的歧视仍然十分显著和根深蒂固。"公办—民办"教育的分治和不平等,被视为中国教育制度在"城—乡"二元、"重点—非重点"二元之外,另一个重要的二元结构。如同在基础教育领域一样,在高等教育发展路径上舍弃民办教育而选择"公办学校举办民办教育",而非发展民办高校来扩大高等教育资源,的确是一大"中国特色",它深刻地影响了中国教育的资源格局和品质。其主要后果,一是堵塞了民办教育的发展,扭曲了真正意义上的市场化导向的改革,取消了通过公平的教育竞争提供的教育服务的多样性和丰富性;二是强烈的营利性异化和损害了公办高校的教育质量、社会声誉和教育品质。

经常有人会以"择校热"和独立学院迅速发展,有效扩大教育规模,老百姓接受的事实说明这一政策的现实合理性,其所依据的就是"效率优先"的功利主义、经济主义思维。在这种逻辑中,做大就是好的,发展就是目的,为达目的可以不择手段。显然,这并不是科学的发展观和科学的思想方法。对于涉及国家和民族长远利益的重大制度安排,不能建立在这样简单的实用主义评价之上。因为路径可以产生依赖,手段可以异化目的。我们走过太多的弯路,有过太多的教训。

有一种意见认为,事实已经证明,与民办高校相比,独立学院能够更快地发展,因而更能满足社会和群众的需求。这一判断明显有欠公正,如同一个被捆绑的人与自由人的体育竞赛,其事实能够证明后者比前者的水平更高吗?如果解除垄断和取消歧视,给民办高校以同样的权利和发展机会,社会现实真的是现在这样的吗?

还有一种意见认为,民办学校是从自身利益出发反对独立学院的,应当站在民众的立场上评价是非,老百姓欢迎就是好的。这是一种简单化的民粹主义思维,放弃了知识分子理性思考和价值判断的责任。市场反映、市场需求在很多情况下并不能直接提供正确与否的价值判断,市场上劣币驱逐良币的情况屡见不鲜,假文凭的泛滥和巨大需求能够证明它的合理性吗?

还有一种说法:英雄不问来路,独立学院虽然"出身"不好,但能解决问题,可以通过规范、改造的方式"招安"、"归顺",纳入良性轨道。这一思维的局限性是高估了行政手段、行政能力,低估了市场、资本本身的力量和逻辑。独立学院能否真正独立?究竟是姓"公"还是姓"民"?独立学院是解决中国高等教育发展问题的根本之途,还是权宜之计?政府、投资方与合作者各有所求,有待时间的检验。

第四章

两种"教育市场化"

- 新公共管理的核心理念是改善公共治理，改变传统的资源配置方式和公共产品的提供方式。首先是打破垄断、解除管制、分权和下放权力，形成一种开放的、社会化的公共服务体系，促进社区和学校的活力。同时，引入和鼓励竞争，通过一个竞争性的机制，达到扩大供给、提高质量和效率的目的。
- 反观我国的"教育产业化"，政府治理模式的转变还没有真正提到重要的议事日程；如果说有变化的话，就是比以前更加强烈的行政化了，表现在政府对高校的直接微观控制和垄断教育资源这两方面。我们既没有推动公共行政改革、公共服务的社会化，也没有在推进高等学校自主权上有所作为。
- 近年来的教育发展，诸如一流大学建设、"独立学院"政策、大学城建设、高中示范校政策等等，多来自领导层的直接干预、主管部门的单一意志。在这个意义上，中国教育真正短缺的并不是经费，而是教育现代化的观念障碍和体制障碍。
- 在我国教育发展的现实中，发育出了"名校办民校"、"独立学院"这样奇异的变种。一些地方政府行为不是按照世界通例和市场机制的本义，通过开放教育，培植和发育民间市场，发展和壮大民办教育来"做大蛋糕"，满足社会多样化的不同需求，而是在垄断教育资源的前提下，限制民办教育，同时通过公办学校的商业化、举办"假民办"去发展教育产业，扩大教育资源，这与真正意义上的市场化改革相去何其远也！
- 事实上，如果政府不放权、不向学校赋权，就不可能出现"新型的"政校关系和现代学校的法人治理结构。

20世纪90年代以来,教育产业化、市场化的发展,一方面受到政府财政经费投入不足的现实压力,另一方面又受到市场力量的强大拉动,它也在某种程度上受到发达国家新自由主义、新公共管理等思潮的影响。这一世界性的改革潮流具有一些共性特点,如削减公共开支、减少国家干预、改变由国营部门提供公共产品的单一方式、强调市场价值、通过市场竞争以提高效率等等。这似乎与中国的教育产业化有某些相似之处,这些外来理论也被方便地借用来支持中国公共部门的市场化改革。

在信息社会、经济一体化的时代,中国各种问题都具有了某种国际环境和国际背景,可以从国际经验中得到有益的借鉴。同样值得注意的是,中国与西方发达国家面临的问题往往形似而实不同,甚至背景、前提、语境完全不同,这是借用西方理论解释和认识中国问题的症结所在,经常是一道难以逾越的门槛。问题还在于,我们对外部世界的认知,信息的完整性始终是有问题的,既有变形失真的不得要领,也有指东说西的各取所需。为便于讨论,不避累赘简要介绍一下西方国家的有关理论和实践。

一、西方国家的新公共管理运动

上世纪70年代起在西方国家公共行政领域进行的改革运动,在英国叫"管理主义",在美国称为"企业家的政府"或"新公共管理",在有些国家称为"市场导向型公共行政"等等,但它们都具有大体相同的特征。新公共管理改革的背景是,在全球化和知识经济时代国际竞争中,国家、市场力量的消长变化,为维持和提高国家在世界市场的竞争力,国家必须改变官僚化的公共行政,革新公共部门和公共管理。这一变革以制度经济学和私营企业管理的理论、方法为基础,企图改变在工业化早期形成的、建立在韦伯科层制基础之上的官僚主义的传统管理,以"重塑政府",建立一种重视公共服务的效率、管理绩效、市场导向型的公共行政。

研究者认为,20世纪七八十年代以来在西方国家开始出现的对市场的回归,政府权力、职能和责任的退却,使得重新界定国家和市场之间的边界,成为20世纪重大的思想和政治交锋。较之以往,各国政府都在追求计划得更少,占有得更少,管理得更少,"其核心结果是政府的概念从所有者和经济活动的直接管理人向监管人和规则制定人的转变"。如西方国家近些年来开展的政府革新运动,包括英国的"公民宪章运动"、加拿大的"公共服务2000计划"、澳大利亚的"公共服务改革法案"、法国的"行政现代化政策"、德国的"新领航行政模式"、瑞士和奥地利的"新公共管理运动"、新西兰的"迈向2010年之路"等等。①

归纳研究者对新公共管理的理念的不同表述,其基本特征包括:

(1) 重新定位政府职能及其与社会的关系,改变传统的政府高高在上、"自我服务"的官僚机构定位,建立类似企业与顾客的关系,建设"服务型"的政府。

(2) 重视政府活动、公共服务的效率和质量,改变传统的只计投入、不计产出的管理,重视政府活动的产出和结果。

(3) 改变传统公共行政重遵守既定法律法规,轻绩效测定和评估的做法,主张放松行政规制,实现绩效目标控制,提出"三 E"——经济(economy)、效率(efficiency)和效果(effect)——的评价指标。

(4) 政府广泛采用私营部门成功的管理方法和手段(如成本—效益分析、全面质量管理、目标管理等)以及竞争机制,取消公共服务供给的垄断性。

(5) 改革传统的文官与政务官的关系,正视行政所具有的政治色彩,重视文官与政务官之间密切的互动关系,强调文官参与政策的制定过程,并承担相应的责任。

(6) 改变传统公共行政热衷于扩展政府干预、扩大公共部门规模的状况;主张对某些公营部门实行私有化,让更多的私营部门参与公共服务的供给,即通过扩大对私人市场的利用以替代政府公共部门。

(7) 重视人力资源管理。②

奥斯本和盖布勒在《改革政府》一书中提出的"企业化政府"的"十大特

---

① 戴晓霞,莫家豪,谢安邦主编.高等教育市场化.北京:北京大学出版社,2004
② 金太军.新公共管理:当代西方公共行政的新趋势.国外社会科学,1999(5)

征",对新公共管理的理念和实践的描述更为翔实:

(1) 起催化作用的政府:政府掌舵而不是划桨,不是简单地提供公共服务,而是促使公营、私人和有关部门行动起来解决自己社区的问题。

(2) 社区拥有的政府:将控制权从官僚机构转移到社区,从而授权给公民。

(3) 竞争性政府:把竞争机制注入到提供服务中去,促进在服务提供者之间展开竞争。

(4) 有使命的政府:改变照章办事的成习,行为的动力不是来自规章条文,而是来自自己的目标和使命。

(5) 讲究效果的政府:衡量各部门的实绩,把焦点放在后果而不是投入上。

(6) 为顾客服务的政府:把服务的对象重新界定为顾客,而不是满足官僚政治的需要;让顾客在各种服务中有所选择。

(7) 有事业心的政府:有收益而不浪费。

(8) 有预见的政府:预防而不是治疗,不是在问题成堆后才来提供服务。

(9) 分权的政府:从等级制到下放权力,积极采取参与式的管理。

(10) 以市场为导向的政府:通过市场力量进行变革,宁可要市场机制而不是官僚主义机制。①

在美国的改革,基本内容是精简政府机构、裁减政府雇员、放松管制、引入竞争机制以及推行绩效管理,坚持顾客导向、结果控制、简化程序和"一削到底"的原则,目标是创造一个少花钱多办事的政府。欧洲国家的改革,也是通过放松管制、分权、私有化、削减预算、裁员和文官制度改革、鼓励公民及社区积极参加公共事务管理活动、引入商业管理模式及市场机制等,改善政府组织的运作,提高行政效率与效能。②

我国学者周志忍将新公共管理的基本内容归纳为三个方面:一是社会、市场管理与政府职能的优化,包括非国有化、自由化、压缩式管理等。二是社会力量的利用和公共服务社会化,包括政府业务合同出租,打破政府垄断,建立政府部门与私营企业的伙伴关系,公共服务社会化等。三是政府部门内部的管理体制改革,包括建立与完善信息系统,分权与权力下放,部门内部的组

---

① [美]戴维·奥斯本,特德·盖布勒.改革政府:企业精神如何改革着政府.上海:上海译文出版社,1996.21
② 金太军.新公共管理:当代西方公共行政的新趋势.国外社会科学,1999(5)

织结构改革,公共人事制度改革,提高服务质量以及改善公共机构形象,公共行政传统规范与工商企业管理方法的融合等内容。①

有的西方学者将新公共管理的尝试归纳为四种模式:效率驱动模式、小型化与分权模式、追求卓越模式、公共服务取向模式。

新公共管理的理论和实践仍在发展之中。对以新自由主义为哲学基础的新公共管理改革的主要批评主要集中在三个方面:一是偏离公共管理的目标,即公共部门的价值追求首先不是绩效、经济利益,而是社会的整体利益。不恰当的"顾客"隐喻,可能无法全面理解公民角色,使公民与政府之间的关系不健全、角色错乱。过分强调对效率和工具理性的追求,会使公共行政无力反省公共管理担当和捍卫保证公民平等、公正、民主、自由等价值和权利的根本目的,也无法实现提升公民道德水准的使命。二是忽视了公共部门与私人部门的本质差别。政府行政部门与私人企业是"根本不同的两种组织机构",在政府行政体系及其运行机制中可以引进"企业家精神",但决不能使政府等同于企业。三是不适当地用经济学的眼光看待公共服务的供给,对"市场价值"和市场机制的过分崇拜,容易忽略市场本身的缺陷。此外,也有关于政府放弃公共服务职能,逃避提供社会福利的责任的批评。②

二、西方国家的"高等教育市场化"改革

高等教育是西方国家新公共管理改革的一个重要领域。20世纪90年代,世界银行、经济合作与发展组织(OECD)等均发表意见,主张高等教育多样化的发展,国家(政府)不应"专营"高等教育,应积极鼓励私人和非政府的办学模式,多渠道筹集资金。1998年,OECD发表《重整高等教育》报告,对高等教育市场化下的定义是:"把市场机制引入高等教育中,使高等教育运营至少具有如下一个显著的市场特征:竞争、选择、价格、分散决策、金钱刺激等。它排除绝对的传统公有化和绝对的私有化。"③报告指出高等教育应当进行政府治理模式的变革,通过下放权力,"还政于高等院校",赋予高校"自主性",政府对高等学校的管理应从"微观控制"转为"宏观调控"。一个重

---

① 周志忍.公共部门质量管理:新世纪的新趋势.国家行政学院学报,2000(2)
② 陈振明.评西方的"新公共管理"范式.中国社会科学,2000(6);张成福.公共行政的管理主义:反思与批判.中国人民大学学报,2001(1)
③ 李盛兵.高等教育市场化:欧洲观点.高等教育研究,2000(4)

要的背景是：高等教育正在超越以往"精英教育"的阶段，进入所谓"平等主义"的发展模式；世界范围内的教育竞争要求提升高校学生的"全球竞争力"，而政府财政却越来越难以支撑高等教育的沉重负担。由此，市场的理念、市场机制和市场力量被越来越多地引入，正在改变高等教育的面貌。

20世纪80年代以来，欧洲国家高等教育的市场化改革有三个主要方面的内容：(1)减少国家(政府)对高等教育经费投资的比例，增加非政府(市场、个人或家庭)对高等教育的投资。(2)强化高等教育与私有经济部门的联系，加强大学与工商界的联系。(3)加强私立(民办)高等教育机构扮演的角色。评价教育市场化的主要指标包括：自负盈亏原则，教育市场的兴起，国家提供角色的减少，采纳市场管理原则，市场主导课程，院校创收，内部竞争，强调效益等。[①]

高等学校与国家(政府)的关系正在转变。美国高等教育研究专家伯顿·克拉克提出著名的"高等教育协调三角"模式，认为国家权威、学术寡头、市场这样三种力量在同时影响着高等教育，不同国家高等教育的发展对这三种力量各有偏向，但都处于调整之中。[②]

高等教育通过市场化来配置资源、调整结构，自有其必要性和价值。但是，高等教育市场化并非纯粹市场化，"建立市场机制，并非等同于实行自由市场"。围绕高等教育的市场化，事实上出现了两个逻辑：一方面，如香港学者卢乃桂认为："从本质上来讲，'市场化'就是国家通过在公共部门引入市场因素，把原本由国家承担的责任，转移到'非国有'部门，又或者改变国家参与公共服务的性质。这样，教育市场化，就可以理解为运用'私有领域'或者'市场'的理念、原则和做法，来营运作为公共事业的教育，以令其提供的服务更适应市场的需要。"[③]另一方面，"要想通过市场机制增强高等教育的竞争性和选择性，提高大学的办学效率和效益，就必须扩大学校的自主权，维护大学的自主性，减少对大学行为的控制"，[④]即使大学成为市场的主体。因而，这一过程必然围绕着大学自主性的恢复、重建，学术权力与市场力量的平衡来展开，而不致使大学或者为行政和政治所驱使，或者简单地"蜕化为市场的奴仆"。

---

① 戴晓霞，莫家豪，谢安邦主编.高等教育市场化.北京：北京大学出版社,2004
② [美]伯顿·克拉克.高等教育系统.杭州：杭州大学出版社,1993.156
③ 卢乃桂，操太圣.中国改革情境中的全球化：中国高等教育市场化现象透析.北京大学教育评论,2003(2)
④ 戴晓霞，莫家豪，谢安邦主编.高等教育市场化.北京：北京大学出版社,2004

具体来说,一些国家和地区政府对高等教育管理的改变包括:

(1)削减高等教育经费,促进教育经费来源的多样化。从20世纪80年代起,英国撒切尔保守党政府大幅减少大学拨款,影响到其他欧洲国家以及日本、新加坡、香港等许多国家和地区的高等教育财政政策。欧洲国家开始改变免费高等教育的传统,收取和提高学费;联合国教科文(UNESCO)等国际组织也大力提倡高教经费多元化。

撒切尔政府上台后,对高教市场化改革的第一个步骤是撤销对欧共体以外所有大学生的公共补贴;此后一年,削减政府高教拨款15%。1988年通过的《教育改革法》和1992年通过的《高等教育改革法》,则更是明确要求英国教育转向"完全面向市场的体制"。其短期效果是,与80年代初相比,如今英国高校的生均费用下降了40%;与此同时,欧共体以外的学生学费却涨了20%。学费收入已达到了整个教学成本的30%。20年前,大学中大约四分之三的教师属于终身制,现在大多数新教师的聘期平均不超过两年。科学计量学研究表明,高校教学与科研的产出都增长了。

由于沉重的财政压力,20世纪80年代初,澳大利亚政府不得不决定采用市场机制推动高教发展的政策,作为澳大利亚公共部门改革计划的一部分。1987年,联邦政府绿皮书《高等教育:一份政策辩论报告》和白皮书《高等教育:一份政策报告》,写入了私有化、受益者付钱(user pays)、为顾客服务、竞争等这些教育市场化的原则和概念。其具体措施是:① 大学开始收取学费。从1997年起,澳大利亚大学学费已在OECD国家中为最高。② 政府鼓励私人资本投入教育,鼓励私立高等学校,目前私立高校学生已占全国在校生的约30%。③ 把吸引海外留学生的全费教育市场作为其重要产业。从1990年起,政府撤销了对留学生市场的管制,允许大学自行直接去招收留学生,自己定价和收费,且不会影响政府拨款。④ 政府削减高等教育拨款。随着教育市场化的推行,从1983年到1993年,政府拨款在高教总经费中的比例由91%降到62%。占主流的意见认定:"为了实现大学更高的办学效率和适应性,公立高等教育的私有化和引入市场机制已经成为近十多年来澳大利亚高教政策的基本特征。"①

(2)解除管制、消除垄断。减少政府对大学财务、人事、课程等的管制,实行"松绑",将权力下放到学校,通过大幅度提高大学的自主性和自我负责

---

① 蒋国华.西方教育市场化:理论、政策与实践.全球教育展望,2001(9)

态度来强化其弹性和适应性。1991年日本颁布《解除大学管制法》,以自由、弹性、个别化、绩效责任等取代干预和管制。新加坡政府取消禁止私立大学与公立大学竞争的规定,增加高校之间的竞争。新加坡与美国宾州大学商学院合作成立一所新大学——新加坡管理大学,与国立新加坡大学、南洋理工大学竞争。

(3) 促进大学的私有化(民营化)。典型如日本改革国立高等学校制度。日本 2003 年有公立大学 99 所,地方公立大学 76 所,私立大学 526 所。2004 年通过《国立大学法人法》,将传统由文部省管理的国立大学改为"独立大学法人"。新的法人制度的主要内容是:大学脱离公务员系统成为独立法人,实现自主经营;引进民营机构管理理念,成立董事会等体制,设立"经营协议会"筹划资源利用;引进校外人士、专家任董事,参与校长考核委员会;建立有别于公务员的新的人事体制,实行工薪与能力、绩效挂钩,允许教师兼职,强化产学研结合,赋予校长全面人事管理权;引进"第三者评议机制",实行"后检查制度",公开评价结果,反映到资源分配中。①

三、西方国家的择校和公立学校改革

西方国家基础教育阶段的改革,主题词是学校自治、教育自由、择校、校本管理等等。仅就择校改革而言,了解越多,越感与中国的差异之大,问题、动力、机制、政策取向、操作过程可以说完全不同,解决的几乎不是同一个问题。认识到这一差异,的确有利于我们认识中国择校现象的问题所在。

1. 日、美、英、新西兰、澳大利亚等国的择校改革

日本

日本从 1995 年开始在东京的一些地区试行择校。日本和欧美国家的情况相似,其择校改革是在成熟的公立教育制度中出现的,学校发展的过于均衡和强大的政府控制,致使公立学校雷同、教育质量和效率不高、缺乏特色和活力,导致家长和社会的不满。日本公立学校由于缺乏活力,普遍存在学生虐待与受虐、旷课逃学、成绩低下等"教育荒废"问题。择校改革是以促进竞争、改善教育品质、增加公立学校的吸引力为主要诉求的。这与中国为解决经费不足而面向社会、家长筹集教育资源的初衷完全不同。

---

① 苏海河. 从明年4月起日本国立大学将改为独立大学法人. 中国青年报,2003-09-16

由于政府既没有营利的需求和动机,又明确地以教育公平为己任,而教育机会平等已经大面积实现,因此日本的择校改革的目标比较单纯和清晰,其价值是"教育自由化"和"尊重个性的教育",就是追求学校的个性和特色,满足不同家长和学生的多样化需求。日本学界经过激烈讨论,认为学生、家长择校的三种理由是:① 特色学校的魅力;② 安全性、交通便利等;③ 学校的升学率高。认为如果以高升学率为选择基准,就会造成"学校的序列化"(学校分化和差距拉大)、"升学竞争的低龄化",从而导致教育机会的不平等。如研究者所言:"学校选择制度的真正目的在于促使第一种选择的增加,从而带动一系列促使学校活性化的改革变化,也促使民众对教育选择的价值观念从现有的以升学为主的一元价值向个性尊重与最适合教育的多元价值的追求转变。"①

明确意识到择校可能造成教育机会不平等的危险,其择校政策的操作、实施过程也完全不同。日本在东京部分学区进行的不同模式的择校改革是非常谨慎的。日本实行的是每学区一所学校、指定入学的政策,家长完全没有选择性;实行改革之后,家长可以提出适当的理由跨学区选择学校,这些理由包括:上学距离的原因、居住地变更、家庭环境的原因(单亲家庭或双职工家庭)、兄妹关系(希望兄妹在同一学校)、学区调整的原因、教育方面的考虑等。② 择校过程不但没有任何经费等经济问题,而且以升学率为由的择校理由是不被接受的。此后,要不断评价改革地区是否出现"学校的序列化"、"升学竞争的低龄化"问题,修正和完善政策。

美国

研究者认为,美国公立教育的改革有两个不同的方向,第一种是传统意义的改革,包括:(1)增加资金投入,改善办学条件、教师待遇。然而实践表明,只有在学校资源差距巨大的情况下,增加投入对于提高学生成绩才有实效。在美国的现实中,公立学校质量低下与资金不足并无必然联系,猛掏公众"腰包"无助于提高教育质量。(2)加强学校管理,在课程、教材、教学方法、教师资格认证、绩效责任制等方面改善学校教育。这被视为是在传统科层制管理中的改良,它会产生一些效果,但并不能显著改善学校状况。由于强化了科层制管理,它还会产生一些不良后果。

---

① 翁文艳.教育公平与学校选择制度.北京:北京师范大学出版社,2003.128
② 翁文艳.教育公平与学校选择制度.北京:北京师范大学出版社,2003.136

第四章 两种"教育市场化"

第二种是新形式的改革,它有两个比较重要的方面,即实行"校本管理"和"择校"改革。20世纪70年代之后,在夏威夷州和芝加哥、佛罗里达州的达德县、纽约市的罗彻斯特学区进行的"校本管理"计划,主要做法是各州和学区制订宏观政策,学校拥有代理权和财政权,可以自主决策——当然,重大决策需要听取教师和家长以及学生和社区成员的意见;学区和各州的教育官员根据承诺的业绩进行评价。其实质是在科层制下的分权制,通过下放权力和学校自治,使校长、教师和其他处于较低层级的人员都参与到学校管理中来。它比集权制更有效地提高了学校的效率。芝加哥市1988年之后通过法案,实行校本管理机制来增强家长的权利,作为对州政府调控作用的补充。要求每所学校都由地方校委会管理,校委会经选举产生,大部分由家长和社区代表组成,具有解聘校长、确定预算重点和制订课程重心的权力。

80年代末期,择校成为美国公立学校制度改革的重要主题。"择校运动"起初被视为与公共教育私有化、资助宗教学校等问题相关;现在人们普遍认为它改变的主要是公共教育的结构和工作效率,而不是改变公立学校的公共性质;在实施过程中,它成为反对种族歧视的有力武器。因而,择校方案获得公众的广泛支持,如据《第十九次关于公众对公立学校的态度的年度调查》,在1987年,有71%的公众认为家长应该有权力为孩子选择学校。[①]

择校改革的市场化特征表现在它是以消费者需求为指向的。方案是在各学区开办一所或更多的备选学校(alternative schools),以满足不同人群的教育需求,如辍学学生、天才学生、需要特殊辅导的学生等等,学生可以选择或被分流到备选学校学习。在一些少数族裔聚居的学区,建立了"磁石学校",这些学校接受特殊的补助,通过开办特殊的教育项目和课程以吸引本学区的学生,为少数族裔的孩子提供他们所需要的教育。调查显示实行择校方案的学校更为自由、专业化和更有凝聚力,学生缺勤率和辍学率较低,学习成绩上升。

上述的择校方案是针对少数需要特别关注的学生的,大多数教师、家长和学生并没有择校的机会。而在明尼苏达州、马萨诸塞州剑桥学区开展的改革允许中小学生到所在学区以外的学校入学,从而使每一所学校都成为备选对象。学区建立"家长信息中心",调查每一所学校的特点,向家长了解学生

---

① [美]约翰·E·丘伯,泰力·M·默著,蒋衡等译.政治、市场和学校.北京:教育科学出版社,2003.207

的个别需要,为申请上学提供便利。家长和学生可以按层次选择 4 所学校,教育官员有责任安排学生入学,维护学区内的种族平衡。实施的结果是,种族不平衡的老问题得到解决,学生成绩提高,好学校和差学校之间的差距逐渐缩小,公立学校的入学率逐渐上升。而且,由于各校开办了各具特色的教学项目,因此并没有出现所有学生都想进同一所学校的情况。

更深入的改革是在纽约曼哈顿第四学区。由于该学区特殊的人群构成——几乎所有学生都是少数族裔,80%的学生家庭为低收入水平,半数以上为单亲家庭——公立教育质量低下,公立学校体制岌岌可危。从 1974 年开始,学区实行以放权为核心的激进改革,鼓励有思想、有干劲的教师提出各种办学计划并建立自己的学校,出现了具有不同理念、哲学和教育项目的许多新学校,它们拥有实际的办学自主权。从一些初中学校的名字就可以看到该学区在教育创新和多元化改革方面取得的成效:东哈莱姆职业学院、东哈莱姆海洋学院、创新性学习社区、环境科学学院、表演艺术学校、音乐学校、牛顿数学和科学学校、媒体艺术和计算机科学技术学院、双语学校、科学和人文学校等等。虽然学校有招生自主权,家长、学生可自由择校,但学区可根据其办学特点和生源状况在校方与学生之间协调,如学校招不到足够学生,学区有权勒令他们停止办学。高度的放权、办学自主权和自由择校没有造成人们所担心的秩序混乱和不公平,而使该学区的公立教育恢复了生机。1973 年,该学区只有 15.9% 的学生能够阅读或刚刚达到启蒙水平;到 1987 年,已经有62.6%的学生能达到这一水平。①

自 90 年代以来,家长择校、更大程度的学校自治、共享决策等被视为公共教育重建的重要措施,促成了"特许学校"政策。各州关于特许学校的目标、解释和实施有很大不同,有的侧重教学改革,有的侧重社区参与,有的侧重满足问题学生的需求。但在学校自治上却是共同的。至 1996 年,有 25 个州批准了特许学校改革计划,全美国有 200 多所学校被授予特许状。协议或"特许状"是举办者与学区或州政府之间拟订的,学校被授予涉及预算、人事、课程等方面的决策权,交换条件是学校要达到协议要求的绩效责任。

另一方面,是实行"学券制"(vouchers,又称教育券制、教育凭证制)的改革。"教育券"是由美国自由主义经济学家弗里德曼提出的,即政府以学券的

---

① [美]约翰·E·丘伯,泰力·M·默著,蒋衡等译.政治、市场和学校.北京:教育科学出版社,2003.第 6 章

形式给家长提供一定的资助,让他们支付自主选择的公立或私立学校的学费。它被视为是构建新型公共教育体系的关键,在世界范围内产生很大的影响。它最初却是由左翼的社会民主人士提出的,把市场作为解决穷人获得公平教育机会的方法。[①] 由于它会给公立学校教育造成严重的后果,且在一些州和学区开展的实验多以失败告终而未获推行。

英国

从资料看,英国20世纪70年代以来的公共教育改革也是以打破地方政府对公立教育的垄断为特征的。撒切尔夫人上台后不久颁布的《1980年教育法》,即包含了促进家长择校的措施,其中之一是资助学额计划,即向学习优秀的贫困家庭学生提供公款资助,使他们能够进入学术型的私立学校。它被视为迈向新自由主义改革的第一步。《1986年教育法》则对公立学校董事会进行改革,撤换地方教育当局成员,增加家长和商业界的代表。英国《1988年教育改革法》规定实现开放入学政策,规定中小学的标准人数,确定每一所学校的招生最高限额,在没有达到最高限额时,学校不得拒绝家长的入学申请。同时,政府建立起一批完全不受地方教育当局影响的新型公立学校。随后,《1988年教育改革法》允许公立学校在家长无记名投票后选择脱离地方教育当局,成为由中央直接资助的拨款公立学校,并赋予它更多的自主权。《1993年教育法》的主旋律是向学校、家长和社区赋权。保守党政府甚至提出通过立法使所有学校成为拨款公立学校或废除地方教育当局的想法,希望所有公立学校都能成为自由的自治学校。[②]

新西兰

新西兰的情况与英国类似。1989年开始的"新公共管理"改革,主要内容是向学校放权、家长自由择校和促进学校类型的多样化。中央政府和地区教育委员会将预算分配、职工聘用、教育成就的职责下放到每一所学校,学校成立主要由家长组成的董事会。已有9%的学校参与了"整体资助"或"直接资助"计划,即将包括教师工资在内的100%的经费拨给学校。

澳大利亚

澳大利亚教育改革的主要内容是放权、选择和多样化:以法人原则重建

---

① [美]约翰·E·丘伯,泰力·M·默著,蒋衡等译.政治、市场和学校.北京:教育科学出版社,2003.228
② [英]杰夫·惠迪,萨利·鲍尔,大卫·哈尔平著,马忠虎译.教育中的放权与择校:学校、政府和市场.北京:教育科学出版社,2003.24

学校管理制度,解除招生方面的学区限制以促进学校竞争,创建新型学校,引入特色化教育。作为"领头羊"的维多利亚州,到1992年末,所有学校都由学校委员会管理,拥有除教师工资以外的所有预算权。此后,该州几乎所有学校都参加到了学校放权实验项目中,致使撤销了所有中层教育管理机构,州教育部只保留了原有规模的四分之一。

2. 择校对教育公平的影响

两种公平

通过与西方国家的比较,可以清楚地认识在不同的教育发展阶段择校与教育公平的关系,以及它们所面对的具体问题。

存在两种不同的教育公平:"同一尺度"的公平和"多元尺度"的公平。教育机会平等作为"起点的平等",是实现教育公平的第一道门槛,是各种意义的公平概念中最基本的"同一尺度"的平等,即作为基本人权的平等,一视同仁地对待所有人。在实现"同一尺度"公平的过程中,可以看到两种不同的推进模式。美国主要通过补偿政策,对少数民族等处于不利地位的家庭和学生实行强制性的倾斜政策;而日本由于没有美国那样突出的多元民族文化的特性,主要通过教育规模、能力的扩大推进教育公平。路径虽有不同,但都是主要以政府力量去实现教育公平的。

在我国当前的社会发展中,追求"同一尺度"的公平仍然是维护教育公平最基本的内容,也是教育公平的底线。中国的社会经济差距、地区差距、阶层差距之大,社会的"异质化"和分化程度,与美国的类型更相似。在事实上存在巨大差距的情况下,贯彻"同一尺度"的平等,必须采取"补偿性"原则,主要通过政府转移支付之类的倾斜性政策,保障处于弱势地位家庭和学生的教育机会。通过缩小差距,实现义务教育、基础教育均衡化。

只有在"起点的平等"、"同一尺度"的平等基本实现之后,教育公共政策才能转向主要追求基于自由和个性发展的"多元尺度"的平等,满足家长和学生多样化的教育需求。这就是西方国家当前所处的发展阶段和面对的问题。由于中国转型期的复杂性,在城市和经济发达地区对"多元尺度"公平的需求已经出现。因此,需要特别重视区别处理这两种不同的公平需求,很明确地将解决大多数人的第一种公平放在突出位置。少数先富地区、先富人群的选择性需求,应当主要由教育市场、由民办教育来实现。

第四章 两种"教育市场化"

择校对教育公平的影响

对西方国家择校制度后果的评价是多样的,既有成功的证据,也有许多深刻的否定和质疑,整体而言,择校对教育公平的影响是不容乐观的。据OECD的调查报告,在引入学校选择制度的美国、英国、荷兰、澳大利亚、新西兰等国,由于家长都选择声誉良好的学校而产生了学校序列化现象。[1]

在英国,出现了类似中国那样的对优秀生源的竞争,即所谓的"选拔优等生"现象。西方国家的学校评价主要是根据学生的学习成绩(而不是如中国根据升学率,尤其是高考升学率)来进行的,因此学校之间的竞争,更倾向于挑选那些"有能力"、"聪明"、中产家庭和南亚背景的学生(特别是女孩),因为他们具有提高考试成绩的潜能,会给学校带来更大的效益,增加它在市场中的"稀缺价值"。甚至出现了偏爱中等学生的情况,因为对天才儿童和问题儿童的教育需要付出更大的成本。男女同校的学校中则出现"偏向女生的现象",因为她们的考试成绩往往比男孩好。研究认为:"只要人们倾向于按照学术优异的单一尺度评价学校,那么择校就不可能如倡导者所言会导致更加多样、灵活的办学形式,相反,它会加强基于学术考试成绩和社会阶级的现存学校分层机制。"[2]另外一项跨国研究的结论是:哪儿有占主导型的学校教育模式,哪儿的择校就可能在提高教育机会和总体教育质量的同时加强社会分层。[3]

有研究者指出,西方国家择校改革的主要目的并不是为了建设一个更公正、共享的教育体制,而是为了终止平等主义并重新建立一个有差别的教育制度,使之更好地在社会再生产中发挥作用。[4]它或许说明了西方国家择校改革的深层动机。显而易见的是,与20世纪60年代的改革不同,这一轮改革的核心价值也许并不是平等,而是矫正由于过度平等而产生的无活力、低效和低质量。当然,在这一过程中注意避免损害公平。认识这一点非常重要,它又一次使我们认识到中国与发达国家面临问题的形同实异。

尽管西方国家在择校改革中将防止学校分化、强化社会分层作为重要内

---

[1] 翁文艳.教育公平与学校选择制度.北京:北京师范大学出版社,2003.142
[2] [英]杰夫·惠迪,萨利·鲍尔,大卫·哈尔平著,马忠虎译.教育中的放权与择校:学校、政府和市场.北京:教育科学出版社,2003.150
[3] [英]杰夫·惠迪,萨利·鲍尔,大卫·哈尔平著,马忠虎译.教育中的放权与择校:学校、政府和市场.北京:教育科学出版社,2003.159
[4] [英]杰夫·惠迪,萨利·鲍尔,大卫·哈尔平著,马忠虎译.教育中的放权与择校:学校、政府和市场.北京:教育科学出版社,2003.158

容,但事实上仍难以避免由市场逻辑产生的教育不公平。具有倾向性的意见是:"应当在主张消费者权利的同时重申其公民权来更多地关注公正问题。""如果不想损害公正的话,择校应慎重地加以规范。"①可见,在学校选择制度中,平等和自由是一对真正的矛盾,值得深入研究和认识。

四、两种不同的"市场化"改革

比较在基础教育和高等教育领域西方国家的做法,可见它们的市场化改革是在它们的社会制度、文化背景、社会公平和教育发展阶段上,为解决自身的问题而提出的。我们必须认识中国作为转型国家、转型时期的教育问题的特殊性,以及它的发展阶段和主要矛盾,在此基础上认识国际经验的适用性。

1. 中外中小学择校的本质区别

西方国家在基础教育领域的改革,主要是对公立教育制度的改革,其核心内容可以归纳为"放权"和"择校"两类活动。它的基本追求是下放权力,赋予学校真正的办学自主权,通过引进市场机制,在学校、市场和政府之间构建新的关系。放权是公立学校改革更根本的特征,即政府解除垄断、包办、控制,通过权力下放,向社区和学校赋权,实行学校自治,增加教育活力,形成学校特色的多样性,提升教育质量。另一方面,放宽择校限制,向家长和学生赋权,促进公立学校之间的竞争。虽然学校自治与家长择校并不必然相关,但两者在现实中共生的特点,显示它们创建教育服务的"准市场"的实际功效。因而,它与其说是一场私有化改革,不如说是民主化改革。在有些国家,它被明确地命名为"教育自由化"。表4-1显示了在这些国家教育权力下放的程度。

表 4-1 新西兰、瑞典和美国的教育决策权分布(%)

	学校	下级中层机构	上级中层机构	中央政府
新西兰	71	0	0	29
瑞典	48	48	0	4
美国	26	71	3	0

资料来源:经济合作与发展组织(1995b:40).转自[英]杰夫·惠迪等.教育中的放权与择校:学校、政府和市场.北京:教育科学出版社,2003.41

在这一理想中,对教育自上而下的科层制管理和对学校的直接控制将被

---

① [英]杰夫·惠迪,萨利·鲍尔,大卫·哈尔平著,马忠虎译.教育中的放权与择校:学校、政府和市场.北京:教育科学出版社,2003.155

逐渐取代。在权力向学校、家长和学生转移后，政府仍然扮演重要角色：负责当地的税收、提供基金、认可新建立的学校、组织和监督择校过程、公布学校信息、为学生提供必要的交通设施、督促学校遵守法律，等等。而国家对教育的控制也依然存在，这主要是通过课程控制来实现的。

不难看出，中国的择校与西方国家的择校有如天壤之别。在这些发达国家，政府的教育供给十分充足，公共教育政策的基本价值就是保障教育公平，保障弱势群体的受教育机会。教育十分均衡乃至过于均衡，学校之间几乎没有竞争，从而失去了提高质量的活力。与中国完全不同的是，西方国家的学校选择制度改革既不是为了政府和学校创收，也不是为了提高升学率，而是为了改革公立学校缺乏活力和特色的弊端。因此，与高等教育市场化改革不同，它基本不涉及学校产权、经费或收费问题。表 4-2 大略地展示了我国与西方国家基础教育择校的主要差异。

表 4-2 中外基础教育择校的特征和区别

	中国	西方国家
教育公平阶段	教育差距巨大，同一尺度的公平尚未实现	起点的公平已经实现，追求多元尺度的公平
学校制度	城乡二元，重点与非重点二元	以公立学校为主，比较均衡
择校动机	扩大教育资源、增加学校收入	恢复公立学校活力、增加多样性
基本价值	效率优先	学校自由化
择校方案	打造重点学校、名牌学校	下放权力，实行学校自治；形成特色学校；扩大学生、家长的选择性
择校方式	金钱换取学额	学生个性化原因
实际效果	单一应试教育模式；损害教育公平	办学模式多样化；对教育公平存在影响
教育评价	升学率导向	学业成就提高；防止学校序列化、择校低龄化
市场化、市场机制	学校转制，改变公立学校产权性质，亦公亦私；消费者需求导向；高收费	不涉及产权性质，与"私有化"无必然联系；消费者需求导向；不涉及交费、经济利益

2. 两种"教育市场化"

在高等教育领域，中国的"教育产业化"、市场化改革与发达国家改革也形同实异，区别巨大。相同之处主要在于通过实行教育成本分担制度，提高非财政性的教育经费收入，主要是增加学费收入，以及鼓励高校经费渠道的多样化。但不同之处更为巨大，而且是实质性的。

（1）高度行政化的政府治理方式没有改变。如前所述，新公共管理的真谛，是建立一种市场、服务导向的新的公共行政和公共管理，以提高公共服务的质量、效率和多样性，与我们把学校推向市场、让学校自谋生路这样的"市场化"完全不同。其核心理念是改善公共治理，改变传统的资源配置方式和公共产品的提供方式。首先是打破垄断、解除管制、分权和下放权力，形成一种开放的、社会化的公共服务体系，促进社区和学校的活力。同时，引入和鼓励竞争，通过一个竞争性的机制，达到扩大供给、提高质量和效率的目的。至于削减经费、高校创收等，只是在这一整体改革中的具体手段。因而，对西方国家的研究认为，这些国家的新公共管理强烈地呈现"解除管制—民营化—市场化"这样的三部曲。也有人将这一改革归纳为两类核心活动：公有部门的市场化和"去官僚化"。[1]

反观我国的"教育产业化"，政府治理模式的转变还没有真正提到重要的议事日程；如果说有变化的话，就是比以前更加强烈的行政化了，表现在政府对高校的直接微观控制和垄断教育资源这两方面。我们既没有推动公共行政改革、公共服务的社会化，也没有在推进高等学校自主权上有所作为，以世界一流大学为目标的研究型大学仍须处处"跑步前进"。近年来的教育发展，诸如一流大学建设、"独立学院"政策、大学城建设、高中示范校政策等等，多来自领导层的直接干预、主管部门的单一意志。在这个意义上，诚如识者所言，中国教育真正短缺的并不是经费，而是教育现代化的观念障碍和体制障碍。

（2）国家垄断教育资源的方式没有改变。这种"体制性短缺"集中体现为国家对教育资源的垄断。中共十六届三中全会提出的科学发展观，要求"更大程度地发挥市场在资源配置中的基础性作用"，这是市场机制最基本的价值。然而，"我国高等教育发展仍处在基本排斥竞争这一市场要素作用的情况下进行。就高等教育资源配置来讲，现行高等教育的设置、布局、结构是计划经济体制下形成的格局，总体上反映不出现实的市场选择和市场导向"。[2] 由于高等教育的投入增加，政府主管业务部门的权力比以前更大了，并且更多地表现为部门的权力。

在我国教育发展的现实中，发育出了"名校办民校"、"独立学院"这样奇

---

[1] 戴晓霞.全球化及国家—市场关系之转变：高等教育市场化之脉络分析.见：莫家豪，戴晓霞主编.高等教育市场化：台、港、内地趋势之比较.台北：高等教育出版社，2002.22

[2] 李守信.中国高等学校扩招启示录.中国高等教育，2001(18)

异的变种。一些地方政府行为不是按照世界通例和市场机制的本义,通过开放教育,培植和发育民间市场,发展和壮大民办教育来"做大蛋糕",满足社会多样化的不同需求,而是在垄断教育资源的前提下,限制民办教育,同时通过公办学校的商业化、举办"假民办"去发展教育产业,扩大教育资源,这与真正意义上的市场化改革相去何其远也!

(3) 学校自治、学校的自主性没有出现。由于我国教育市场化的改革没有政府行政改革、权力下放、学校自治这样的内容,没有与学校治理模式的改革同步,仅仅关乎收费,因而出现这样特定的现象:中国高校和中小学的"财政自主权"大为增加,但办学自主权则微乎其微。

在我国的基础教育领域,中小学择校与公立学校改制紧密相连;而西方国家的放权和择校改革追求是通过学校自治而达到学校的办学特色和办学模式的多样化,不涉及产权问题,也不涉及高收费和创收、营利问题。

我国高等教育的情况与公办中小学的"改制热"正好相反,真正应当进行"转制",实现办学体制、办学模式多样化的高等学校,却几乎没有"转制"的变革。对于将一部分公办高校转制的吁求,无论是政府还是高校都十分冷淡。据了解,目前国内进行过"民营化"、股份化的体制改革的,仅有黑龙江东亚大学、大连外国语大学、浙江万里学院和苏州工业园区职业技术学院等 4 所高校。

(4) 学校的办学特色、多样性也没有出现。由此造成的另外一个怪现象是:中国中小学之间的竞争不可谓不激烈,择校大战如火如荼,但学校的办学模式却越来越趋同,竞争的只是单一的升学率,好学校竞争的是重点高校升学率,最好的学校竞争的是所谓"北清率"——升入北京大学和清华大学的学生的比例。完全没有西方国家通过择校、竞争而出现的办学特色和办学模式的多样化。

在高等教育领域,由于在公立高校之间、公办高校和民办高校之间并不存在公平竞争,高校既没有必要的办学自主权,也缺乏公平竞争的机制和环境,致使不同层次、不同类型的高等教育片面追求学术性的同质化倾向严重,"千校一面",缺乏特色的现象依然如故。

表 4-3 两种"教育市场化"的特征

	中国	西方国家
改革动机和目标	扩大教育资源、增加学校收入	增加公立学校的活力、增加特色、多样化
基本价值	效率优先	教育自由、学校自治、特色和多元化
政府治理模式	权力集中,以行政规制为主	放松管制、权力下放,引入市场机制、市场力量,重视服务
教育资源配置方式	国家垄断资源;学校多渠道筹措教育经费;公办学校通过举办"民办教育"攫取社会资源	开放教育市场,多渠道筹措教育经费,增加非财政性教育经费的比重
政府—学校关系	直接管理	不同程度的学校自治

与西方国家正在开展的新公共管理作一个比较,不难看出我们的"教育产业化"在价值、目标、内容、路径等各方面与西方国家的重大区别。

作为一种适应社会生活全球化、市场化、民本化的管理创新,新公共管理的基本价值对我国政府治理模式和公共服务的改革具有重要借鉴作用。如学者所论,它包括这样四个基本的方面:① 必须加大政府体制创新的力度,切实转变政府职能,尽快改变政府垄断公共物品的供给(或公共物品基本上由政府提供)的局面;② 充分认识市场机制是改善政府绩效的一个有效手段,引入竞争机制和市场力量,提高政府的工作效率;③ 增强政府公务员的"管理"和"服务"意识,重塑政府与社会的关系;④ 借鉴当代工商管理(企业管理)领域管理经验、原则、方法和技术,实现由传统的行政管理模式向当代(新)公共管理模式的转变。①

3. 第三条道路?

不同于单纯的公办学校或民办学校,我国中小学阶段非公非私、亦公亦私的"名校办民校",高等教育阶段的"独立学院"被认为是一种制度"创新"、办学体制多样化的改革实践,是公、私之外的"第三条道路"。在中国"摸石头过河"的现实中,这种非驴非马的改革实践,究竟是一种有发展前途的"新生事物",还是需要整顿、规范的不健康状态?

如前所述,这种不规范的办学行为固然可以奏效一时,但后患很多。2006 年 3 月,教育部、国家发改委等明确"坚决停止审批新的改制学校",对

---

① 赵景来."新公共管理"若干问题研究综述.国家行政学院学报,2001(5)

第四章 两种"教育市场化"

已改制学校要在调查研究的基础上进行清理规范,为这一政策画上了句号。① 剩下的问题是如何规范、对"转制"学校进行再"转制"了。事实上,上海、南京等地已经开始规范"转制"学校。上海市于2005年成立了课题组,研究如何促进"转制"学校"体制身份的合法化、合理化、明确化",使它成为"产权明晰、自主经营、自负盈亏、自我约束、自我发展的教育实体"。② 方案是"非公即私"、"不进则退":或者通过外部资金注入、产权变更和明晰化,改造为民办学校;或者退回为传统的公办学校。如上海市已有一批"转制"学校转为公办学校,按公办学校标准收费。

对于已经享受过市场好处的"转制"学校,这并不是一个好消息。它们既不愿意简单地把学校卖给并不一定懂得教育的民营企业,也不愿意简单地重回到陈旧的传统管理中,这意味着无所不在的管制、控制、官僚化和低效率。它们在寻找现实中的"第三条道路"。

"第三条道路"的思维,对于我们打破非此即彼的二分法具有解放思想的启示价值。深入分析"名校办民校"、"独立学院"的办学机制,除了营利的追求之外,不能否认它们对办学自主权、教育自由的追求。"转制"学校不愿意重回缺乏活力的旧体制是令人同情的,毕竟,它们已经呼吸过市场自由的空气。这里存在一个值得关注的真问题:为什么办学自主权和高收费捆绑在一起,仅提供给民办学校或"民营学校"?一位民办教育家一语中的:民办学校是用钱赎买办学自主权!但是,办学自主权为什么要用钱来赎买?

的确,按照现代政府治理的理念和法治的精神,按照现代学校管理的理念,举办者的身份、经费来源与办学权,原本是应当分离的不同的事,并非必然捆绑在一起。学校是否能够拥有办学自主权,并非来自其资产属性,而取决于不同的制度安排。在多数市场经济国家,"现代学校制度"同时适用于公立和私立学校,政府对义务教育阶段的私立学校同样提供经费资助,学校的办学自主权在学校。公办学校不仅应该,也完全可以拥有办学自主权。问题在于要改变传统的行政管制,无论学校的公、私性质,按照教育规律和办学逻辑向所有学校赋权,使学校拥有原本属于自己的办学自主权。因而,在"自由的"民办学校和"不自由"的公办学校之外,所谓的"第三条道路",其实就是建

---

① 李亚杰.华建敏在全国纠风工作会议上强调围绕大局扎实工作努力开创纠风工作新局.新华社石家庄2006年3月25日电;袁贵仁.深化教育体制改革,规范教育收费管理.中国教育报,2006-04-02
② 本课题组.上海地区转制中小学转为民办学校的方案研究.教育发展研究B,2005(8)

立普适的"现代学校制度"。

关于"现代学校制度"的制度特征和内涵,在理论界并没有充分的共识。比较常见的意见,来自两个不同的逻辑:一是从扩大教育资源等经济属性产生的学校治理理念,强调产权问题、自主经营和董事会制度、学校与政府和市场的关系问题等。另一个是从学校培养人的教育属性产生的治理问题,更强调学校的校本管理、人本管理等内部管理制度,重视学校与政府、社区、学生和家长的关系。有学者将现代学校制度的基本特征概括为:"(1)依法自主经营的学校制度,包括学校具有独立的法人地位、政府职能与学校职能的分离、国家权利与学校法人权利的分离、产权与经营权的分离等内容;(2)科学、民主、开放的学校管理,包括校本机制和人本原则,以及依法治校、民主治校、专家治校、以教学为中心、允许学生自主择校等内容;(3)家庭、学校、政府之间的伙伴关系,包括社区、家长、学校之间的互动关系和学习型社区等内容。"[1]这大致包括了"现代学校制度"的基本问题。

无论从哪个逻辑,都指向了以政府职能转换为主要内容的教育行政改革。事实上,如果政府不放权、不向学校赋权,就不可能出现"新型的"政校关系和现代学校的法人治理结构。

"'十一五'规划纲要"提出的深化体制改革的意见,为教育体制改革提供了新的思想资源。"纲要"不仅提出了加快建设服务政府、责任政府、法治政府的目标,而且对"推进政府职能转变"提出了按照"政企分开、政资分开、政事分开以及政府与市场中介组织分开"的原则,合理界定政府职责范围,加强政府社会管理和公共服务的职能。[2] 这四个分开的概念同样适用于教育。

使所有学校都拥有办学自主权是一个比较遥远的理想,是一种愿景和目标,有赖于国家行政体制、教育行政体制的整体改革。作为替代性方案,在整体制度没有根本改变的情况下,能否进行局部性的改善,进行学校"改制"的试点呢?答案是肯定的。中国二十多年来的改革之路就是这样走过来的。

这一轮学校"改制",要改的不是姓公姓私的产权性质,而是恢复和重建

---

[1] 郝志军,金东贤.基础教育现代学校制度研讨会综述.教育研究,2003(10)
[2] 中华人民共和国国民经济和社会发展第十一个五年规划纲要.文汇报,2006-03-17

学校的自主性,建立"新型的政校关系"。在现行制度框架下赋予部分学校自主权的操作性方案之一,是学习和借鉴国外"特许学校"制度,在规范"转制"学校的过程中,将一些"转制"学校转变为中国的"特许学校"。

特许学校,是在美、英等国基础教育改革中出现的一种新型学校。它由创办者拟订一份章程,经政府批准后,由举办者按照章程办学,自主管理学校。如不能实现既定目标,则取消其"特许权"。特许学校可以从公立或私立学校转型而来,也可以由有共同教育主张的群体根据自己的意愿新建。学校仍属于公立教育系统,它的资金大部分来源于公共教育经费,因此也是免费的,但实行开放招生,在聘用教师、经费使用、课程设置、校历安排等方面有很高的自主权,不像公立学校那样受上级行政部门的监督和管制。这对有教育理想的校长、教师有很大的吸引力。它形成了与常规公立学校不同的教育品质、特色、风气,受到家长和学生的欢迎。美国各州的《特许学校法》规定不一,不同类型的特许学校在运行方式上有一定的差异。这种特许学校,和前文提到的英国由中央直接资助的拨款公立学校,基本理念就是使它摆脱教育行政部门的管制,赋予它较大的办学自主权。

类似的是1991年之后在香港实行的"直资学校",由香港政府提供"一笔过"拨款,学校在教师编制、人事安排、资源运用方面更具弹性;学校可收取学费以筹集资源,提供额外设施或服务,但必须向有需要的学生提供奖、助学金。①

"独立学院"的规范问题更为复杂,经济性质的问题更多,但其基本问题与中小学的"转制"学校是非常相似的,可与规范"转制"学校的实践互为参照。

---

① 香港教育统筹局网站:http://www.emb.gov.hk

第五章

高中教育机会的获得

- 不论在城市还是在农村,高中教育的阶层分化都十分明显,中上阶层的子女更容易进入重点中学,而中下阶层的子女则更多分布于普通中学。
- 对重点高中的竞争,不仅是靠分数,在一定程度上也是经济能力和社会权力的竞争。
- 中等教育的学校制度和教育制度正在成为一个强有力的、对学生不断强迫分层的制度。
- 优势阶层子女主要集中在优质学校,而薄弱学校的学生则主要由弱势阶层子女构成。
- 高校出现的庞大的"贫困生"阶层主要来自农村,他们中的许多家庭在高中阶段就竭尽财力,陷入经济困境。一些农村家庭出现"怕子成龙"的教育恐慌。
- 握有实权的人物,其子女甚至可以不缴费、少缴费而获得高中教育机会,即所谓的"条子生"。
- 学生的家庭背景强烈地影响着他们进入什么样的学校,但对他们的学业成绩并没有重要的影响。
- 不同学校的学生普遍认为高中生活主要是为了应付考试,感到生活单调、有些压抑,没时间发展个人兴趣等,只有二成的学生认为高中生活是愉快有趣的。

第五章 高中教育机会的获得

影响高等教育公平的主要因素,一种是外部性的,即由于不平衡发展、历史形成的社会经济和文化差距;另一种是教育内部的,是由教育制度、政策、价值、教育模式等所形成的制约。现实存在的各种高等教育入学机会的差距并不是孤立的现象,而是整个教育体系结构性不均等的一部分,在相当程度上是高中教育阶段入学机会不均等的一种累积和延续。

就影响高等教育入学机会的制度性因素而言,我们特别关注两部分:一是与中等教育的衔接,高中教育机会的获得,高中教育制度、政策对高等教育入学机会的影响;二是当前的高等教育制度对弱势阶层接受高等教育可能产生的影响。在许多地区,对高中教育机会的竞争比上大学更为激烈。由于高中是一种非义务性质的选拔性教育,可以收取费用,高中收费和入学机会的获得远较高等教育更为扑朔迷离。我们对此进行了实证研究。

一、高中教育成为新的瓶颈

随着义务教育的普及率不断提高、高等教育毛入学率的迅速增加,1999年之后出现了高考升学率与中考升学率的倒挂。据2000年的数据,当年小学升入初中的比例为94.9%,初中升入高中阶段的比例为51.2%,但普通高中毕业生升入普通高等学校本专科的比例达到54.5%(已扣除25.5%往届生的比例),比初中升高中的比率高3.3个百分点。据2002年的数据,初中升入高中阶段的比例为58.3%,高中升入普通高等学校的比例达到65.1%(扣除22.1%往届生的比例),比初中升高中的比率高6.8个百分点。[①]

我国基础教育的资源配置一直具有很强的城市中心的取向。在义务教

[①] 根据《中国教育统计年鉴(2002)》计算,初中毕业升学率分子为高级中学招生数,包括普通高中、职业高中、技工学校、普通中专、成人普通中专;高中升学率为普通高校招生数(扣除当年往届生比例)与普通高中毕业生数之比。

育阶段存在的城乡之间教育机会的差距,到了高中阶段进一步扩大。如图5-1所示,1985年至1999年,城市初中毕业生升入普通高中(不包括职业高中)的比例由40%提高到55.4%,而农村的这一比例则从22.3%下降到18.6%,两者间差距从1.8倍扩大到3倍,绝对差则从17.7个百分点扩大到36.8个百分点。① 反映了在普通中学大发展的背景下,高中阶段城乡差距仍呈增大的趋势。

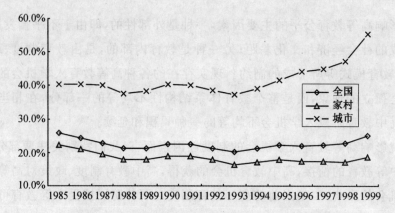

图 5-1 初中毕业生升学率(普通高中)的城乡差距

资料来源:历年《中国统计年鉴》。转自:张玉林.分级办学制度下的教育资源分配与城乡教育差距.中国农村研究网 http://www.ccrs.org.cn

20世纪90年代以来,我国城市和县镇的普通中学数一直在增加,但农村普通中学的数量却在逐年减少。2002年,全国城镇人口占39.1%,农村人口占60.9%,但农村的普通中学却只占49.6%,城镇的中学数首次超过了农村。如表5-1所示。

表 5-1 1990—2004年分城乡的我国普通中学和在校生比例(%)

	学校数			初中在校生			高中在校生		
	城市	县镇	农村	城市	县镇	农村	城市	县镇	农村
1990	13.1	16.0	70.9	15.54	18.13	66.33	30.15	45.76	24.09
1995	16.4	23.5	60.2	17.82	25.07	57.11	35.60	48.54	15.86
2000	18.7	27.0	54.3	16.78	27.64	55.59	38.49	48.37	13.14
2002	18.5	31.9	49.6	16.93	36.0	47.07	35.32	53.60	11.08
2004	19.13	29.59	51.29	17.29	33.78	48.93	35.95	52.56	11.49

资料来源:历年《中国教育统计年鉴》

---

① 张玉林.分级办学制度下的教育资源分配与城乡教育差距.中国农村研究网 http://www.ccrs.org.cn

高等学校扩招迅速拉动了普通高中的发展。但它伴随着另外一项重大政策——农村学校布局的调整。由于农村学龄人口的减少,教育资源的分散,适当集中资源办学有其合理性。但不能不看到这一政策对教育公平造成的影响。普通中学在农村的分布,从1998年占56.6%,下降为2004年的51.3%。普通中学中农村学生的比例也一直在下降。从1990年到2000年,农村初中生的比例下降了10.7个百分点,而农村高中生的比例则下降了11.0个百分点。从2000年至2004年,这两个比例又分别下降了5.67个和1.65个百分点。农村高中在校生占总体的比例从2000年的将近五分之一减为约十分之一。学校过度向城镇集中,增加了农村学生上学的距离和成本,在一些山区和贫困地区,造成部分低龄学生的流失辍学。大量农村学生不得不到县城读高中,意味着要支付住宿费、伙食费等更多的费用。它虽然有利于高中学校教育质量的提高,但也在不同程度上影响了农村学生接受高中教育的机会。

如使用比较宽泛的概念,将统计中的"县镇"、"农村"均视为农村,则从2000年至2004年,农村初中生减少了0.7个百分点,农村高中生增加了2.5个百分点。

世纪之交普通高中大扩张的另一个后果,是中等职业教育的大滑坡。1998年底,我国各类高中在校生(包括普通高中、职业高中、普通中等专业学校、技工学校、成人高中、成人中等专业学校)共2445.5万人,其中普通高中在校生938万人,占38.36%。2003年,高中阶段在校学生3648.98万人,其中普通高中在校生2220.37万人,占60.85%。中等职业教育如何发展是另一个话题,但高中结构的单一化,在使更多的学生"适才适所"方面,显然是不利的。

二、高中阶段的社会分层

2003年下半年至2004年初,我们对高中学生的社会分层和教育机会获得进行了抽样问卷调查和实证研究。调查的样本地区系依据2000年第五次全国人口普查数据中高中的净入学率,分三类地区抽取,共调查北京、苏州、宁波等10个城市,见表5-2。

表 5-2 样本城市的选择

高中净入学率	样本城市
35%以上	北京、苏州、宁波
21%~34%	重庆、衡阳、安阳、赤峰
20%以下	兰州、湛江、菏泽

将普通高中分为城市重点、城市普通、农村重点、农村普通这样四种类型,是我们认识中学制度的理论基点。每个城市调查城市重点、城市非重点、农村重点、农村非重点普通高中各1所,共计40所。每所高中采用等距离抽样的方法(少数学校采取整群抽样),抽取高二学生100人。共计调查了10城市40所普通高中的约4000名高二学生,收回有效问卷3931份,有效回收率为98.3%。并对各地教育部门、教师、学生和家长进行了深入的访问、访谈。数据用SPSS 12.0进行处理。

1. 样本学校学生的城乡分布

被调查的高二学生的基本情况是:男生占51.5%,女生占48.5%;党员占0.4%,团员占92.2%;独生子女占45.4%,家中有两孩的占31.7%,有三孩(及以上)的占22.9%。

按照学生的家庭所在地,学生中来自城市的占39.2%,来自县镇的占24.2%,来自农村的占36.6%;而如按照户籍,则城镇户口占56.2%,农业户口占43.8%。总体而言,高中阶段城镇户口的学生数高于农业户口的学生数。在城市重点学校,城镇户口学生是农业户口学生的3倍。

表 5-3 不同类型高中城乡学生的比例(%)

	城市重点	城市普通	农村重点	农村普通	总体
城镇户口	75.8	80.9	39.2	26.9	56.2
农业户口	24.2	19.1	60.8	73.1	43.8

如果分析居住于城市、县镇及农村的不同家庭子女进入各类高中的情况,可见约有一半的城市子女进入了重点高中,约61.9%的县镇学生和约四成的农村学生进入重点学校,主要是县城的重点学校,见表5-4:

表 5-4 不同家庭居住地学生进入重点高中的比例(%)

	城市重点	城市普通	农村重点	农村普通	小计
城市	46.3	44.1	2.3	7.2	100.0
县镇	15.7	11.0	46.2	27.2	100.0
农村	9.1	13.0	31.3	46.7	100.0

被调查学生中,有51.9%的学生住校。由于高中学校大多设置在城市和县城,农村学生住读的比例大大高于城市学生。农村重点中学住校生占67.4%,农村普通中学这一比例为71.0%;城市重点中学住校生占49.8%,城市普通中学占18.9%。

2. 学生的家庭背景

对重点学校制度的一个质疑,是担心它是否会成为少数人的特权。早在1982年,就有人反映"通过各种关系,挤进重点学校的学生很多,有的竟占四分之一左右",从而使"择优录取"成为一句空话。[①] 1996年,福州市某重点中学初三的一个班中,科级以上干部的子女28名,占56%。[②] 本次调查显示,学生的家庭背景强烈地影响着学生进入重点或非重点中学。

学生父亲的职业是其社会资本的外在表征。在问卷调查中,将父亲职业分为16类。为便于讨论,将各种父亲职业整合为高、中、低三个社会阶层。表5-5显示了学生父亲职业在四类高中的不同分布。城市重点高中集中了最多的优势阶层子女,来自高阶层家庭的学生是城市非重点高中的1.7倍,是低阶层子女的1.6倍。在非重点中学中,来自低阶层的学生比例最高。

表5-5 四类普通高中学生的父亲职业(%)

	城市重点	城市普通	农村重点	农村普通
高阶层(高级和中级管理人员、技术人员)	42.1	26.5	18.0	14.1
中层(职员、办事员、个体、私企、其他)	30.9	32.8	35.9	26.1
低阶层(工人、农民、下岗、失业、家务)	27.0	40.7	46.2	59.8
小计	100.0	100.0	100.0	100.0
显著性检验		Sig.=.000 N=3820		

从父亲职业看不同阶层的子女在学校系统中的分布,可以更清晰地认识重点学校制度的分层作用。不同家庭背景的学生,进入重点高中的比例明显

[①] 潘习敏.试谈办重点学校的几方面问题.内蒙古社会科学,1982(3).转自:袁振国主编.论中国教育政策的转变——对我国重点中学平等与效益的个案研究.广州:广东教育出版社,1999

[②] 彭在羹.重点中学干部子女增多的忧虑及对策.教育参考,1996(6)

不同。表 5-6 显示,在被调查的学生中,高级管理技术人员家庭学生进入重点高中的比例最高,为 61.3%;私营企业主和个体经营者家庭这一比例也在 60%左右;而工人家庭学生的这一比例低 10 个左右的百分点;农民和农民工家庭学生的这一比例最低,仅为 37.9%。

表 5-6　学生家庭背景与学校类型分析分布(%)

	重点高中	普通高中	小计
高级管理技术人员	61.3	38.7	100.0
中级管理技术人员	56.2	43.8	100.0
一般管理技术人员/办事员	57.6	42.4	100.0
私营企业主	61.7	38.3	100.0
工人	51.1	48.9	100.0
个体经营者	59.5	40.5	100.0
农民、农民工	37.9	62.1	100.0
无职业者	49.8	50.2	100.0
小计	49.1	50.9	100.0
显著性检验	Sig.=.000	N=3820	

将不同职业整合为三个社会阶层,如表 5-7 所示,高阶层家庭的孩子约 62%在重点中学就读,而低阶层家庭的恰好相反,约 60%在非重点学校学习。即在不同的高中,学生家庭背景的趋同性在增强。应当看到,这只是对已进入高中的学生的调查,如果从各阶层的人口比例来看,社会中上层子女进入重点中学的入学机会比低阶层子女要高得多。

表 5-7　不同阶层的子女在四类高中的分布(%)

	重点高中	普通高中	小计
高阶层(高级和中级管理人员、技术人员)	61.9	38.1	100.0
中层(职员、办事员、个体、私企、其他)	54.3	45.7	100.0
低阶层(工人、农民、下岗、失业、家务)	38.9	61.1	100.0

表 5-8 显示了四类高中学生父亲的教育程度和家庭经济状况。从中可看出城市重点中学家长拥有较多文化资本,而家庭经济状况分布的差异则没有那么明显。

表 5-8　同类型高中学生的父亲教育程度和家庭经济水平(%)

		城市重点	城市普通	农村重点	农村普通
父亲教育程度	大专以上	37.5	18.6	13.9	8.3
	高中、中技、职高	37.9	46.4	41.4	36.1
	初中及以下	24.4	34.9	44.4	55.1
家庭经济水平	当地中上水平	18.7	10.3	14.5	11.9
	中等水平	58.3	55.3	61.6	54.4
	中下水平	16.4	25.4	18.1	26.9

学生家庭阶层差距的扩大,在城市学校体现得更为明显。表 5-9 显示了 10 个样本城市重点高中父亲的职业分布。可以看到两种不同情况:兰州、宁波、北京、衡阳、安阳、赤峰等地学生家长的阶层结构呈倒金字塔形,显示社会差异较大;苏州、重庆、菏泽的这一结构则呈正金字塔形,与社会分层相接近,显示较为公平。后者可能包含了这样不同的两种情况:一是社会差距较大但教育均衡化程度较高,如苏州市;二是社会阶层和学校系统尚未严重地分化。

表 5-9　样本城市重点学校学生的父亲职业分布(%)

	北京	苏州	宁波	重庆	衡阳	安阳	赤峰	兰州	湛江	菏泽
高阶层	57.3	27.5	58.0	29.8	41.9	46.0	51.2	63.3	38.5	20.2
中阶层	34.5	25.6	25.0	22.3	26.5	28.6	31.4	18.4	24.0	36.4
低阶层	7.9	40.8	13.0	47.9	23.4	19.4	15.1	12.2	28.8	33.4

3. 赤峰市的个案

在内蒙古自治区各盟市当中,赤峰市高考考生规模最大,占全自治区的近四分之一,高考升学率亦居于前列,其高中教育的情况在中西部地区具有一定的普遍性。表 5-10 为赤峰市高中学校的分布。全市 56 所完全中学和高中,设在市区的 16 所,设在县镇的 37 所,真正设在农村的只有 3 所。而 22 所重点学校,只有 2 所设在镇上,1 所设在农村,其余都设在城区和县城。

表 5-10　赤峰市普通高中学校数及城乡分布　(所)

	高中	完全中学	其中:重点高中
城市	7	9	4
县镇	25	12	17
农村	1	2	1
合计	33	23	22

资料来源:《内蒙古自治区赤峰市教育事业统计资料汇编,2001—2002 学年》。重点高中数系根据调查统计而得

高中学校集中在城市和县镇,进一步加大了城乡之间业已存在的教育差距。农村学生上高中,不仅要考出更高的分数,并且需要更多的花费(住宿费和伙食费),加大了农村学生的经济负担。对赤峰市高中的调查显示,农业户口的学生有78.2%需要住校,而城镇户口的学生却有83.3%为走读。

表5-11为赤峰市高中学生的构成,显示重点高中的学生具有"三高"的特点:城镇户口学生的比例、蒙族学生的比例和女生比例都比非重点学校高。

表5-11 赤峰市重点高中与普通高中的学生构成(%)

		男	女	汉族	蒙古族	城镇户口	农业户口
重点	市直重点	44.0	56.0	64.0	31.0	99.0	1.0
	县属重点	47.4	52.6	75.3	20.6	57.3	42.7
	旗属重点	52.0	48.0	1.0	99.0	32.7	67.3
普通	市区普通	50.0	50.0	60.0	16.0	80.6	19.4
	县城普通	54.9	45.1	94.6	5.4	3.4	96.6
	旗属普通	44.4	55.6	52.5	43.4	59.2	40.8
	合计	48.7	51.3	57.3	36.4	56.2	43.8

赤峰市总人口中的非农人口占20.1%,但面向全市招生的市直重点中学中,城镇户口的学生比例却达99%;县级重点高中城镇户口学生也达57.3%(该县非农人口的比例为11.7%),而在该县的普通中学中,农业户口学生却高达96.6%。

表5-12 赤峰市不同类型高中学生的父亲职业(%)

	城市重点	城市普通	农村重点	农村普通
高、中层管理、技术人员	44.2	8.0	18.8	4.4
职员、办事员、私企、其他	25.5	15.2	25.9	13.1
个体经营者	15.2	34.3	15.6	6.6
工人	13.1	19.2	9.4	13.2
农民、农民工、农村干部	0	6.1	28.2	62.7
下岗、失业、家务	2.0	17.2	2.1	3.3
小计	100.0	100.0	100.0	100.0

因而,不论在城市还是在农村,高中教育的阶层分化都十分明显,中上阶层的子女更容易进入重点中学,而中下阶层的子女则更多分布于普通中学。如表5-12所示,赤峰的城市重点中学中,高、中级管理和技术人员的子女,合计占44.2%,远远高于其他类型的学校。在城市普通中学里,较弱势的工人、个体经营者、下岗失业等群体的子女,合计占76.8%。设在旗县的农村

重点中学,农民家庭子女的比例不到三成;而在农村普通中学里,这一比例却高达 62.7%。

三、高中教育机会的获得

自 1999 年起,高中毕业生的升学率超过了初中毕业生升学率。在高等教育大扩招的情况下,高中教育发展相对滞后,高中教育成为获得高等教育入学机会的主要瓶颈。就教育机会而言,中考的竞争比高考更为激烈。如何进入普通高中,尤其是进入重点高中,成为考察教育公平状况的重要视角。

1. 进入普通高中的途径

升学考试作为一种选拔性考试,是升入高中最基本、最主要的途径。但在当前的现实中,单一的分数—能力标准已被打破,通过交赞助费、择校费以及通过社会关系疏通,已成为许多家长面临的选择。

表 5-13 显示,约八成的学生通过考试进入高中。各类学校合计,约有五分之一的学生通过交赞助费和择校费进入高中,在不同类型学校中,城市重点学校的择校生比例最高,为 25.2%。此外,还有 6.5% 的学生动用了社会关系。

表 5-13 不同类型高中的入学途径 (%)

	通过考试	通过交赞助/择校费	通过关系
城市重点	76.1	25.2	6.2
城市普通	79.5	18.3	7.2
农村重点	84.6	16.5	4.3
农村普通	80.0	16.7	7.7
总体	79.7	19.5	6.5

虽然教育主管部门对高中择校做出"限分数、限人数、限钱数"的严格规定,但调查显示各地通过缴纳赞助费或择校费进入高中的学生比例几乎都超过了 10%,最高的将近四成。在一些地区,通过熟人关系进入高中的比例达到了 10%。

表 5-14 显示了不同家庭子女进入重点高中途径的分布。农民、工人家庭的学生通过考试依靠分数上重点中学的比例最高。拥有更多经济资本

和社会资本的家长可凭借所拥有的资本来弥补分数的不足。因而,通过交赞助费和通过熟人、社会关系入学的比例,私企业主最高,中高层管理层次之。可见对重点高中的竞争,不仅是靠分数,在一定程度上也是经济能力和社会权力的竞争。对中低阶层而言,上重点高中越来越成为一种"奢侈"的追求。

表 5-14　不同家庭背景学生进入重点中学的途径(%)

	通过考试	交赞助费/择校费	通过熟人/关系
高层管理技术人员	79.6	24.0	4.5
中层管理技术人员	75.2	29.7	6.9
职员、办事员	77.5	21.1	8.5
工人	80.2	21.6	2.3
农民、民工、农村干部	91.9	5.4	3.3
个体经营者	76.3	23.7	7.9
私企业主	68.8	39.4	8.3
下岗、失业、家务	73.7	24.6	3.5
其他	75.4	22.2	7.9
总计	79.4	22.0	5.6
显著性检验:N=3820	.000	.000	.035

注:因选项可多选,横向百分比不封闭

2. 重点学校的"传递性"

初中毕业生对高中入学机会的竞争,一是竞争普通高中,二是竞争重点高中;而重点初中的学生,有更多机会进入重点高中。表 5-15 显示出重点中学内部的"传递性":城市重点高中的学生中,初中学校为省市重点学校的占36.3%,如加上区重点则为44.6%;而城市普通高中来自重点初中的学生仅为27.3%。

表 5-15　不同类型高中学生的初中来源(%)

初中所在学校	城市重点	城市普通	农村重点	农村普通	总体
省、市重点	36.3	21.9	7.7	8.6	19.6
区县重点	8.3	5.4	20.6	12.3	11.2
普通初中	47.8	70.5	67.8	76.6	65.1
民办/私立学校	6.7	1.8	3.4	2.2	3.7

如果考察一下不同类型的初中毕业生在高中的分布,可以更清楚地看到

这种"传递性"。如表 5-16 所示,省级重点初中的学生,70.5% 进入重点高中,普通初中进入重点高中的比例仅为 42%。即重点初中的学生大多升入重点高中,这一现象无疑使升学竞争下移,导致阶层的分化再次提前。重点中学的"传递性"放大了初中阶段学生家庭的阶层差异。

民办、私立学校的学生较多地进入重点高中,是令人瞩目的。部分原因是,其中一部分正是公办"名校"举办的"民校"。

表 5-16 不同类型初中毕业生在高中的分布(%)

初中所在学校	城市重点	城市普通	农村重点	农村普通	重点高中合计	普通高中合计
省重点	62.4	19.0	8.1	10.5	70.5	29.5
市重点	49.0	30.1	7.6	13.2	56.6	43.3
区县重点	21.6	11.3	36.5	30.5	58.1	41.8
普通初中	21.3	25.3	20.7	32.7	42.0	58.0
民办/私立学校	52.9	11.8	18.4	16.9	71.3	28.7

3. 学校内部的教育分层

作为等级制学校制度的产物,高中学校自身也在生产和制造等级。学生在"择校"之后又要"择班",不断地被筛选、分类,区别施教。学生首先被分为实验班或普通班。"实验班"担负为学校争光、争升学率的重任,因而被重点照料,地位最高。为争取优秀生源,许多学校对于进入尖子班、实验班的学生在经济上给予奖励。从样本学校的情况看,约三分之一的学生分到快班,三分之二的学生分到普通班。

此后,到高二被分为理科班、文科班,后者往往有"低人一等"的感觉,在重点学校被视为是二流学生的选择。表 5-17 显示,样本学校中总体有三分之二的高中生学习理科,而重点高中的理科生比例比普通高中要高十几个百分点。事实上,我国中小学的重点学校无不是以理科水平作为骄人的成绩标志的。

表 5-17 高中学生文理分科状况(%)

	城市重点	城市普通	农村重点	农村普通	总体
文科	32.8	38.8	18.4	28.1	30.1
理科	63.8	45.8	81.0	67.4	64.0
还没分班	3.4	15.3	0.5	4.6	6.0

尚未分科的学生未来的学习打算,选择理科的比例明显降低(55.7%),

比正在学习理科的比例减少8.3个百分点,文科的选择总体比较近似(29.4%),有14.9%的学生表示尚未确定。可见过早的文理分科,与许多学生的实际情况是不符的。选择文理科的依据,依次是"自己的兴趣"(64.5%)、"原先的基础好"(22.7%)、"将来好找工作"(11.8%)和"考大学容易"(10.6%)等。

按照不同的入学来源,学生还可以被分为自费生、公费生,以及所谓的"条子生",即有权力背景,特殊照顾进入重点中学的。这既包括地方和教育部门领导干部的子弟,也包括一些与学校利益相关的部门,如工商、银行、税务、公安等部门特殊人员的子弟。

高中学生群体中还有一个重要的分类:应届生和复读生。在许多县中,复读生的比例往往很高。山东菏泽市某重点中学,高三年级应届生有12个班,复读班则有16个,每班的人数超过80人。学校非常欢迎高分复读生,因为既可以为学校增加收入,又可以提高学校的升学率。

对于"如果高考落榜,是否选择复读"的提问,32.2%的学生表示会选择复读,27.3%的学生表示不会复读,40.5%的学生认为"不好说",不同类型学校的学生几无明显差别。进一步了解学生选择复读的原因,依次为"没考上理想高校"(31.0%)、"没有考上理想层次"(15.9%)、"没有考上理想专业"(11.2%)。可见复读已经成为应届高中生十分现实的选择,而对理想学校的选择是主要原因。

不难看出,中等教育的学校制度和教育制度正在成为一个强有力的、对学生不断强迫分层的制度。

四、经济资本、社会资本和文化资本的影响

法国社会学家布尔迪厄揭示,不同家庭所拥有的经济资本、社会资本和文化资本,对子女教育机会和学业成就会产生明显影响。

经济资本的概念比较经典,它体现为个人的经济收入和财产,成为形成不同社会地位的主要因素。社会资本大致是指个人(或家庭)在社会网络中所能获取的资源,科尔曼将社会资本定义为"对个人的具体行动有用的任何社会结构特征或资源","为个体的某种活动产生回报的任何'社会结构资

源'"。①布尔迪厄提出的"文化资本"理论,是指社会的统治阶级将自己的文化和价值通过符号系统转化为社会的文化和价值,通过教育系统进行文化的再生产。由于熟悉这一文化,在这一过程中统治阶层的子女更容易获得回报。如果不从文化理论的角度去认识,而将文化资本转化为家长的教育程度,家庭的文化气氛、教养和文化资源等指标,它对孩子学业成就的影响是显而易见的。当个人的经济资本、社会资本、文化资本都很丰富时,这三种资本之间存在很强的可置换性。

目前我国非义务性的高中教育和高等教育,实行的是以学习能力为标准的选拔性入学机制。然而,在高中阶段,单一的分数标准已被打破,用金钱换取学额的择校行为已经被合法化和制度化。在此背景下,家庭经济资本、社会资本、文化资本对学生获得高中教育机会的影响与国外很不相同,与中国20世纪90年代之前的情况也大不相同。

当前基础教育阶段炽烈的"择校热",加剧了学校的社会分层作用,不同群体子女从小学到初中,阶层差距明显加大。优质教育资源的获得表现出显著的阶层差距,优势阶层子女主要集中在优质学校,而薄弱学校的学生则主要由弱势阶层子女构成。据2005年初北京教科院对北京市中小学学生家庭背景情况的一项调查,优质小学学生的父亲学历在大专及以上的占50%,职业在中层及以上的占64%,要明显高于相应薄弱小学的38%和46%;优质初中学生的父亲学历在大专及以上的占55%,职业在中层及以上的占70%,要大大高于相应薄弱小学的13%和26%。② 这种情况到高中阶段表现更加明显。

1. 家庭经济资本和高中教育收费

由于高中收费的不规范,家庭的经济能力成为接受高中教育的第一道门槛。

表5-18显示,对于"你现在是属于公费生还是自费生"的提问,各地高中生自认为是自费生的比例都非常高,达60%~80%,大大高于表4-14中交赞助费、择校费总体为19.5%的比例。这可能是因为许多地区对学生实行按分数段收费,以及学生要交纳多种费用,导致对"自费生"的理解不一。

---

① 林南.社会资本——关于社会结构与行动的理论.上海:上海人民出版社,2005.23、26
② 杨东平主编.中国教育发展报告(2005).北京:社会科学文献出版社,2006.390

表 5-18 各地高中自费生和公费生的比例(%)

	北京	苏州	宁波	重庆	衡阳	安阳	赤峰	兰州	湛江	菏泽
公费生	17.5	10.2	29.6	3.8	3.4	6.0	27.6	17.7	10.6	17.2
自费生	66.9	73.0	55.1	85.3	82.6	76.4	53.7	60.6	78.2	67.3
不清楚	15.6	16.8	15.3	11.0	14.0	17.6	18.7	21.7	11.2	15.4

在一些地方的实际调查却可以与这一结果相映证。如赤峰市规定高中择校生比例不得超过30%，择校生的录取分数要控制在计划内招生最低录取线下100分以内。但"在一定时期内可适当放宽"。因此，事实上各级学校大都突破了30%的规定，而且越是重点学校，自费生的比例就越高。如赤峰某高中2002年高一招生时，线上生为540人，择校生为270人，占33%；2003年这一比例就颠倒过来，择校生达60%以上。该校的收费标准是：三年自费生9600元，公费生4600元。

湖南省衡阳市《关于2003年秋季中小学收费有关问题的通知》提出，高中择校生"限人数"的比例为：省级重点学校不超过当年招生总数的50%，市级重点学校不超过30%。"限钱数"的具体标准为：省级重点学校每生不超过8000元，市级重点学校不超过6000元，在新生入学时一次性收取。"限分数"的最低录取分数线为公办高中计划内录取分数线以下50分以内。从2004年3月起，江西省大幅度提高了择校费，高中择校费分六档收取，最高为每学生每学年收费1万元，最低标准则为1500～2300元。择校费之高，让许多家庭望而却步。

表5-19为本次调查的高中学习费用(由于家庭的年经济收入难以准确调查，此处仅供参考)。它使我们看到农村高中的教育费用与城市学校相差不大，城市与农村的重点高中的学杂费相似，而城市与农村普通高中的学杂费也相似，农村重点学校的生活费与城市高中也相似，区别主要在择校费上。原因之一是农村的高中大多设在县城，处于城市化地带。此外，它使我们认识到在学校系统中，重点学校的同质性。在许多方面，重点和非重点学校的区别要大于城市和农村学校这样的区别。

表 5-19 高中的学习费用（平均值）(元)

	城市重点	城市普通	农村重点	农村普通
上学期学杂费	1130.44	918.24	1187.51	992.22
上学期赞助费、择校费	754.26	802.55	572.43	417.90
本人去年的生活费(食宿、零用等)	3490.87	3101.77	3184.76	2403.54
去年全家收入	40083	34020	36329	18601
教育支出所占比例(%)	18.1	19.2	18.5	28.1

考虑到许多农村家庭接受教育的子女不止一人（农村家庭中有两个以上子女的占69.5%，三个以上的占38.3%），因此，农民家庭的实际教育费用支出会明显高于此比例。

不同家庭的经济承受能力

显然，不同家庭对高中教育的经济压力感受是不同的。表5-20显示，普通高中学生的家长感到了更大的压力，尤其是农村普通中学学生的家长，认为有困难的占60.8%。

表5-20　不同阶层家庭对支持高中学习有否经济困难(%)

	城市重点	城市普通	农村重点	农村普通
不困难	64.6	52.8	56.0	33.6
有些困难	22.8	32.8	33.1	48.7
非常困难	5.1	5.6	5.9	12.1
不知道	7.5	8.8	5.1	5.6

受当前中小学的高收费和择校费政策影响的主要是社会的低收入阶层。按家庭背景的深入分析可看出，农民、下岗等弱势家庭供学生上高中的经济困难更大，农民家庭感到经济困难的占79.1%，认为"非常困难"的占19.9%。工人、无业家庭认为困难的比例达到38.2%和47.7%，明显高于其他阶层。见表5-21。

表5-21　不同阶层家庭对高中教育费用的承受能力(%)

父亲职业	不困难	有些困难	非常困难	不知道	小计
高级管理技术人员	78.2	12.7	2.8	6.3	100.0
中级管理技术人员	72.8	17.1	2.5	7.6	100.0
一般管理人员/办事员	59.4	28.4	4.6	7.6	100.0
私营企业主	78.1	17.2	0.5	4.2	100.0
工人	55.1	34.4	3.8	6.7	100.0
个体经营者	59.8	30.5	1.8	7.9	100.0
农民、农民工	17	59.2	19.9	3.9	100.0
无职业者	43.5	40.6	7.1	8.8	100.0
其他	51	35.1	7.4	6.5	100.0

高校出现的庞大的"贫困生"阶层主要来自农村，他们中的许多家庭在高中阶段就竭尽财力，陷入经济困境。一些农村家庭出现"怕子成龙"的教育恐慌。

不同家庭子女通过择校进入高中的情况

由于单一分数标准已被打破,具有较多经济资本的家庭可以通过缴纳择校费送子女进入高中。表5-22显示了重点和非重点高中不同家庭的平均收入和其子女通过择校入学的比例。可以看出,家庭经济资本越多,通过"交择校费"的方式进入高中的比例也越高。"私营企业主"阶层子女通过交费进入重点高中的比例最高,达24.8%;高、中级管理技术人员子女的这一比例分别为22.3%和19.9%;而农民、工人家庭子女通过这种方式进入重点高中的比例则明显较低,农民和农民工家庭这一比例仅为4%。

表5-22 高中学生家庭收入与交择校费入学状况

父亲职业	重点高中		普通高中	
	交择校费入学比例(%)	家庭平均收入(元)	交择校费入学比例(%)	家庭平均收入(元)
高级管理技术人员	22.3	71296.40	23.9	49878
中级管理技术人员	19.9	33704.99	24.4	35281
一般管理人员/办事员	12.7	23888.06	15.6	30556
私营企业主	24.8	96642.11	28.4	69832
工人	14.9	23414.00	20.5	16034
个体经营者	15.8	37740.13	22.5	33558
农民、农民工	5.7	10621.79	7.0	9921
无职业者	15.8	22909.80	15.9	12672
其他	15.1	27369.10	16.6	22118

值得注意的是,非重点高中学生的家庭平均收入大约比重点高中家庭低30%以上,而且在各个阶层的家庭中都有所表现(仅中低级管理阶层例外)。这从另一个侧面说明了家庭经济收入对于子女获得优质教育资源的影响,以及重点学校制度的分层作用。

事实上,家庭经济资本的影响在高中之前就产生了。被试学生中初中阶段缴纳择校费的有486人,占学生总数的12.7%;高中阶段缴纳择校费的有714人,占学生总数的18.7%;初中、高中都缴纳择校费的347人,占总学生数的9.1%。

2. 家庭社会资本对子女高中入学机会的影响

社会资本是指家庭所拥有的社会关系网络,它是影响高中入学机会获得的另一个重要因素。在一定情况下,社会资本与经济资本和文化资本可以相互转化。社会经济地位较高的家庭,更容易通过社会关系网络,使子女获得稀缺的教育机会。

表 5-23 显示,不同阶层的社会关系资源存在差异。高级管理人员阶层有 43.6% 的家庭有亲戚朋友在教育部门任职,私营企业主和个体经营者的社会资本处于中等水平,而工人、农民家庭的这一资本最少。这里尚未考虑低阶层的"亲戚朋友"的职位大小和是否拥有实权,以及当事人对他的影响力。由于高昂学费的存在,中下社会阶层即使拥有社会关系,也不一定能用上。而握有实权的人物,其子女甚至可以不缴费、少缴费而获得高中教育机会,即所谓的"条子生"。因而,不同阶层社会资本的实际差距要比数据显示的更大。

表 5-23 学生家长的社会关系(%)

父亲职业	有亲戚朋友在教育部门	使用过熟人关系
高级管理技术人员	43.6	8.4
中级管理技术人员	37.8	10.6
一般管理技术人员/办事员	39.3	5.8
私营企业主	33.2	10.0
工人	26.7	4.3
个体经营者	35.8	14.4
农民、农民工	29.3	5.6
无职业者	32.6	7.9
其他	33.8	10.4

总体而言,家庭的社会经济地位越高,选择缴纳择校费的比例就越高;同时,动用熟人关系入学的比例也相对较高。私营企业主阶层和中、高级管理人员使用社会关系的比例是工人和农民的 1.5~2 倍。

分析不同阶层的行为选择,个体经营者与私营企业主虽然拥有的社会资本并不突出,但使用这一资本的比例较高,表明了新兴经济阶层谋求经济资本与社会资本、文化资本的转化的欲求。另一个较多使用熟人关系的是中级管理人员阶层,这是他们便利的"近水楼台"。他们选择交择校费的比例也很高,显示他们具有经济资本和社会资本两方面的优势。尽管高级管理人员在教育部门有熟人的比例更高,但他们利用熟人关系的比例却比中层人员要少。

对家庭社会资本的另一重检验,是家长与班主任是否相熟和在学校是否有熟人。表 5-24 显示,它依然与家长的经济社会地位相关。高阶层的家长与班主任熟悉的比例远高于其他家长,在学校有熟人的比例也较高。

表 5-24 家长与班主任和学校的关系(%)

父亲职业	家长与班主任老师的关系			学校是否有家长的熟人		
	熟悉	相识	几无交往	有	没有	不知道
高级管理技术人员	34.7	35.8	29.6	23.8	53.3	22.7
中级管理技术人员	24.4	40.3	35.3	19.5	63.6	16.9
一般管理技术人员/办事员	16.1	32.8	51.1	17.5	62.8	19.7
私营企业主	22.0	36.7	41.2	18.0	62.9	19.1
工人	14.9	37.5	47.6	10.7	73.1	16.1
个体经营者	18.3	33.5	48.3	19.2	62.2	18.6
农民、农民工	13.8	25.6	60.6	14.8	68.3	17.0
无职业者	17.6	38.2	44.2	12.1	73.3	14.5
总体平均	19.4	33.8	46.8	16.5	65.4	18.1

表 5-25 显示,在进入重点高中的学生中,农民、工人的子女通过考试入学的比例最高;私营企业主、中级管理技术人员的子女通过交择校费入学的比例最高;私营企业主、中级管理技术人员运用熟人/关系的比例最高。

表 5-25 不同家庭进入重点高中的路径(%)

父亲职业	通过考试	交择校费	通过熟人/关系	其他
高级管理技术人员	79.8	23.2	4.4	3.5
中级管理技术人员	76.2	30.1	7.5	2.5
一般管理技术人员/办事员	79	21.4	3.8	1.7
私营企业主	68.8	39.3	8	1.8
工人	80.8	21.8	2.6	0.9
个体经营者	78.4	21.9	7.2	0.7
农民、农民工	94.8	4	2.6	0.9
无职业者	75.3	23.7	5.9	4.8
其他	80.8	21	5	1.9

3. 家庭文化资本对子女高中教育机会和学业成就的影响

国内外的许多研究已经证明,家庭文化资本是影响子女高中入学机会和学业成绩的重要因素。父母的受教育程度、对子女的教育期望、家庭气氛等都会对子女的学业成就产生相应影响。当然,高中学业成就的影响因素较多，包括社区因素（如居住地是城市、县镇还是农村）、家庭背景因素（如家庭结构[子女数量]、父母职业、父母受教育程度、家庭经济状况以及父母的教育期望、亲子关系等）、学校中的师生互动（如师生关系，师生交往的频率、特点等），需要建立回归模型进行回归分析，认识不同因素的影响程度。本文不对此进行全面、深入的研究，仅从"文化资本"的角度作一些局部的检验。

家长的教育程度极大地影响着子女进入不同类型的学校。从表 5-26 可以清楚地看到，父亲受教育程度为大专以上的家庭，子女进入重点中学的比例为 66.7%，是初中以下家庭的 1.6 倍；进入城市重点中学的比例为 50.8%，更远远高于其他两类家庭。

表 5-26 父亲受教育程度与子女进入重点高中的比例（%）

	城市重点	城市普通	农村重点	农村普通	小计
大专及其以上	50.8	21.9	15.9	11.5	100.0
高中/中专/职高	23.9	27.9	24.4	23.7	100.0
初中及其以下	13.8	22.5	26.8	36.9	100.0

在问卷中以"上学期期末考试的平均成绩"为依据，评价不同家庭子女的学习成绩，可见其差异的排序与家庭社会经济地位大致是同构的，高、中级管理技术人员家庭学生的平均成绩大约高出农民、农民工家庭学生 2~3 分。这一排序与家长的教育期望排序也大致是一致的。见表 5-27。

表 5-27 不同家庭学生的学习成绩及学习期望

父亲职业	上学期期末平均成绩（分）	学生期望的受教育年限（年）	家长期望子女的受教育年限（年）
高级管理技术人员	69.47	20.55	20.06
中级管理技术人员	68.06	20.45	19.83
一般管理技术人员/办事员	66.61	19.96	19.25
私营企业主	67.42	20.57	19.70
工人	66.35	19.73	19.01
个体经营者	67.16	20.01	19.34
农民、农民工	66.41	19.90	18.64
无职业者	64.95	20.07	19.20
总体平均	66.86	20.07	19.24
F 检验差异显著度	0.012	0.000	0.000

注：F 检验差异显著度小于 0.05，即具有统计意义

不同职业家庭对子女的教育期望,最高和最低相差1.42年,而学生自己的教育期望差仅0.82年;而且,学生自己的教育期望普遍高于家长,高约0.5~1年。它显示了两代人对教育的不同态度以及文化资本在代际间传递的信息。

表5-28显示了父亲受教育程度与子女学习成绩、教育期望的相关关系。父亲受教育程度越高,则父母和子女的教育期望都更高,学习成绩也更好。充分说明了家庭文化资本对于子女教育的影响。

表5-28 父亲受教育程度与子女学习成绩、教育期望的相关

	上学期期末平均成绩(分)	学生期望的受教育年限(年)	家长期望子女的受教育年限(年)
初中及其以下	66.0	19.8	18.5
高中/中专/职高	66.8	20.1	18.9
大专及其以上	69.2	20.5	19.7
总体	66.9	20.1	18.9
F检验差异显著度	0.000	0.000	0.000

表5-29显示,父亲受教育程度对家庭的文化条件、家庭气氛、亲子沟通的状况等有直接影响,这些因素对于子女的学习效率和效果有着积极正面的影响。

表5-29 父亲受教育程度与家庭氛围的关系(%)

	初中及其以下	高中/中专/职高	大专及其以上	总体
家庭的藏书量(册)	405.8	496.0	855.7	531.8
与父母交流时感到紧张、害怕	28.6	26.4	24.2	26.9
与父母交流时感到愉悦、宽松	71.4	73.6	75.8	73.1
家庭气氛有些紧张	24.2	21.7	20.4	27.3
家庭气氛轻松、和谐,关系紧密	75.8	78.3	79.6	72.7
请别人来辅导过功课	28.2	37.5	53.3	36.9
未请过别人来辅导功课	71.8	62.4	46.7	63.0
父母经常为子女辅导功课	1.8	2.2	5.1	2.6
父母偶尔为子女辅导功课	19.5	25.7	31.8	24.4
父母几乎从不为子女辅导功课	78.8	72.0	63.0	73.0
遇到学习生活困难时,最愿意和父母讲	15.3	16.9	22.3	15.3

另一方面,从孩子的角度出发,许多中学生认为家长的期望过高,总体有28%的学生认为家长的期望超过了自己的能力,普通学校的家长对子女的评价不当(过高或不抱希望)的比例更高。如表 5-30 所示。

表 5-30 高中生对家长教育期望的评价(%)

	城市重点	城市普通	农村重点	农村普通	总体
超过了自己的能力	26.0	26.6	27.4	31.7	28.0
符合自己的实际	70.5	66.4	70.8	60.0	66.7
对自己不抱多大希望	3.5	7.0	1.8	8.3	5.3

表 5-31 为用卡方检验的方法检验家庭的文化资本、经济资本和社会资本对学生进入不同类型学校的影响。结果显示,文化资本、经济资本和社会资本对学生获得不同的受教育机会均具有显著影响(显著性水平均小于 0.05)。三者之中,以家长职业所代表的社会资本的影响力最大(为 0.4 以上),其次为家庭的文化资本(为 0.35 左右)。比较而言,家庭的经济资本对学生获得不同受教育机会的影响较小(为 0.273)。为什么家庭社会资本的重要性大于经济资本,仍是需要深入探究的。它与我们的另一个经验大致吻合:重点学校聚集的社会优势阶层,尤其是干部阶层的子女比例之高,已经到了相当严重的程度。

表 5-31 家庭社会、文化、经济资本变量与学生学校类型的卡方检验

家庭背景指标		学校类型 (Contingency Coefficient)	显著性水平	样本数量
文化资本	父亲受教育程度	0.347	0.000	3789
	母亲受教育程度	0.365	0.000	3797
经济资本	去年全家的收入	0.273	0.000	3350
社会资本	父亲职业	0.406	0.000	3759
	母亲职业	0.403	0.000	3767

此次高中调查的另一个重要发现是,被试学生的学业成绩与家庭背景无关,无论是对总体还是对分城市的数据的分析都是如此。相比教育机会的获得而言,学业成就的影响因素不是我们关注的主要问题;同时,通过学生问卷获得的学业成绩数据较缺乏准确性。因而,此处没有对这一问题进行专门讨论。但结论是基本明确的:学生的家庭背景强烈地影响着他们进入什么样的学校,但对他们的学业成绩并没有重要的影响。这一结果颇耐人寻味,与

我们的经验似乎不同。

国外关于教育公平的研究,一个活跃的领域是家庭社会资本、文化资本对学生学业成就的影响。布尔迪厄所揭示的家庭的文化资本会成为社会身份、文化再生产的重要机制,是因为它已经满足了一个前提条件:在国民教育体系中,学校教育的资源是基本均衡的。不同家庭背景的学生在学校享受同质的教育,影响他们学业成就的主要变量是不同的家庭环境,文化资本的作用因此而凸显。在我国这样等级化的学校系统中,学校的重要性明显大于不同家庭背景的影响。这就是说,重点学校学生和普通学校学生的差异,要大于同一所学校之中不同家庭背景学生之间的差异。学生的学业成就是可以大致依据学校的类别而进行区分的。正如国外已有研究所指出的:"在发达国家(高人均GNP),在预测学生学业成就的差异方面,家庭因素的作用要远远优于学校因素对学生学业成就的影响。但是,在欠发达国家,情况就反过来了,学校的因素优于家庭。这两种比较的结果表明了在社会层级上的学校教育的效能,并且也揭示了在国家水平上社会力量构成成就模式的背景。"[1]

五、高中的教育气氛

在目前我国"应试教育"和学校等级化的现实中,学校内在的教育气氛究竟如何,不同类型学校的学生如何感受和评价,为我们认识高中教育状况提供了一些有意思的实证数据。

1. 学生的学习状态

表5-32显示,高中生平均的课外学习时间为5.2小时,高中生学习负担过重的问题可见一斑。重点高中学生的课外学习时间比普通高中多,农村重点中学的课外学习时间最长,平均达到5.47小时,反映出目前农村高中以"县中模式"而闻名的靠拼时间、严酷训练以获得高高考成绩的教育方式。

据被试学生的填写,不同类型学校学生上学期期末成绩分布见表5-33。大概可以认知的是重点学校86分以上高分段的学生约占6.2%,59分以下的学生占15.8%;在普通学校,这两个比例分别是3.8%和33.3%,明显低于重点学校。而城市学生与农村学生整体学习成绩的状况,没有明显的区别。

---

[1] 莫琳·T·哈里南主编.教育社会学手册.上海:华东师范大学出版社,2004.455

表 5-32 平均每天课外的学习时间(%)

	2小时以下	2.1~3小时	3.1~4小时	4.1~5小时	5小时以上	平均小时
城市重点	12.4	19.9	24.0	18.7	25.0	5.26
城市普通	17.8	18.1	22.2	18.0	23.9	4.96
农村重点	12.2	11.3	24.6	19.4	32.6	5.47
农村普通	15.6	18.0	20.9	17.5	28.0	5.06

注：包括学校规定的早晚自习

表 5-33 不同类型学校学生上学期期末平均成绩(%)

	95分以上	86~95分	76~85分	60~75分	59分以下
城镇户口学生	1.5	4.5	20.8	49.9	23.3
农村户口学生	1.7	3.4	20.9	46.1	27.9
城市重点	2.0	6.5	25.4	48.5	17.5
农村重点	1.1	4.8	35.0	45.1	14.0
城市普通	0.9	2.0	15.3	51.6	30.2
农村普通	2.0	2.6	12.2	46.7	36.4

学生对所学不同科目的评价，如表 5-34 所示。由于缺乏早期学习的条件和学习资源，农村学生将外语视为最难学、成绩相对较差的科目。尽管城市学生的语文成绩更好，数学被视为最难，但数学却被城乡学生均视为最喜欢的学科，这是有些奇怪的。合乎逻辑的解释是，它反映的只不过是语文的乏味和缺乏吸引力，这是与我们的经验非常一致的。

学生对高中学习难度的感受，学校之间的差异并不显著。总体有64.3%的学生认为学习难度较大和非常大，另外三分之一的学生认为尚能适应。可见多数学生不适应目前高中教育的难度。但重点学校学生对学习难度的评价略低于普通高中，显示他们的学习能力较强，见表 5-35。

表 5-34 不同类型学校学生对学习科目的喜好和评价

	成绩最好的3门课			学习最难的3门课			最喜欢的3个科目		
	1	2	3	1	2	3	1	2	3
城市重点	语文	数学	外语	数学	物理	外语	数学	语文	外语
城市普通	语文	数学	外语	数学	外语	物理	数学	语文	外语
农村重点	数学	语文	外语	外语	物理	数学	数学	外语	语文
农村普通	语文	数学	外语	外语	数学	物理	数学	语文	外语

表 5-35 学生对学习难度的评价(%)

	城市重点	城市普通	农村重点	农村普通	总体
难度非常大	5.7	7.7	4.4	8.4	6.6
难度较大	55.9	58.3	59.3	58.0	57.7
适中	36.0	32.3	34.7	31.2	33.5
较容易	1.5	0.9	1.2	1.7	1.3
很容易	1.0	0.8	0.4	0.8	0.8
小计	100.0	100.0	100.0	100.0	100.0

2. 师生关系

师生关系是构成学校气氛、影响学生学业成就最重要的因素。表 5-36 显示,各类学校总体有 63% 的学生对正在教他们的老师感到很满意和比较满意。重点学校的满意度明显高于普通学校,城市重点和普通学校对教师的满意评价相差 9 个百分点,而农村重点学校和普通学校之间则相差 21 个百分点;对教师不满意、很不满意的评价,农村普通学校最高,达 12.8%,比城市普通学校高 3.8 个百分点。显示了重点学校和普通学校在教师素质上的极大差异,以及农村普通校师资之薄弱的状况。

表 5-36 不同学校学生对老师的评价(%)

	城市重点	城市普通	农村重点	农村普通	总体
很满意	13.0	10.3	13.0	11.9	12.1
比较满意	56.7	50.4	60.4	40.5	50.9
一般	23.8	30.3	22.1	34.8	28.4
不太满意	4.1	6.7	4.1	9.9	6.5
很不满意	2.4	2.3	0.4	2.9	2.2
小计	100.0	100.0	100.0	100.0	100.0

尽管学生对教师的总体评价尚好,但在更为具体的评价中,如表 5-37 所示,约 47.2% 的学生为老师所忽视。而在重点中学,这一比例更高。城市重点中学比普通中学高出 5.6 个百分点,在农村学校则高 2.2 个百分点,它反映了在单纯追求升学率的氛围中,重点学校教师对不同学生的"势利"态度。另有二成的学生所受到的关注主要是批评;只有约三成的学生受到老师正面的鼓励和肯定,城市普通学校在善待学生上显然比城市重点学校做得更好,对学生以鼓励为主的比重点学校高 6.5 个百分点。

表 5-37 不同学校学生感受老师对学生的态度(%)

	城市重点	城市普通	农村重点	农村普通	总体
表扬多、批评少	30.8	37.3	32.7	26.6	31.2
批评多、表扬少	21.0	20.1	17.2	25.5	21.5
很少被老师注意	48.2	42.6	50.1	47.9	47.2
小计	100.0	100.0	100.0	100.0	100.0

3. 对学校生活的感受

对中学生而言,学校不仅是一个上课和考试的场所,也是一个生活和个性发展的空间。调查结果显示(见表 5-38),将近一半的学生在学习之外没有其他方面的兴趣和特长,重点学校的学生尤甚于普通学校,在城市学校相差 8.7 个百分点,而在农村学校相差 15.2 个百分点。

文艺、体育、科技的兴趣之外,高达 9% 的"其他"选择,主要是书法、电脑、设计、军事、下棋、交往等等。

表 5-38 除学习之外,是否具有各方面的特长(可多选)(%)

	无	文学、艺术	体育	科技	其他
城市重点	47.7	32.9	15.4	2.9	9.1
城市普通	39.0	30.5	18.2	3.9	9.2
农村重点	56.0	22.0	15.5	2.7	9.1
农村普通	40.8	32.4	19.7	6.4	9.5

表 5-39 显示,虽然重点学校的学生获得"三好学生"和奥赛奖项的比例较高,但担任过学生干部以及获得其他奖项和荣誉的机会明显少于普通学校。城市普通学校担任过干部的比率比重点学校高 8.7 个百分点,获得过其他奖励、荣誉的高 14.7 个百分点。农村学校的比较也是如此。可见重点学校在关注学生的全面成长上比普通学校更差。

表 5-39 高中阶段的课外活动表现(%)

	是否任过干部		是否获得过奖项、荣誉				
	未	担任过	三好学生	优秀干部	奥林匹克竞赛奖	科技作品或发明创造奖	其他
城市重点	58.8	41.2	16.1	9.4	1.8	1.7	38.5
城市普通	50.1	49.9	10.8	12.5	0.8	1.2	53.2
农村重点	66.0	34.0	26.3	7.4	0.8	0.7	36.2
农村普通	62.1	37.9	14.1	8.7	1.6	1.0	49.1

表 5-40 对学生好友人数的调查，反映的是同辈人群体的交往状态，事实上，同龄人之间的交往是青少年最重要的生活内容和学习领域。调查显示，高中生的好友人数平均为 6.6 人。重点学校学生的交友人数比普通学校稍少，这在农村学校尤为显著。农村重点学校学生人均朋友数比农村普通学校少 1.5 个，反映出农村重点学校更为紧张、刻板的生活状态。

表 5-40　有几个要好的朋友、同学（%）

	1个	2个	3个	4个	5个以上	平均人数
城市重点	4.6	8.8	16.8	11.0	60.11	6.52
城市普通	5.0	8.9	13.6	9.9	64.26	6.60
农村重点	4.7	10.2	15.9	10.9	59.25	5.87
农村普通	4.6	10.1	13.6	9.4	63.47	7.33

表 5-41 关于"在学习、生活上遇到困难的时候，最愿意与谁说"的提问，调查的是高中学生人际关系的重要性排序。结果显示，他们自认的重要性排序依次为同学朋友、父母、兄弟姊妹、老师。伴随青少年的成长，同辈人群体的重要性上升是个一般过程，但老师在学生生活中的重要性之低，仍令人感到惊讶。在最严酷的农村重点中学，教师的重要性最低；在城乡的普通学校，同学、朋友的地位最高；与普通学校相比，重点学校的学生对父母的重视程度明显高于普通学校，显示了不同的亲子关系状态。与城市学生相比，农村学生对兄弟姊妹的倚重更多。

表 5-41　在学习、生活上遇到困难的时候，最愿意与谁说（%）

	父母	老师	要好的同学/朋友	兄弟姊妹	亲戚	其他	小计
城市重点	21.4	3.0	60.7	5.5	0.3	9.1	100.0
城市普通	13.7	2.5	69.5	5.6	0.6	8.1	100.0
农村重点	18.9	2.1	62.7	9.2	0	7.1	100.0
农村普通	15.3	4.3	62.9	9.9	1.2	6.4	100.0

学生对高中学习生活的评价如表 5-42 所示。整体而言，不同学校的学生普遍认为高中生活主要是为了应付考试，感到生活单调、有些压抑，没时间发展个人兴趣等，只有二成的学生认为高中生活是愉快有趣的。

第五章 高中教育机会的获得

表 5-42 不同类型学生对学校生活的感受(%)

	城市重点	城市普通	农村重点	农村普通	城镇户口	农村户口	快班学生	普通班
愉快,有意思	20.7	16.9	23.6	17.6	19.8	21.8	20.3	16.3
就是为了应付考试	27.6	30.2	23.8	20.9	29.5	19.8	26.8	24.1
没时间发展个人兴趣	16.2	16.2	15.8	17.8	16.0	16.6	18.5	16.1
太紧张,压力太大	10.3	9.8	15.0	19.0	10.1	17.2	13.8	16.3
生活单调,有些压抑	25.2	26.9	21.8	24.7	24.6	24.6	20.6	27.1
小计	100.0	100.0	100.0	100.0	100.0	100.0	100.0	100.0

深入地认识,无论是城市还是农村,重点学校学生的愉快感都要高于普通学校,农村重点学校的愉快感受比农村普通学校高 6 个百分点,快班学生的愉快感高于普通班。这与上述重点学校的具体表现多少有些相悖,或许是由于重点学校学生的生活目标、意义更为明确。比较而言,城市学校的压力感、压抑感相差不大,而农村学校相差明显。就压力感受而言,基本情况是层次、地位越低,压力感越大。农村学生的压力感比城市学生高约 7 个百分点,而农村普通高中又比农村重点高中高 4 个百分点;普通班学生则比快班学生高出 2.5 个百分点。虽然农村重点学校学生的学习时间最长,但他们的压力感、压抑感却比农村普通学校要低。这可能是由于农村的这两类学校之间各方面的差别远较城市更大,在师资水平、教育气氛较差的农村普通中学,学生的学习压力更大,感受更为压抑。

4. 价值和态度

了解作为学校主体的学生的价值观和对教育政策的评价,是一个重要的视角,是以往的研究中较缺乏的。但由于此次的调查对象是高二的在校学生,其态度和价值的区分度不是很高,尤其是对就学问题的态度。

(1) 对公平价值的感受和认知。对当前高中的入学政策,超过半数的学生认为是公平和比较公平的,重点学校学生的正面评价的比例(56.3%)高于普通学校(49.7%),总体有三成多的学生认为"不太合理",还有 12% 的学生认为"说不清",既显示出作为这一政策的已受惠者(已经获得了普通高中教育机会)大致认可的态度,也显示出对这一政策价值的评价比较模糊、离散(表 5-43)。

表 5-43　对当前高中入学政策的评价(%)

	城镇户口	农村户口	重点学校	普通学校	总体
公平、合理	9.2	12.5	9.5	11.8	10.7
比较公平	43.4	40.3	46.8	37.9	42.0
不太合理	37.2	33.0	34.1	36.2	35.2
说不清	10.1	14.2	9.6	14.1	12.0
合计	100.0	100.0	100.0	100.0	100.0

对重点学校制度的评价也呈类似的离散状态,见表 5-44。四成的学生认可这一制度,重点学校学生认可的比例更高,超过半数;二成的学生不赞成;二成的学生认为可以设立,但应照顾和招收弱势学生;还有 16% 的学生持"说不清"态度。这意味着约 56% 的学生并不认同目前的重点学校制度。

表 5-44　对重点学校制度的态度(%)

	城市重点	城市普通	农村重点	农村普通	总体
应该设立	55.2	34.2	49.9	27.0	41.4
不该设立,扩大差距	14.5	25.2	16.9	26.9	20.9
可设立,招收差生	12.5	22.0	15.5	26.5	19.2
说不清	13.9	16.6	15.0	18.2	15.9

表 5-45 显示,对城乡学生待遇、处境的评价,比较明确地显示了学生的公平感受。总体而言,有近 45% 的学生认为城市学生的地位优于农村学生,只有近三成学生认为城乡学生享有同等待遇;还有将近二成的学生持"说不清"的态度。

表 5-45　对城乡学生待遇、地位的评价(%)

	城市重点	城市普通	农村重点	农村普通	总体
享有同等待遇	32.4	33.8	38.7	27.2	32.5
城市学生优于农村学生	38.5	40.6	49.6	50.8	44.9
农村学生优于城市学生	7.3	3.6	1.2	2.9	4.0
说不清	21.8	22.1	10.5	18.1	18.6

表 5-46 显示,近七成的学生强烈反对认为农村学生更应当上职业学校的看法,农村学生尤其反对这种看法。由于调查对象是已经进入普通高中的

学生,他们的这一态度会高于广义的中学生群体,但也折射出农村学生追求高学历、视升学为向上的社会流动的主要渠道的基本倾向。

表 5-46 对"农村孩子不如提早上职业中学"的评价(%)

	城市重点	城市普通	农村重点	农村普通	总体
同意	11.3	14.2	8.7	10.8	11.3
不同意	69.1	70.5	77.7	69.7	71.3
说不清	17.2	14.5	11.9	17.9	15.7

(2) 对高校、高教政策的了解。目前高校的收费政策和就业状况究竟在怎样影响着中学生的选择,是我们所关注的。调查显示(表5-47),总体有72%的学生认为目前高校的学费太高,但就承受能力而言,感到难以承受的占25.4%,这与当前高校贫困生的统计(20%~25%)大致相似。分阶层的解读显示,来自农村家庭的压力最大,高达43.9%的家庭感到"难以承受",其次是下岗、无业的群体,这一比例高达34.3%。考虑到这是由高二学生填写的问卷,家长对生活压力的感受可能更甚于此。

表 5-47 对高校现行四五千元学费标准的承受能力(%)

	城镇户口	农村户口	小计
太高,难以承受	17.3	35.5	25.4
较高,尚能承受	50.5	42.2	46.9
还可以	28.2	20.7	24.9
完全能够承受	4.0	1.5	2.9

尽管如此,在调查中只有约7%的学生会考虑放弃上大学,37.0%的学生持"不论代价,考上就上"的态度,40.3%的学生"到时候再说",还有15.6%的学生会考虑上收费较低的学校。这仍然可以从普通高中的"同质性"加以解释,因为考入普通高中的学生是一个特定群体,他们事实上已经确定了上大学的目标,并做好了为上大学而负担学费的心理准备。

类似地,大学生自主择业和就业的现状,对这批高二学生的升学选择也没有显著影响,见表5-48。虽然有63.3%的高中生明确知道当前大学生就业形势"有困难"和"很困难",但大学生自主择业的政策并没有显著影响高中生的升学意愿,只不过普通学校的学生感到的忧虑要更多些。

表 5-48　大学生自主择业会否影响你选择上大学(%)

	城市重点	城市普通	农村重点	农村普通	总体
不会	52.4	44.4	58.4	45.5	49.8
有一点	29.6	32.4	27.2	33.6	30.9
有影响	13.5	17.4	11.7	15.6	14.6
不好说	4.5	5.9	2.7	5.2	4.7

对于高校目前实行的各种助学手段,高中生大多处于"听说过"的浅层了解,以农村学生为例,比较了解和非常了解的约占三成。但这并不妨碍他们以比较乐观的心情看待自己未来的求学生涯。表 5-49 显示,66.9%的学生对通过贫困生资助政策完成大学学业是有信心的,但仍有近 1/3 的学生缺乏信心,特别是在农村普通中学中,共有 5.5%的农村普通中学学生对此持悲观的态度。

表 5-49　对通过贫困生资助政策完成大学学业的信心(%)

	城市重点	城市普通	农村重点	农村普通	总体
可以	28.2	25.2	30.1	23.1	26.4
大概可以	40.0	38.7	43.5	40.2	40.5
不好说	27.0	31.3	23.5	31.3	28.5
上不了	4.7	4.8	2.9	5.5	4.6

不同学校学生对报考高校的意愿显示(表 5-50),超过八成重点高中的学生选择上重点高校,而普通高中选择上重点高校的比例约为五成,约有四成选择上普通高校。选择上高职院校、民办高校的比例非常低,与我国加大发展高职教育的发展战略并不一致。其主要原因,一是来自文化传统、社会环境的对技能型、应用型教育和就业的鄙视,二是其收费远较普通高校更为昂贵。这是许多农村学生选择高考复读的重要原因。

表 5-50　如报考高校,倾向于选择哪一类高校(%)

	城市重点	城市普通	农村重点	农村普通	总体
重点高校	81.7	51.4	81.2	51.4	66.1
一般高校	13.2	40.9	14.3	36.2	26.3
高职院校	1.5	3.3	2.7	8.0	4.0
二级学院、民办高校	1.4	2.1	0.5	2.9	1.8
其他	2.2	2.3	1.2	1.5	1.8

基本结论

(1) 对10城市40所普通高中学生的调查显示,高中阶段学生的社会分层十分明显。城镇户口的学生更多集中在重点中学,而农业户口的学生多在普通中学。高阶层家庭的子女约62%在重点中学就读,而低阶层家庭的恰好相反,约60%在非重点学校学习。在不同类型的高中,学生家庭背景的趋同性在增强。

基础教育存在着一种可能复制和扩大阶层差距的机制,这就是城乡二元、重点和非重点二元的学校制度。目前高等教育入学机会上出现的各种不公平,在很大程度上是高中教育的积累和延续。

(2) 各地区通过缴纳赞助费或择校费进入高中的学生比例几乎都超过了10%,最高达39.7%。城市重点学校有四分之一的学生通过择校进入;初中阶段缴纳择校费的比例超过高中,大致超过高中6~8个百分点,不同家庭的情况均如此。通过熟人/关系进入高中的比例在一些地区达到了10%。通过交赞助费和通过熟人、社会关系入学的比例,私企业主最高,中高层管理层次之。由于单一的分数—能力标准已经被打破,对重点高中入学机会的竞争,在一定程度上已经成为家庭经济资本和社会资本的较量。

(3) 文化资本、经济资本和社会资本对学生获得不同的教育机会均具有显著影响。三者之中,以家长职业所代表的社会资本的影响力最大,其次为家庭的文化资本;比较而言,家庭的经济资本对学生获得不同教育机会的影响较小。它显示了在等级化的中小学学校系统中,优质教育资源更多地为社会的优势阶层所享用;优势阶层在获取这种教育机会时,社会资本发挥了主要的作用。

(4) 重点中学的"传递性"——初中在重点中学的学生大多升入重点高中——使升学竞争下移和阶层的分化提前。省级重点初中的学生,70.5%进入重点高中,普通初中进入重点高中的比例仅为42%,而且其中一半是在农村重点高中。

(5) 只有不足二成的学生认为高中生活是愉快有趣的,64%的学生认为高中学习难度很大和非常大,主要为应付考试。重点学校学生的愉快感受要高于普通学校,农村学校学生的压力感受比城市学校平均高7个百分点,而农村普通高中学生的压力感受最高。虽然重点学校的学生对教师的满意度明显高于普通学校,但老师在学生生活中的重要性却很低。将近一半的学生在学习之外没有其他方面的兴趣和特长,重点学校的学生尤甚于普通学校。而且,重点学校学生的朋友数比普通学校更少,显示出重点高中更为紧张、刻板的生活状态。

(6) 高二学生对目前的高中入学政策、重点学校制度持基本认可但游移、离散的态度,45%的学生认为城市学生的地位优于农村学生。他们对高校收费、就业状况的了解基本不影响他们的升学选择,这在很大程度上是因为他们已经做出了选择。

(7) 农民、下岗等弱势家庭供学生上高中的经济困难更大,农民家庭感到经济困难的占79.1%,认为"非常困难"的占19.9%。工人、无业家庭认为困难的比例达到38.2%和47.7%,明显高于其他阶层。

第六章

高等教育入学机会的城乡差距

- 调查显示,以每万人口的高校录取人数论,1998年城镇青年通过高考上大学的机会是农村青年的3倍多。
- 高等教育入学机会的城乡差距既与经济和教育发达程度正相关,同时又呈现出不同步的发展趋势。在改善教育公平、促进教育机会均等方面,无论是发达地区还是落后地区,都有各自的问题,都是可以有所作为的。
- 在低收费甚至免费、城市学生不愿意去的农林地质类院校,农村学生的比例高达61%!
- 城乡学生进入不同类型高校的机会是不同的,城市学生进入高层次学校的机会更多,而农村学生进入低层次学校的机会更多。
- 在清华大学、北京大学、北京师范大学自20世纪90年代以来招收的新生中,农村学生的比例呈下降的趋势。清华、北大新生中农村学生的比例比1998年低近3个百分点,北师大则下降了8个百分点。
- 高校扩招以来,新增的农村学生主要分布在非重点的地方普通院校。
- 自1999年开始高校扩招后,高校入学机会的城乡差距经历了一个扩大的过程;但在2001年前后发生了历史性的转折,高等教育入学机会的城乡差距开始改善,正在从显性的总量不均衡,转为更为深层的、隐性的教育差距,体现为城乡学生在不同层次、不同类型高校的分布。
- 在国家重点高校,具有较强的文化资本、经济资本和社会资本的强势社会阶层的子女占有较大的份额,而农村学生和弱势阶层的子女所占份额逐渐减少。教育资源、教育质量相对较弱的地方性高等院校聚集了最多的农村学生,同时,也集中了最多的高校贫困生。

第六章 高等教育入学机会的城乡差距

20世纪90年代之后,尤其是自1999年开始的高等学校大规模扩招之后,我国高等教育进入了一个高速发展的新阶段,高等教育的毛入学率从1998年的9.8%猛增至2004年的19%。人们非常关心在此背景下,我国高等教育的公平状况、农村学生接受高等教育的机会发生了怎样的变化。

一、高校扩招前后城乡差距的变化

我国高等教育入学机会的城乡差距,在20世纪80年代之前不是一个突出的问题。在五六十年代和"文革"期间,由于对家庭出身和政治标准的强调,工农子弟在高校学生中一直占有稳定的较高比例。高校学生中工农子弟的比例,1952年为20.5%;1958年,高校新生中的工农子女已占55.28%,1965年达71.2%。

改革开放之后,统一高考制度和能力标准使事实上存在的城乡教育差距显现出来。80年代初,即有学者对父亲职业对子女进入高等学校的影响进行研究,认为干部和知识分子的子女比工人、农民子女有更多的教育机会。较早的研究,是对北京8所高校1980年入学新生家庭背景的抽样调查。结果显示父亲职业为农民的占20.2%,工人占25.0%,干部占15.5%,专业技术人员占39.3%。1982年,胡建华等对南京大学、南京师范学院在校生的调查表明,父亲为农民的学生占在校生总数的22.7%,包括工人在内的"体力劳动者"的子女共占40%,当年江苏省农业劳动者和体力劳动者分别占劳动人口的80.3%和90%。据北京招生办统计,1990年北京共录取新生17248人,其中干部、军人、职员的子女13474人,占78%,工农子女3561人,占21%。

我国基础教育,尤其是高中教育的发展,原本存在重城轻农的偏斜和严重的城乡差距。在高等教育大规模扩招的背景下,城乡学生的教育机会发生的变化,需要作具体的测算。

1. 分城乡的每万人高考报名数

关于高等教育入学机会城乡差距的测量,最直接的方法是统计每年分城乡的高校录取数,并与人口结构加以比较。然而,我们至今得不到1999年高校扩招之后分省区、分城乡的高校录取数,本研究只能以"高考报名数"作为代用的测量指标。虽然它与"高校录取数"有很明确的差别,但两者之间的趋势是一致的,用以揭示高等教育入学机会的变化趋势是基本适用的。

图6-1为20世纪90年代以来我国分城乡的高考报名人数。农村由于其庞大的基础教育人群,长期以来高考报名数一直高于城市。但是,扩招前后城乡的高考报名数发生了巨大变化。1997年至2001年,城市报名人数的增长幅度远远大于农村,1999年城市增幅是农村的4倍,2000年是农村的3倍多,详见表2。城市考生的绝对数越来越接近农村,并于2001年首次出现城市考生数超过农村的现象。这一年城市高考报名人数为227.5万,农村高考报名人数为225.8万,分别是1990年的2.12倍和1.43倍。表明在这一阶段,新扩大的高等教育增量部分更多地为城市学生所享用。

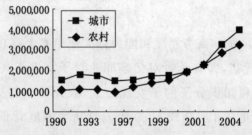

(万人)

	1990	1991	1995	1997	1998	1999	2000	2001	2002	2004
城市	107.34	113.58	97.83	123.64	142.22	161.04	193.83	227.56	286.83	397.68
农村	157.59	179.47	152.16	157.05	173.79	179.40	194.65	225.89	325.63	469.46

资料来源:1990、1991年的数据来自《普通高等教育招生工作年鉴》,1995年的数据来自《教育考试年鉴》,1997—2001年来自《教育统计年鉴》,2004年的数据来自《中国教育报》

图6-1 1990—2004年分城乡的高考报名数

表6-1显示,在2001年之前,城市的增幅一直大幅超过农村;但从2002年起,农村报名人数的增幅超过城市,城乡对比发生了重大转变。与扩招前的1998年相比,2004年城市的报名数增加了1.29倍,同期农村考生的增幅

第六章 高等教育入学机会的城乡差距

也为 1.29 倍,达到了平衡。但与 1990 年相比,2004 年城市的报考数增长了 2 倍多,农村则增加了1.5倍,城市的增长速度仍快于农村。

表 6-1　城乡高考报名数与上一年相比的增长率(%)

	1998	1999	2000	2001	2002	2004	2004∶1998
城市	15.0	13.2	20.4	17.4	26.0	13.3	1.29 倍
农村	10.6	3.2	8.5	16.1	44.1	22.2	1.29 倍

与绝对数相比,"城乡每万人报名数"的指标可以更有效地说明城乡差距的变化。如图 6-2 所示,城市每万人报名数明显高于农村每万人报名数。1998 年,城市万人报名数与农村万人报名数之差为 13.28 人,此后城乡差距持续扩大,2001 年达到了 18.96 人的峰值。2002 年,这一差值开始回落,降低为 15.5 人。由于城市的录取率要高于农村,因此城市人口所获得的高校入学机会要高于这一数值。虽然差距在减少,但差距不仅仍然存在,而且还没有恢复到 90 年代中期的水平。

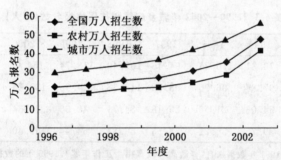

	1996	1997	1998	1999	2000	2001	2002
全国万人报名数	21.59	22.70	25.33	27.07	30.65	35.53	47.68
城市万人报名数	29.96	31.34	34.18	36.81	42.22	47.35	57.12
农村万人报名数	17.92	18.66	20.90	21.87	24.08	28.39	41.62
城乡差值	12.04	12.68	13.28	14.94	18.14	18.96	15.50

资料来源:《教育事业统计年鉴》,1996—2002 年

图 6-2　1996—2002 年高考分城乡的每万人报名数

卫宏在其硕士论文中提供了 90 年代部分年度分城乡的每万人高校录取数,如表 6-2。比较 1996、1997、1998 年的"万人报名数"和"万人录取数"数据,可以看到两者所反映的变化趋势是十分接近的。以每万人口的高校录取人数论,1998 年城镇青年通过高考上大学的机会是农村青年的 3 倍多。

表 6-2　90 年代部分年每万人口高校录取人数城乡比较

	1990	1991	1996	1997	1998
城镇万人录取数	13.75	12.80	17.85	17.78	19.63
农村万人录取数	3.23	3.51	5.60	5.80	6.07
城乡差值	10.52	9.29	12.25	11.98	13.56

资料来源：卫宏.我国城乡高等教育机会均等的实证研究.北京师范大学教育学院硕士学位论文，2003.数据来自《全国人口统计年鉴》、《普通高等教育招生工作年鉴》(1991 年、1992 年)和教育部学生司资料

2. 分城乡的高考往届生报名数

高考考生的构成分为应届毕业生和往届生两类。具体比较城乡报名数的变化，可以发现：虽然城市的增长速度快于农村，但农村的绝对报名数一直仍然高于城市。但图 6-2 却反映出：从 1999 年起，城市应届的报名人数已经超过农村，并且这种状况一直持续到 2001 年，见表 6-3。这表明，在 1999 年大规模扩招之后，农村考生新增部分主要是来自往届生。

表 6-3　1990—2002 年城乡应届和往届生报名数(万人)

	1990	1995	1997	1998	1999	2000	2001	2002
城市应届	73.31	76.26	94.46	107.49	118.74	154.0	185.07	231.36
农村应届	97.84	96.96	98.52	113.58	114.95	135.25	166.97	244.91
城市往届	34.03	21.56	29.18	34.71	42.30	39.84	42.49	55.47
农村往届	59.75	55.21	58.53	60.21	64.44	59.40	58.92	80.72

资料来源：1990、1991 年数据来自《普通高等教育招生工作年鉴》，1995 年的数据来自《教育考试年鉴》，1997—2001 年来自《教育统计年鉴》

表 6-4　1998—2002 年往届生占城市和农村考生的比重(%)

	1990	1995	1998	1999	2000	2001	2002
城市	31.7	22.0	24.4	26.3	20.5	18.7	19.4
农村	37.9	36.3	34.6	35.9	30.5	26.1	24.8

资料来源：1990、1991 年数据来自《普通高等教育招生工作年鉴》，1995 年数据来自《教育考试年鉴》，1997—2001 年数据来自《教育统计年鉴》

对城乡报名人数进行区分应届生和往届生的分析，可以看到农村往届生的比例要大大高于城市，比城市高 5~10 个百分点，近年有缩小的趋势，见表 6-4。农村往届生多的原因，一方面说明由于义务教育阶段的城乡差距，导致农村学生的高考升学率较低；另一方面，很多农村学生选择复读，是由于上不起收费更高的"三本"院校（高职、民办高校）。这说明农村学生的升学率较低，同时

也说明农村学生除了高考少有其他改变身份的途径。因此,农村高考复读生比例居高不下,可以成为透视教育机会城乡差距的一个注脚。

3. 每万人高考报名数城乡比

由于城乡报名人数会受城乡人口结构的影响,用"每万人高考报名数城乡比"测量高等教育入学机会的城乡差距,似更为科学。其计算公式为:

$$每万人高考报名数城乡比 = \frac{城市报名人数/非农人口数}{农村报名人数/农业人口数}$$

此系数的实际意义是:城乡比的数值越大,表明城乡差距越大。如果该比值为1,则表示没有差距。严格地说,作为城市和农村报名数分母的,应该是该年龄段的人口,但由于难以获得数据,只能以非农人口和农业人口总数代用。

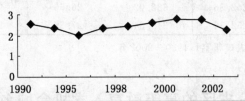

	1990	1995	1997	1998	1999	2000	2001	2002
城/农	2.58	2.05	2.39	2.45	2.62	2.82	2.77	2.28

资料来源:《普通高等教育招生工作年鉴》、《教育考试年鉴》、《教育统计年鉴》,人口数据来自《人口统计年鉴》1991—2003年

图 6-3　1990—2002 年全国每万人高考报名数城乡比

图 6-3 显示了 20 世纪 90 年代以来"每万人高考报名数城乡比"的变化,1990 年和 2000 年为两个峰值,1995 年和 2001 年为两个拐点,它清晰地显示了 20 世纪 90 年代以来高等教育入学机会城乡差距的状况:一是该比值始终在 2 以上的高位变化,表明高等教育入学机会的城乡差距整体上仍处于较大的状态。二是它可以分为三个不同的阶段:(1) 1990—1995 年,城乡差距逐渐减小,最低为 1995 年的 2.05;(2) 1995—2001 年,伴随高等教育的扩张,城乡比持续上升,显示高等教育入学机会的城乡差距在扩大;(3) 从 2001 年开始,这一比值开始下降,显示以总量计算的城乡差距开始改善。

这一改善并没有可以明确认识的宏观政策调整等原因。之所以出现拐点,可以解释的原因主要是我国总人口的城乡结构发生了历史性的改变。1990 年以来,我国非农人口每年都增加 1000 万左右,农业人口所占比例虽然逐年下降,但是绝对数呈上升趋势。但从 2001 年开始,农业人口不仅比例在下降,而且绝对数开始减少,共减少了 100 万,见表 6-5。2001 年,城乡考生的数量相似(分别为227.56万和225.89万),而农业人口的总数开始减少,高考报名数城乡比由此发生转折。2002年,农业人口又急剧减少了1000万,同时农村高考报名绝对数重新超过城市,这一趋势更加明显。随着农村人口的持续减少,这一趋势将继续保持下去。

表6-5 1990—2002年我国城乡人口的变化情况(百万人)

年度	总人口	非农业人口	比例(%)	农业人口	比例(%)
1990	1129.54	235.67	20.86	893.87	79.14
1995	1184.68	282.43	23.84	902.25	76.16
1998	1214.98	304.65	25.07	910.33	74.93
1999	1224.92	312.42	25.51	912.49	74.49
2000	1236.72	322.49	26.08	914.23	73.92
2001	1252.36	332.02	26.66	913.39	73.34
2002	1252.36	349.34	27.89	903.01	72.11

资料来源:《中国人口年鉴》,1990—2002年

二、分省区的高等教育入学机会城乡差距

在我国高等教育城乡差距整体变化的背景下,各省区的情况是如何变化的,也十分令人关注。这一方面是因为我国的城乡差距与地区差距密切相关;另一方面,对分省区的城乡差距变化情况的考察,有助于我们深入认识影响这一差距的原因。

我们仍然以"每万人高考报名数城乡比"作为测量、评价的标准。1990—2002年分省区的每万人高考报名数城乡比见表6-6。

表6-6 1990—2002年分省区的每万人高考报名数城乡比

	1990	1995	1997	1998	1999	2000	2001	2002
全国	2.58	2.05	2.39	2.45	2.62	2.82	2.77	2.28
北京	1.89	1.53	2.61	2.44	2.72	3.02	2.80	1.96
天津	0.92	0.95	1.42	1.42	1.49	2.51	2.69	2.30
河北	2.43	1.84	2.29	2.20	2.36	2.41	2.25	1.83
山西	1.77	1.48	1.95	2.14	2.34	2.35	2.49	2.29
内蒙古	1.33	1.08	1.16	1.13	1.25	1.18	1.23	1.25
辽宁	1.40	1.01	1.39	1.37	1.49	1.79	2.05	2.17
吉林	1.83	2.36	2.30	2.37	2.58	2.74	2.94	3.04
黑龙江	1.68	1.43	1.97	1.95	1.94	2.08	2.28	2.29
上海		1.31	1.77	1.31	1.58	3.02	2.45	2.37

续表

	1990	1995	1997	1998	1999	2000	2001	2002
江苏	1.66	1.50	1.57	1.63	1.67	1.67	1.72	1.46
浙江	2.63	1.91	2.03	1.96	2.12	2.23	2.21	1.91
安徽	4.17	3.55	4.11	4.08	3.92	4.29	4.54	4.45
福建		1.83	2.04	1.93	2.09	2.44	2.32	1.01
江西	5.01	4.46	4.64	3.97	4.26	4.26	4.46	4.56
山东	1.89	1.22	1.24	1.31	1.73	1.71	1.70	1.47
河南	2.36	2.06	2.43	2.48	2.74	2.49	2.40	2.17
湖北	1.85	1.78	2.94	2.99	2.83	2.91	2.86	2.30
湖南	1.87	1.63	2.22	2.37	2.64	3.10	2.95	2.10
广东	3.41	2.53	3.19	3.27	2.97	2.88	2.74	2.02
广西	9.59	3.00	4.21	4.40	4.70	4.91	4.64	3.68
海南	5.16	2.95	3.36	3.76	3.78	4.16	4.41	11.05
重庆				4.33	5.39	6.38	5.67	3.54
四川	2.96	2.78	3.56	3.68	4.35	4.41	4.00	2.77
贵州	11.79	5.52	5.61	5.64	6.32	6.18	13.56	4.88
云南	5.37	3.15	3.25	2.98	2.91	10.54	3.87	3.76
西藏	60.45	17.67	27.62		15.20	12.31	25.94	20.00
陕西	3.89	3.00	2.90	3.17	3.38	3.27	3.38	2.65
甘肃	3.69	1.89	2.70	2.78	2.85	2.89	2.71	2.28
青海	4.95	2.71	2.84	2.86	3.10	3.25	3.53	3.34
宁夏	2.38	1.86	2.59	2.75	2.88	2.99	2.85	2.16
新疆		3.30	2.02	2.02	2.10	2.35	2.44	2.76

资料来源：1990年的数据来自《普通高等教育招生工作年鉴》，1995年的数据来自《教育考试年鉴》，1997—2001年来自《教育统计年鉴》。

由上表可见，虽然全国各省区平均的这一比值大致在2～3之间，但各地的差距非常之大，最高的数值可以达到25.94（西藏，2001年）、13.56（贵州，2001年）、11.05（海南，2002年）、10.54（云南，2000年）、6.38（重庆，2000年）。同时，与全国性数据的趋势一样，各地的这一比值主要在2000、2001年出现转折，开始降低。但东北三省、江西、海南、新疆等地属于例外，并没有出现拐点和改善，该比值仍在上升之中。

按照每万人高考报名数城乡比，可将各省区分为三类地区：城乡比小于2为Ⅰ类地区，城乡差距较小；城乡比为2～3的为Ⅱ类地区，城乡差距为中度；城乡比大于3的为Ⅲ类地区，城乡差距比较严重，见表6-7。

另外，据对我国教育现代化的区域发展研究，按照2000年各地区的人均受教育年限和人类发展指标，可将我国31个省、市、自治区的教育现代化水平分为四类地区：① 北京、上海、天津 3 个教育发达城市；② 辽宁、江苏、广东、浙江、福建、吉林、黑龙江、新疆、山西等 9 个教育发达省区；③ 山东、湖南、内蒙古、湖北、海南、江西、河北、重庆、宁夏、河南、陕西等 11 个教育中等发达省区；④ 安徽、四川、广西、甘肃、贵州、青海、云南、西藏等 8 个教育欠发达省区。

表 6-7 1998 年、2000 年和 2002 年分省区的每万人高考报名数城乡比

1998 年（均值 2.45）			2000 年（均值 2.82）			2002 年（均值 2.28）		
<2	2~3	>3	<2	2~3	>3	<2	2~3	>3
内蒙	新疆	陕西	内蒙	黑龙江	北京	福建	广东	吉林
上海	山西	广东	江苏	浙江	上海	内蒙	湖南	青海
山东	河北	四川	山东	新疆	湖南	江苏	河南	重庆
辽宁	北京	海南	辽宁	山西	青海	山东	辽宁	云南
天津	河南	江西		河北	陕西	河北	宁夏	广西
江苏	宁夏	安徽		福建	海南	浙江	甘肃	安徽
黑龙江	甘肃	重庆		河南	江西	北京	黑龙江	江西
福建	青海	广西		天津	安徽		山西	贵州
浙江	云南	贵州		吉林	四川		天津	海南
	湖南			广东	广西		湖北	西藏
	湖北			甘肃	贵州		上海	
	吉林			湖北	重庆		陕西	
				宁夏	云南		新疆	
					西藏		四川	

将教育现代化水平区类与高等教育城乡差距区类列联，可以直观地呈示教育发达程度与高等教育入学机会均衡程度之间的关系。表 6-8 为 2000 年度的列联表，它显示了多数省区两者之间的正相关关系：一般而言，经济、教育发达地区，教育公平状况也相应较好；教育公平问题最严重的，主要是那些经济和教育落后的西部地区。但是，它还呈示了各地不均衡发展形成的错综复杂的现实。事实上，一些经济、教育发达的省市，如 4 个直辖市在这方面的表现却并不好，有 3 个进入Ⅲ类，1 个进入Ⅱ类，落到许多中等发达的省区之后；而一些落后地区在这方面的排名，则好于自己的经济教育地位，例如内蒙古、山东、甘肃等。

表6-8 2000年各省区教育发达水平与高等教育入学机会城乡差距

高教公平状况 教育现代化水平	Ⅰ类 城乡比<2	Ⅱ类 城乡比为2~3	Ⅲ类 城乡比>3
发达城市		天津	北京、上海
发达省区	江苏、辽宁	黑龙江、浙江、新疆、山西、福建、吉林、广东	
中等发达省区	内蒙古、山东	河北、河南、湖北、宁夏	湖南、陕西、海南、江西、重庆
欠发达省区		甘肃	青海、安徽、四川、广西、贵州、云南、西藏

表6-9是2002年数据的列联表。2002年省区之间高等教育入学机会的城乡差距状况得到相应改善,Ⅰ类地区由2000年的4个增加为7个,Ⅲ类地区从2000年的14个减少为10个,北京、天津、上海的情况都有所改善。它告诉我们,高等教育入学机会的城乡差距既与经济和教育发达程度正相关,同时又呈现出不同步的发展趋势。在改善教育公平、促进教育机会均等方面,无论是发达地区还是落后地区,都有各自的问题,都是可以有所作为的。

表6-9 2002年各省区教育发达水平与高等教育入学机会城乡差距

高教公平状况 教育现代化水平	Ⅰ类 城乡比<2	Ⅱ类 城乡比为2~3	Ⅲ类 城乡比>3
发达城市	北京	天津、上海	
发达省区	福建、江苏、浙江	广东、辽宁、黑龙江、山西、新疆	吉林
中等发达省区	内蒙古、山东、河北	湖南、河南、湖北、宁夏、陕西	海南、江西、重庆
欠发达省区		甘肃、四川	青海、云南、广西、安徽、贵州、西藏

三、城乡学生在高等教育系统中的分布

对高考报名数城乡比的分析显示,由于人口结构的变化,近年来高等教育入学机会的城乡差距正在缩小;但这一差距仍处在较高的水平上,城乡比还没有达到1995年的水平(2.05)。同时,它表明高等教育入学机会的城乡差距正在从外

在的、总量的、宏观的不均衡,转移为隐性的、更深的层面。

高等教育入学机会的城乡差距包括两个主要问题:一是普通高校的入学机会在城乡之间的分配是否均衡,即农民子弟接受高等教育机会是增加还是减少了;二是不同类别的高等教育资源在城乡学生之间的分配是否均衡,即农民子弟在高等教育系统中是如何分布的。"有学上"和"上什么学"是两个不同的问题,后者显然更为隐蔽,也更为深刻。

我国的高等教育系统分为普通高等学校、高等职业学校、民办高校,以及成人高等教育、自学考试等不同类型,普通高校则分为重点大学和普通高校。在高考录取过程中,重点高校第一批录取,地方高校第二批录取,高职、专科、民办高校第三批录取,即通常所称的"一本、二本、三本"。由于教育的社会分层作用,进入不同层次的高校对学生今后的发展具有确定的影响。由于各类教育统计中都没有在校生城乡属性的数据,因此,我们只能通过20世纪90年代以来一些全国性和局部性的调查,以及一些高等学校的个案来认识这一变化。

1. 近年来的全国性调查

谢维和1998年的调查

谢维和1998年对全国37所高校一年级(1997级)和四年级(1994级)学生的调查,其样本共69258人。调查结果见表6-10、6-11,显示出来自大中城市的学生占在校生的33.5%,与人口结构相比,占有明显多数。来自于农村的学生占35.6%,如果将"乡镇"也视为农村,则农村学生的比重达47.3%。在1994年至1997年间,被试学校农村学生的比例减少了1.3个百分点。

表6-10 学生居住地的状况和变化(%)

	大中城市	县级市	乡镇	农村
一年级学生(1997级)	33.2	19.6	12.1	35.1
四年级学生(1994级)	34.2	18.3	11.1	36.4

资料来源:曾满超主编.教育政策的经济分析.北京:人民教育出版社,2000.259

农村学生不仅比例较少,而且在四类不同层次的高校的分配机会有明显的不同。高校类型的划分是:第一类为教育部所属的全国重点大学,第二类为国家部委和省、直辖市的重点高校,第三类是可以跨地区招生的非重点高校,第四类是只能在省内招生的地方高校。调查显示,第一类与第四类高校为两端,生源结构的不均衡最为明显。

表 6-11　学生家庭所在地的分布(%)

	大中城市	县级市	乡镇	农村
总体	33.5	19.1	11.7	35.6
国家重点院校	42.3	19.9	11.0	26.8
一般重点院校	31.0	21.1	11.7	36.2
普通高校	42.0	18.1	11.5	28.4
地方高校	22.0	16.5	12.8	48.7

资料来源：曾满超.教育政策的经济分析.北京：人民教育出版社,2000.264

从学校类别上看,第一类国家重点院校中,城市学生和农村学生的比例与样本总体相差很大,城市学生高出总体 8.7 个百分点,农村学生低于总体 8.8 个百分点,说明学生来源比例是不均衡的。而且,在第一类学校,城市与农村生源的比例不均衡的趋势正在增强,呈农村生源下降、城市生源升高的趋势。1994 级农村和城市生源分别是 28.7% 和 40.2%,1997 级则分别为 25.2% 和 43.9%,农村生源下降了 3.5 个百分点,而城市生源却上升了 3.2 个百分点。通过正态检验,这种变化具有显著性。

而第四类地方院校与第一类学校的比例相比较,农村和乡镇学生比例分别高出 21.9% 和 1.8%,县级市和城市生源比例则低 3.4% 和 20.3%,差异更加显著。显示了农村学生更多分布在层次较低的地方性高校的基本态势。

钟宇平、陆根书 1998 年的调查

钟宇平、陆根书于 1998 年对北京、南京、西安等地 14 所高校进行的调查,其总样本为 13511 个,结果如表 6-12 所示。总样本中学生居住地为城市的占 31.2%,来自县级市的占 20.9%,来自集镇的占 13.0%,农村学生占 34.9%。男生占 62.3%,女生占 37.7%。全体学生中公费生占 56.7%,付费生占 23.6%,自费生占 8.8%,委培生和定向生分别占 3.7% 和 3.2%。

表 6-12　城乡学生在不同类型学校的比例(%)

	大中城市	县级市	集镇	农村
总体	31.2	20.9	13.0	34.9
综合性院校	37.6	20.6	11.2	30.5
以工程为主院校	31.1	22.7	14.8	31.3
师范院校	30.8	21.6	13.9	33.7
农林地质类院校	14.1	14.7	9.8	61.4

资料来源：钟宇平,陆根书.收费条件下学生选择高校影响因素分析.高等教育研究,1999(2)

这一调查城乡学生的总体比例与上述谢维和的调查十分相似。院校的分类不同,分为综合性、工程类、师范类、农林地质四类。在高教系统的光谱中,前者意味着强势、热门、收费高,后者意味着弱势、冷门、收费低。我们看到:按这一序列,城市学生的比例由高至低,农村学生的比例则由低到高,在低收费甚至免费、城市学生不愿意去的农林地质类院校,农村学生的比例高达61%!

上海财经大学2001年的调查

上海财经大学公共政策研究中心于2001年对31个省、自治区、直辖市1万余名在校大学生进行了抽样调查,有效问卷8270份(其中上海样本3060个),样本构成为专科生占16.5%,本科生占78.5%,研究生占5%。去除上海样本后,结果如表6-13所示。该调查的结果显示,来自大中城市的生源总体达47.5%,而来自农村的生源仅为16.3%,与上述两个调查结果相差甚大。它揭示了另外一种排序:在不同学历层次中城乡学生的分布。大致是从专科到本科,大中城市学生的比例增加了约12个百分点,农村学生则下降了8个百分点。但从本科到硕士生阶段,城市学生下降了4.7个百分点,农村学生增加了2.7个百分点。

表6-13 城乡学生在不同学历层次的分布(%)

	大城市	中等城市	县级市	集镇	农村
总体	17.5	32.0	26.7	7.5	16.3
专科生	13.8	29.1	21.5	13.2	22.4
本科生	18.0	36.9	23.2	7.6	14.3
硕士研究生	26.3	23.9	23.6	9.2	17.0

资料来源:赵海利.高等教育公共政策.上海:上海财经大学出版社,2003.182

厦门大学2004年的调查

厦门大学教育学院课题组于2004年对陕西、福建、浙江、湖南、广东、广西、安徽、上海等地34所高校(包括部属重点高校8所、公立普通本科院校8所、公立高职院校11所、民办高职院校3所、独立学院4所)进行了调查,收到有效问卷7264份。各类高校中家庭背景为农业劳动者的学生在本校学生中所占比例见表6-14。

表 6-14 不同高校在校生中农村学生所占比例(%)

总体	部属重点高校	普通本科院校	公立高职院校	民办高职院校	独立学院
25.5	27.3	29.5	30.6	12.6	6.3

资料来源：王伟宜.不同社会阶层子女高等教育入学机会差异的研究.民办教育研究,2005(4)

这一结果中农村学生在部属重点高校的比例与 1998 年的调查相似,但在普通本科院校的比例则明显降低。该调查具有意义的是首次提供了高职院校、民办高校和独立学院学生的家庭背景等情况。

以上不同年度、不同规模的调查,由于抽样方法、分类标准、统计口径各异,因而缺乏可比性,一些结果也不太一致。我们虽然并不能据此准确地描述现状,但仍不难认识城乡学生在高校系统分布的基本特征：学校层次越高,城市学生的比例越高,地方性高校的农村学生比例最高,而且这一趋势仍在发展。这就是说,城乡学生进入不同类型高校的机会是不同的,城市学生进入高层次学校的机会更多,而农村学生进入低层次学校的机会更多。据厦门大学的上述研究,各类高校中,公立高职院校中各阶层学生入学机会的差异程度最小。

2. 几所高校的个案

我们不妨再具体了解一下几所重点大学的情况。如表 6-15 所示,在清华大学、北京大学、北京师范大学自 20 世纪 90 年代以来招收的新生中,农村学生的比例呈下降的趋势。清华、北大新生中农村学生的比例比 1998 年低近 3 个百分点,北师大则下降了 8 个百分点。这与我们的生活经验是吻合的。

2002 年,北京邮电大学学生中农村学生占 26.0%。

表 6-15 20 世纪 90 年代以来清华、北大、北师大新生中农村学生的比例

年度	清华大学 招生数(人)	清华大学 农村学生(%)	北京大学 招生数(人)	北京大学 农村学生(%)	北京师范大学 招生数(人)	北京师范大学 农村学生(%)
1990	1994	21.7			1260	28.0
1991	2031	19.0		18.8	1358	40.0
1992	2080	18.3	1810	22.3	1358	33.0
1993	2210	15.9	910	18.5	1403	36.0
1994	2203	18.5		20.1	1330	35.0
1995	2241	20.1	2089	20.9	1470	
1996	2298	18.8	2164	19.6	1495	29.0
1997	2320	19.5	2211	19.0	1504	
1998	2462	20.7	2240	18.5	1472	30.9
1999	2663	19.0	2425	16.3	1686	28.7
2000	2929	17.6			2001	
2002					2105	22.3

资料来源：张玉林,刘宝军.中国的职业阶层与高等教育；北师大和 2000 年清华大学的数据来自：卫宏.我国城乡高等教育机会均等的实证研究

高校扩招以来,新增的农村学生主要分布在非重点的地方普通院校。例如,河北科技大学的新生中农村学生的比例,从1998年的54.7%,增加为2001年的60.8%,增加了6个百分点,见表6-16。

表6-16　河北科技大学1998—2001年本科新生中农村学生的比例

年度	招生总数(人)	农村学生比例(%)
1998	2482	54.7
1999	2693	54.6
2000	4360	54.3
2001	5205	60.8

资料来源:卫宏.我国城乡高等教育机会均等的实证研究(硕士学位论文).河北科技大学教务处提供

据2003年对唐山学院、华北煤炭医学院、河北理工学院三所位于唐山的高校在校生的调查(按照系、部整群抽样,样本数2897个),农村学生比例高达59.5%,见表6-17。在2001年之后,农村学生的比例持续增加,2003年达到63.6%,有29%的农村学生来自国家级和省级贫困县。

表6-17　唐山市3所高校学生的城乡来源(%)

	农村	镇、县城	城市
2000级	59.6	19.8	20.6
2001级	55.7	21.7	22.7
2002级	58.8	22.5	18.7
2003级	63.6	18.0	18.4
总计	59.5	20.4	20.0

资料来源:吴小兵.高校收费体制下的贫困生研究.北京理工大学高等教育研究所硕士学位论文,2004

在高等教育系统的另一个领域——民办高等学校,学生既非主要来自大城市,也不是主要来自农村,而主要来自中小城市和城镇,家庭背景主要是工人、公务员、个体工商户等中低阶层。据2003年对江苏省6所民办高校学生的调查显示,学生的家庭所在地,大城市占13.9%,中等城市占30.9%,小城市占24.3%,小城镇占20.3%,农村仅占9.2%。学生家长的职业,工人占24.0%,公务员占22.4%,个体工商户占21.1%,企事业干部占17.0%,农民占6.9%,教师占5.1%,医生占2.2%,其他1.9%。[①]

[①] 刘干.民办高校生源状况的调查与思考.民办教育参考,2004(3)

基本结论

据汤敏提供的最新数据,由上海教育科学研究院胡瑞文教授提供的资料,"扩招前的1998年,农村青年入大学人数为40万人,占当年招生总数的37%;而扩招后的2004年,农村青年入大学人数为230万人,占当年招生总数的51%。在短短的6年中,不但农村青年入学人数增加了4倍多,而且还第一次超过城市青年的入学人数"。[①]

因而,无论是每万人高考报名数城乡比,还是上述数据,都显示:自1999年开始高校扩招后,高校入学机会的城乡差距经历了一个扩大的过程;但在2001年前后发生了历史性的转折,高等教育入学机会的城乡差距开始改善,正在从显性的总量不均衡,转为更为深层的、隐性的教育差距,体现为城乡学生在不同层次、不同类型高校的分布。

高等教育系统中正在出现的分层大致是这样的:在国家重点高校,具有较强的文化资本、经济资本和社会资本的强势社会阶层的子女,占有较大的份额,而农村学生和弱势阶层的子女所占份额逐渐减少。教育资源、教育质量相对较弱的地方性高等院校聚集了最多的农村学生,同时,也集中了最多的高校贫困生。在高职和民办高校,由于收费较高,其生源主要是来自中小城市和城镇的学生。

---

① 汤敏.再谈扩招扩错了吗.南风窗 2006-03-07

第七章

高等教育入学机会的阶层差距

- 在20世纪50年代初,由社会主义理论所支持的阶级论的公平观,强调工人农民、劳苦大众的教育权利,对扩大工农的高等教育机会采取倾斜性的保护政策,极大地提高了工农子女的教育机会。
- 调查显示,优势阶层的子女更多地选择了热门专业和艺术类专业,而工人、农民等低阶层的子女选择冷门专业的更多。
- 经由全国统一高考进入大学的学生,其录取分数也存在明显的阶层特点,即低阶层家庭子女的平均录取分数普遍高出高阶层的子女,农民子女的录取分数为最高,显示形式上"分数面前人人平等"的全国统一高考离实质平等的巨大差距。
- 农村学生的录取高分数是由现行高考录取制度中的"城市中心主义"造成的。那些农村学生占多数的人口大省由于配额较少、整体录取率偏低而录取分数奇高,甚至可以比北京、上海等大城市高100多分。因而,农村学生只有其中最优秀的那一部分、只有考出比城市学生更高的分数才能进入大学。
- 拥有更多文化资本和社会资本的管理干部、专业技术人员、知识分子的子女在国家重点高校占有较大的份额。在重点高校,国家管理干部子女是城乡无业、失业人员子女的17倍。
- 在不同学历层次,具有较强文化资本、社会资本的优势阶层都获得了更多的教育机会。

第七章 高等教育入学机会的阶层差距

在近年来我国教育公平的研究中,社会阶层之间接受教育的差距未被特别关注,为巨大的城乡差距所遮蔽。一系列研究显示,随着在社会转型中城乡差距、贫富差距逐渐拉大,教育制度作为社会分层的机制逐渐突显,中小学和高等学校学生的阶层差距正在扩大。

教育中的阶层差距,是社会阶层差距的表现。在不同类型的国家,拥有更多经济资本、社会资本和文化资本的优势阶层子女在享受教育和接受高等教育上占有优势,而低社会阶层的子女则处于劣势,是一个基本现象。现代教育的理想和使命则是努力"减少由出身造成的对儿童所获得的教育机会的制约"。我们需要认识和评价教育中客观存在的阶层差距,探究其影响因素和形成机制,从而缩小这一差距。20世纪90年代以来,高校学生的阶层背景发生了新的变化。由于我国常规统计中缺乏学生家庭背景的材料,基本没有反映阶层差距的数据,此处只能以一些高校的个案、以往学者做过的一些调查以及本课题组的局部调查为素材,从这些零星的、局部的数据中一窥这种变化,是为破题。

一、高校学生家庭背景的变化

新中国成立之后,我国教育公平的理念建立在主流意识形态的阶级理论之上,强调面向大多数人的教育,强调工农子弟接受教育的优先权,努力培养"无产阶级知识分子"队伍。在高校招生中,逐渐形成、贯彻重视家庭出身和政治标准的"阶级路线"政策。在这种理论中,排斥剥削阶级家庭出身的学生,而优先录取工农子弟、干部子弟。1949年之前,绝大多数高校学生来自社会优势阶层和富裕家庭。随着实行新的政策,1952年高校学生中工农子弟的比例达到20.5%;1958年高校新生中工农子女已占55.28%,1965年则达到达71.2%。[①] 以北京大学为例,来自工农家庭的学生,1957年为30.8%,1960年为64.8%,1964年为41.5%,"文革"期间的1974年这一比

---

① 马和民,高旭平.教育社会学研究.上海:上海教育出版社,1998.111.

例最高,达到78.6%。① 如前所述,当时高校学生中工农子弟比例居高,并非社会不同群体竞争或学业成就的自然表现,而是通过政治力量强行推动的。

在1977年恢复高考,分数—能力标准取代了强制性的政治标准之后,情况马上发生了变化,工农子弟的比例迅速回落,而干部、知识分子子弟大幅增加。

1. 北京大学的情况

以北京大学为例,如图7-1所示,1978年新生中工农子弟占27.5%,干部、军人、知识分子子弟占52.2%,其他为20.3%。1991年,工农子弟为37.1%,干部、军人、知识分子子弟为62.3%,其他为0.6%。

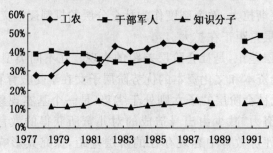

	工人、农民	干部、军人	知识分子	其他
1977	27.5	38.7		
1978	27.5	40.6	11.6	20.3
1979	34.4	39.2	11.4	15.0
1980	33.3	39.2	12	15.5
1981	33	36.4	14.2	16.4
1982	43.1	34.6	11	11.3
1983	40.5	34.1	11	14.4
1984	41.9	35.2	12	10.9
1985	44.6	32.3	12.4	10.6
1986	44.4	35.8	12.3	7.3
1987	42.7	37.3	14.4	0.6
1988	42.8	43.2	13	1
1990	40.4	45.7	13.3	0.6
1991	37.1	48.7	13.6	0.6

资料来源:李文胜.中国经济发展战略与中国高等教育入学机会的公平.引自:刘海峰主编.公平与效率:21世纪高等教育改革与发展.福州:福建教育出版社,2003.425

图7-1 1977—1991年北京大学新生家庭背景的变化 (%)

在工农子弟、干部军人子弟和知识分子子弟这三条曲线中,只有知识分

---

① 李文胜.中国经济发展战略与中国高等教育入学机会的公平.引自:刘海峰主编.公平与效率:21世纪高等教育改革与发展.福州:福建教育出版社,2003.425

子的变化是比较平缓的,从1978年到1991年,知识分子子弟的比例增长了2个百分点。

工农子弟新生所占比例的曲线在80年代初经历了保护性政策取消而导致的低落后,开始回升,在1985年达到44.6%的最高点,增长了约17个百分点,然后在80年代末这一比例开始低落,1991年降至37.1%的新低点。与1978年相比,总共增长了不到10个百分点。

变化同样显著的是干部军人子弟曲线,其构成从1978年的40%左右,在1985年降至32.3%的最低点,此后稳步增加,到1991年达到48.7%的高点。与1978年相比,增长了8个百分点,如图7-2所示。

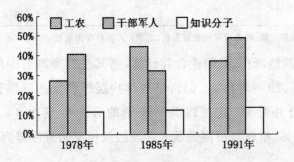

图7-2 北京大学新生家庭背景结构变化柱形图

北京大学一校的数据虽然不足以反映整个高等教育的全貌,但仍具有作为"晴雨表"和"风向标"的指示意义。考虑到在1995年全国就业人口构成中,专业技术人员仅占5.43%,机关、企事业负责人仅占2.02%[①],其子女在重点高校高达50%~60%的比例,便不能不令人惊讶。

2. 几个全国性调查

20世纪90年代以来高校学生家庭背景的分布和变化,散见于国内学者做过的一些调查。

谢维和1998年37所高校调查

谢维和1998年对全国37所高校一年级(1997级)和四年级(1994级)学生的调查,其样本共69258人。调查结果如表7-1所示。该结果表明城市的学生在高校学生中占52.8%的多数,而来自于农村和乡镇的学生占少数。

---

① 李文胜.中国经济发展战略与中国高等教育入学机会的公平.见:刘海峰主编.公平与效率:21世纪高等教育改革与发展.福州:福建教育出版社,2003

专业人员、国家干部、管理人员子女所占的比例为32.8%,工农子弟分别占20.8%和31.4%。不同家庭背景学生在四类不同层次高校中的分布有明显差异。

表7-1　1998年37所高校调查高校学生的阶层分布(%)

	国家干部	专业技术人员	企业管理人员	个体工商业者	工人	农民	军人	其他
样本总体	11.7	12.7	8.4	4.4	20.8	31.4	0.7	9.9
国家重点院校	14.4	16.4	10.3	3.7	23.1	21.8	0.8	9.5
部委重点院校	12.6	14.4	8.9	5.0	19.5	30.8	0.5	8.3
普通高等院校	9.7	12.0	8.2	3.5	23.4	29.8	0.8	12.6
地方高等院校	9.5	7.1	6.0	5.6	17.2	45.6	0.6	8.4

资料来源:曾满超主编.教育政策的经济分析.北京:人民教育出版社,2000.268

如将上表调整,前三类职业合并计算,则其在四类高校中的分布分别为41.1%、35.9%、29.9%和22.6%,呈与学校层级相反的降序排列。而将工人、农民子弟合并计算,其在四类高校中的分布分别为44.9%、50.3%、53.2%和62.8%,呈现与由高到低的学校层级相反的升序排列。

钟宇平、陆根书1998年14所高校调查

钟宇平、陆根书于1998年对北京、南京、西安等地14所高校进行的调查,其总样本为13511个,结果如表7-2所示。以学生的父亲职业计算,显示总样本中党政机关干部、专业技术人员、教师和管理人员子弟的比例为45.3%,工人、农民合计占47.1%。

表7-2　1998年14所高校调查大学生父母亲职业构成(%)

	党政机关干部	专业技术人员	大中小学教师	管理人员	工人	农民	其他
父亲职业	15.0	13.5	7.9	8.9	17.7	29.4	8.0
母亲职业	5.5	8.9	8.1	3.9	22.4	40.2	11.0

资料来源:陆根书.高等教育成本回收:对我国大陆大学生付费能力与意愿的研究.香港:香港中文大学教育学院,1999.56.转自:许庆豫.教育发展论:理论评价与个案分析.福州:福建教育出版社,2001.379

据1995年全国人口普查1%人口抽样资料,以学生的父亲职业为准,机关干部和企事业负责人在全国从业人口中所占比例为2.02%,但他们的子女在本科高校学生中的比例高达15%;如果加上管理人员的子女,所占比例高达23%以上。专业技术人员在从业人口中的比例是5.43%,其子女在高校本科生总数中所占的比例是13%。而农民及其相关职业的从业人口在整个从业人口中的比例高达69.4%，但他们的子女在本科高校学生中的比例却只有29.4%。

厦门大学2004年34所高校调查

厦门大学教育学院课题组于2004年对陕西、福建、浙江、湖南、广东、广西、安徽、上海等地34所高校（包括部属重点高校8所、公立普通本科院校8所、公立高职院校11所、民办高职院校3所、独立学院4所）进行了调查，收到有效问卷7264份。其职业分类是按照中国社会科学院社会学所的社会阶层研究，共分为10类。不同家庭背景学生在各类高校中的分布见表7-3。

表7-3 2004年34所高校调查大学生阶层分布（%）

社会阶层构成 A	样本总体 B	总体的阶层辈出率 B/A	部属重点高校 B_1	普通本科院校 B_2	公立高职院校 B_3	民办高职院校 B_4	独立学院 B_5
1. 国家与社会管理者	2.1	8.2	3.90	11.5	6.6	5.7	9.7	10.9
2. 经理人员	1.6	4.0	2.50	3.8	2.9	3.5	4.8	8.9
3. 私营企业主	1.0	5.9	5.90	4.3	3.5	2.0	10.7	17.7
4. 专业技术人员	4.6	12.3	2.67	16.6	11.9	10.0	11.2	9.3
5. 办事人员	7.2	6.0	0.83	6.7	5.5	5.2	6.2	8.0
6. 个体工商户	7.1	16.8	2.37	10.7	17.3	18.4	23.3	22.0
7. 商业服务员工	11.2	5.7	0.51	4.2	5.5	7.0	6.0	6.1
8. 产业工人	17.5	13.3	0.76	13.4	14.7	14.9	12.4	9.1
9. 农业劳动者	42.9	25.5	0.59	27.3	29.5	30.6	12.6	6.3
10. 城乡无业失业人员	4.8	2.2	0.46	1.6	2.5	2.7	3.1	1.6
合计	100.0	100.0	—	100.0	100.0	100.0	100.0	100.0

资料来源：王伟宜. 不同社会阶层子女高等教育入学机会差异的研究. 民办教育研究，2005（4）

该调查以"辈出率"（该阶层在校生的比例与该阶层在社会总人口中的比

例之比,即 B/A)的概念来表达不同阶层子女获得高等教育机会的差距,如 B/A 的数值为 1,即意味着该阶层在校生的比例与其在社会人口结构中的比例相等,是最公平的状态。

调查显示国家与社会管理者、经理人员、私营企业主、专业技术人员和个体工商户这五个优势阶层家庭的辈出率为 2.37~5.9,为平均数的 2~6 倍。私营企业主阶层的辈出率最高,达 5.9;城乡无业失业人员的这一比率最低,为 0.46。最高与最低阶层的辈出率差距达 13 倍。这表明出身较高阶层的子女拥有比出身较低阶层的子女更多的入学机会。

在部属重点院校,管理干部和专业技术人员阶层的辈出率(B_1/A)最高,达 5.48 和 3.6。阶层辈出率的最大差距约为 17 倍,意味着国家管理干部子女进入重点部属高校的机会是城乡无业失业人员子女的 17 倍。在公立普通高校,这一差距缩小为 7 倍,在公立高职院校,这一差距约为 5 倍。这表明在公立高等教育系统,阶层差距主要体现在对高层次的部属重点院校入学机会的获取上。

尽管私营企业主阶层的辈出率最高,但其子女主要分布在民办高校和独立学院。在收费远远高于公立高校的民办高职院校和独立学院,私营企业主和经理人员阶层的辈出率最高,而商业服务业员工、产业工人和农业劳动者的辈出率大幅降低。

如将上表的职业分类合并计算,它大致反映了社会的优势阶层、中间阶层和弱势阶层子女在不同类型高校的分布。前四个阶层(干部、管理人员、私企和专业技术人员)在社会人口中占 9.3%,其子女在高校学生中占 30.6%,是其社会比例的 3 倍。中间阶层(办事人员、个体工商户、商业服务员工)的这一分布比较合理,在人口中占 25.5%,在高校占 28.5%。而高校学生中弱势阶层达 65.2%,其子女在高校在校生中仅占 41%。差距最大的是农业劳动者,占总人口 42.9% 的农业劳动者阶层,其子女在高校仅占 25.5%,辈出率仅为 0.59。[①]

由于调查学校不同,此样本中非重点和职业类高校较多,因此与以往的调查缺乏直接可比性,但重点高校和本科院校的数据或可比较。将 1998 年谢维和 37 所高校调查数据(表 7-1 中两类重点高校、两类本科院校合并计算)与上述厦门大学 2004 年的调查数据相比较,得表 7-4。从这一并不

[①] 王伟宜.不同社会阶层子女高等教育入学机会差异的研究.民办教育研究,2005(4)

严格的比较中,可以窥见一个大致趋势:重点高校中,干部、管理人员子女增加了3.7个百分点,表明它是高等教育扩招获益最多的阶层。比较而言,专业技术人员子女仅增长了1个百分点。而受损最严重的不是农民阶层而是工人。工人子女的比例在重点高校减少了7.9个百分点,在普通高校减少了5.6个百分点,下降最为显著,反映近年来城市阶层差距的扩大,造成了对工人子女入学机会的影响。农民子弟在重点高校的比例没有明显变化,但在普通本科院校的比例下降了8.2个百分点。

表7-4 1998年和2004年若干阶层子女的分布变化(%)

		干部、管理人员	专业技术人员	工人	农民
重点高校	1998年37高校调查	11.6	15.4	21.3	26.3
	2004年34高校调查	15.3	16.6	13.4	27.3
普通本科	1998年37高校调查	8.35	9.55	20.3	37.7
	2004年34高校调查	9.5	11.9	14.7	29.5

需要再次强调,由于每次调查的调查对象、抽样方法、职业分类标准等均不相同,所以这种比较不可能是严格的,我们可以从这些定量调查中感受、体会正在发生的变化。

为更丰富地了解高校整体的分层状况,再补充两个高校的个案。

全国重点高校武汉大学1995级学生的家庭背景分布是:党政干部占8.3%,企事业干部占23.8%,专业技术人员占20.9%,个体、私营业主占0.9%,军人占0.4%,工人占22.2%,农民占23.1%。干部合并计为32.1%,工农合并计为45.3%。

全国重点高校北京理工大学1998级学生的家庭背景是:干部占27.0%、知识分子占9.4%、职员占3.6%、军人占2.1%、工人占26.4%、农民占18.7%、其他占12.2%。整合之后,则工农子弟占45.1%。[1]这或许有一定的共性:与理工科大学相比,文科大学来自干部、知识分子家庭的学生比例更高。

二、本科生、硕士生、博士生的家庭背景

高等学校本科生和研究生的家庭背景有较大的差异。20世纪90年代对3所高校的调查显示,研究生中来自干部、知识分子家庭的比重明显较少,

---

[1] 北京理工大学学生工作处材料,1998

而来自农村的学生占更大的比重,呈现学历层次与家庭背景"倒挂"的特征。农村学生的比重随着学历的提高而增加,博士阶段农村学生的比例大约是本科生时期的一倍;而干部、知识分子子弟的比例则降低了三分之一甚至一半,见表7-5。

表7-5 中国人民大学、辽宁大学、东北大学学生的家庭背景(%)

		农民	工人	干部、知识分子
中国人民大学	91级本科生	30.0	16.8	53.2
	92级博、硕士生	49.4	12.0	36.6
	92级博士生	60.0	14.0	20.0
辽宁大学	95级本科生	33.7	29.5	35.9
	95级硕士生		2.4	43.0
	95级博士生	68.4	10.5	21.0
东北大学	95级硕士生	48.8	15.8	27.8
	95级博士生	58.4	10.9	21.8

资料来源:李强.当代中国社会分层与流动.北京:中国经济出版社,1993.245;张德祥,周润智.高等教育社会学.北京:高等教育出版社,2002.71

显然,不能简单地认为我国高学历的获得受社会经济地位的影响较小。可以认识的原因是,90年代初社会上对高学历的追求尚未兴起,考研远未成"热",因而不具特别强烈的竞争性。由于当时收入"体脑倒挂"和经商热,出现过高校研究生厌学和大量退学的情况。此外,考研在一定程度上是就业不利的应对策略,它从反面显示了干部、知识分子子女的就业优势。

令人关注的是在当前社会性的考研热和研究生扩招的背景下,阶层与学历的"倒挂"是否依然存在。我们对北京理工大学2003级本科生(442个样本)和2002、2003级硕士生和博士生的抽样调查(有效问卷593份)显示,低阶层子女在研究生阶段的优势正在消失,见表7-6。

随着学历的增高,农民子女的比例仍在增加,但增大的趋势已不明显;而优势阶层子弟在高学位阶段的分布,与本科生阶段的差距也不再明显。这说明在20世纪90年代曾出现的分层特征逐渐消失,在不同学历层次,具有较强文化资本、社会资本的阶层都获得了更多的教育机会。

表7-6 2004年北京理工大学学生的家庭背景(%)

	农民	工人	干部、知识分子
2003级本科生	10.6	18.1	41.6
2002、2003级硕士生	24.8	9.4	41.6
2002、2003级博士生	26.3	14.3	41.3

可资比较的是，上海财经大学公共政策研究中心于2001年进行的调查，涉及31个省、自治区、直辖市约1万余名在校大学生，有效问卷共8270份（其中上海样本3060个）。不计上海样本，不同学历层次学生的城乡构成如表7-7所示。虽然没有更详细的阶层划分，但也显示出随着学历提高，农村学生比例逐渐减少的情况，与以往的研究结果很不相同。

表7-7　2001年上海财经大的调查结果(%)

	城市	农村
总体	76.2	23.8
专科生	64.4	35.6
本科生	78.1	21.9
硕士研究生	73.8	16.2

资料来源：赵海利.高等教育公共政策.上海：上海财经大学出版社 2003.182

我国研究生教育在大规模扩张的过程中，对社会分层的作用和影响仍须深入考察。一方面，研究生入学机会的获得所反映的已经不完全是学术能力的竞争，而与就业形势和劳动力市场呈现复杂的互动关系；另一方面，官员和经理人员以各种方式大量进入研究生阶段的学习，也会造成分层数据的失真和紊乱。

三、不同家庭背景学生的学科专业分布

令人关注的是学生在不同学科专业的分布，也越来越具有阶层属性。表7-8为北京理工大学部分学院2003级本科生家庭背景和学科专业的分布状况。该表调查显示，优势阶层的子女更多地选择了热门专业和艺术类专业，而工人、农民等低阶层的子女选择冷门专业的更多。

表7-8　北京理工大学部分学院2003级本科生家庭背景和学科专业分布(%)

学生家庭背景＼学科专业	信息技术（热门）	机电工程（较冷门）	设计与艺术（艺术类）
管理、专业技术人员	57.3	35.3	58.3
职员、个体、私营、其他	17.2	21.6	12.2
工人、农民、下岗	25.4	43.1	29.5
小计	100.0	100.0	100.0

资料来源：周蜜.我国高等教育入学机会阶层差距研究.北京理工大学人文学院硕士学位论文，2005

对北京理工大学硕士和博士生的调查显示,在研究生阶段,学生在专业选择上的阶层差距更为明显,见表7-9。在冷门的理学,低阶层子女的比例高达61.3%,超过了该阶层在研究生总体中的比例,而管理、专业技术人员的比例在各个学科专业中最低。

表7-9 北京理工大学研究生家庭背景和学科专业分布(%)

学生家庭背景\学科专业	信息技术（热门）	管理与经济（热门）	机械与车辆（较冷门）	理学（较冷门）	研究生总体
管理、专业技术人员	45.7	52.9	28.0	26.5	41.4
职员、个体、私营、其他	16.3	17.7	22.1	12.2	16.0
工人、农民、下岗	38.0	29.4	50.0	61.3	42.6
小计	100.0	100.0	100.0	100.0	100.0

高校学生学科专业分布中的阶层属性,可能是中国特有的一个特点。早在1990年,就有学者注意到了这一现象。据方跃林在1990年对福建省高等院校1708名学生家庭社会情况的调查,热门专业中来自知识分子和社会管理者家庭的学生占57.24%,来自工农家庭的学生只占34.06%;冷门专业则相反,来自知识分子和社会管理者家庭的学生只占38.3%,而来自工农家庭的学生却占50.17%。[①]

对武汉大学1995级学生的调查,也揭示了学科专业分布的阶层属性,见表7-10。热门的国际贸易、国际金融和计算机学科,优势阶层的比例最高;冷门的数学、历史,工农子弟的比例最高。

表7-10 武汉大学1995级学生的家庭背景和学科专业分布(%)

学生家庭背景	农民	工人	党政干部	企事业干部	专业技术人员	个体、私营业主	军人
学生总体	23.1	22.2	8.3	23.8	20.9	0.9	0.4
数学	21.0	25.8	9.0	18.0	16.9	3.8	—
历史	29.5	22.7	4.5	26.1	13.6	1.1	—
计算机	12.2	23.1	7.7	23.1	28.6	1.1	1.1
国际贸易	11.4	11.4	20.0	34.3	22.9	—	—
国际金融	12.0	4.0	12.0	34.0	38.0	—	—

资料来源:刘宏元.努力为青年人创造平等的受教育机会——武汉大学1995级新生状况调查.青年研究,1996(4).调查样本1890个

余小波对某电力学院2000级学生学科专业分布的调查,也揭示了这一

[①] 方耀林.社会阶层化与高等教育入学机会的差异性研究.厦门大学高等教育研究所,1996

特征,见表 7-11。干部子女比例最高的前 5 个专业依次为经济学、电气工程和自动化、计算机科学与技术、电子信息与通信技术、会计学,均为该校的热门或强势专业。工人子女比较集中的前 5 个专业依次为数学与应用数学、计算机科学与技术、热能动力工程、电气工程及自动化、自动化,多数为一般专业。农民子女比例最高的前 5 个专业依次是供用电技术、物理学、热能动力工程、建筑环境与设备工程、化学,基本上为冷门专业。面向农村的供用电技术专业,农民子女所占比例高达 61%。

表 7-11　某电力学院 2000 级学生的家庭背景和专业分布(%)

	干部子女	工人子女	农民子女
经济学	45	18	37
电气工程及自动化	41	31	28
电子信息与通信技术	40	27	33
计算机科学与技术	40	35	25
会计学	38	24	38
财务管理	35	27	38
英语	34	30	36
物理学	33	13	54
自动化	29	31	40
数学与应用数学	28	41	31
电算会计	26	28	46
建筑环境与设备工程	26	24	50
化学	24	28	48
汉语言文学	24	29	47
供用电技术	23	16	61
热能动力工程	16	32	52

资料来源:余小波.当前我国社会分层与高等教育机会探索——对某所高校 2000 级学生的实证研究.现代大学教育,2002(2)

造成这一现象的部分原因,是有些冷门专业的收费较低,或者有定向培养等优惠政策,对贫寒家庭的学生具有吸引力。由于高校的招生和教务部门对学生的专业调整有很大的决定权,优势阶层子弟更多地集中在热门专业,令人强烈地感到"社会资本"的影响。因而,在学校自主裁定权最多的艺术类学科,这种阶层属性最为明显。

四、不同家庭背景学生的高考录取分数

不仅高校学生的学科专业分布具有阶层属性,而且经由全国统一高考进

入大学的录取分数,也存在明显的阶层特点,令人十分意外。

表7-12为北京某高校2003级不同家庭子女的高考录取分数。可以看出低阶层家庭子女的平均录取分数普遍高出高阶层的子女。从总体来看,平均分从高到低的排序依次是:农民、下岗人员、个体经营者、工人、职员、中高层管理和技术人员,与他们的社会地位大致相反。将三类专业平均计算,则高级管理技术人员阶层子女的平均分(571.3)最低,比农民阶层子女的平均分(610.1)低38.8分、比工人阶层低26.2分、比下岗失业人员阶层低35分。

表7-12 北京某高校部分阶层子女的高考录取分数(分)

	热门专业			冷门专业			艺术类专业		
	平均分A	最低分B	A—B	平均分A	最低分B	A—B	平均分A	最低分B	A—B
高级管理、技术人员	590.9	521	69.9	575.8	546	29.8	547.3	300	247.3
中层管理、技术人员	591.4	469	122.4	568.1	500	68.1	599.3	576	23.3
工人	602.5	549	53.5	591.0	548	43.0	559.0	501	58.0
农民、民工、农村干部	611.0	590	21.0	607.3	598	9.3	618.0	618	0
私企业主	601.3	580	21.3	578.0	531	47.0	543.0	408	135.0
下岗、失业、家务	594.0	584	10.0	613.2	586	27.2	603.5	593	10.5

资料来源:周蜜:我国高等教育入学机会阶层差距研究.北京理工大学人文学院硕士学位论文,2005

不同阶层学生的平均分,热门专业最高分与最低分可相差20分,冷门专业相差37.4分,艺术类专业则可相差318分!显然,在这一过程中,拥有较多社会资本的高中级管理和专业人员获得了最多的实惠,他们享受了最大的录取分数差距,甚至可以以低于平均分122分的成绩进入热门专业,以低于平均分247分的成绩进入艺术类专业。拥有较多经济资本的私企阶层也获得了实惠,在艺术类招生中,能够以低于平均分135分的成绩被录取。在特别显示家长社会关系和经济能力的艺术类招生中,农民家庭子女享受的"优惠分"为零。

可资比较的,是余小波对某电力学院2000级学生录取分数的调查,见表7-13。农民子女的平均录取分数最高,比干部子女高22分,比工人子女高18分。其中工科类农民子女的分数比干部子女高26分,财经类的录取分数差最大,达 30 分。①

表 7-13　某电力学院 2000 级学生分阶层的录取分数(%)

	总体	工科	财经	文科	理科
干部子女	512	511	509	521	512
工人子女	516	530	517	514	512
农民子女	534	537	539	525	530

资料来源:余小波.当前我国社会分层与高等教育机会探索——对某所高校 2000 级学生的实证研究.现代大学教育,2002(2)

中国高校不同家庭背景的学生录取分数的巨大差异和学科专业分布的阶层属性都是令人震惊的。它说明貌似公平的全国统一高考,形式上的"分数面前人人平等",离实质的平等有多大的距离!

农村学生的录取高分数是由现行高考录取制度中的"城市中心主义"造成的。那些农村学生占多数的人口大省由于配额较少、整体录取率偏低而录取分数奇高,甚至可以比北京、上海等大城市高 100 多分。因而,农村学生只有其中最优秀的那一部分、只有考出比城市学生更高的分数才能进入大学。而城市社会中来自低阶层的学生考分更高,从而颠覆了"文化资本"理论,这一现象尚难以有效地解释,需要进一步研究。市场因素对分数标准的侵蚀、高校招生中的不规范行为都是可以想见的原因,但并不能确认它就是最主要的因素。

以上讨论大致揭示了扩招之后我国高校入学机会阶层差距的变化,也可以从中认识新中国成立之后的这一变化轨迹。

在 20 世纪 50 年代初,由社会主义理论所支持的阶级论的公平观,强调工人农民、劳苦大众的教育权利,对扩大工农的高等教育机会采取倾斜性的保护政策,极大地提高了工农子女的教育机会。在新的社会结构和社会环境中,随着优势阶层的形成,他们的利益也逐渐显现,并且影响了高等教育政策。这一变化在社会主义国家是具有共性的,前苏联就经历了这一过程:在新政权建立之初,农民和工人家庭子弟比资产阶级出身的学生享有更大的优先权。在 1931 年,高等学校约有 58% 的学生出身于工农家庭;然而到 1950 年代初,这些学生只占总入学人数的约 10%,大约有 50% 的学生出身于各种

---

①　余小波.当前我国社会分层与高等教育机会探索——对某所高校 2000 级学生的实证研究.现代大学教育,2002(2)

上层集团(官员、部队、党务人员)。为了增加工农子弟的比例,采取了对工业和农业组织保送的青年给予入学的优先权的措施。① 在我国,可以相比的是20世纪60年代初期以及"文革"时期,采取优先录取工农子女的"阶级路线"政策。

需要讨论的是90年代以来高等教育阶层差距的扩大,基本的动因究竟是什么。可以认识的是,高等教育阶段学生的阶层差距主要是中等教育阶层特征的积累和延续。如前所述,高中阶段学生的阶层差距主要是从城乡分治的二元结构、重点学校与非重点学校的二元结构中产生的。学生的家庭背景成为影响学生进入不同类型高中的重要因素,家长所拥有的社会资本的影响力为最大。

如果说家庭经济资本对高中入学机会的影响相对较小,那么对高等教育入学机会的影响则明显增加,体现在高收费的民办高职和独立学院的学生中,来自私企业主、个体工商户和管理干部家庭学生的比例相当高。高阶层子女在重点高校分布的增加,是城市学生高录取率的一个自然后果,也显示了家庭文化资本实在的影响。而在学科专业和录取分数上的阶层属性——这可能是典型的中国特征——则更多地体现了社会资本的影响,因为在高校录取和专业调剂的过程中,人的因素究竟具有怎样的重要性,是难以说清的。显而易见,在具备制度公正、完全以学习能力为标准的考试和录取制度中,入学机会的差距主要体现为个体学术能力的差距及其背后家庭文化资本的影响。而在我国目前的制度环境中,究竟如何认识不同因素的影响,是很费思量的。它尖锐地指向了这样的疑问:当前高等教育阶层差距的扩大,主要是基于文化资本的原因,还是基于无所不在的特权?

无论是准确地监测高校学生的阶层差距,还是对经济资本、社会资本、文化资本三者的不同影响做出定量的评价,都需要建立在宏观统计或科学抽样、大样本的问卷调查的基础上,这是我们这样的研究所不能胜任的。我们基于一些局部、片断信息对阶层差距所作的揭示,只是一个粗浅的开端,希望能给后来者作一些最基本的铺垫。

基本结论

高等教育入学机会的阶层差距,既表现在不同阶层子女进入高等学校的

---

① [美]巴巴拉·伯恩.九国高等教育.上海:上海人民出版社,1973

比率上，更表现在他们在高等教育系统的分布上。不同家庭背景学生在不同层次高校中的分布有明显差异。拥有更多文化资本和社会资本的管理干部、专业技术人员、知识分子的子女在国家重点高校占有较大的份额。在重点高校，国家管理干部子女是城乡无业、失业人员子女的17倍。私营企业主、个体工商户子女在民办高校和独立学院的分布更多，而农民、城乡无业失业人员子女在高等学校和高层次高校的比例最低。

在20世纪90年代曾出现的研究生阶段农村学生比例更高的阶层"倒挂"特征正在消失。随着学历的增高，农民子女的比例仍在增加，但增大的趋势已不明显。在不同学历层次，具有较强文化资本、社会资本的优势阶层都获得了更多的教育机会。

高校学生在不同学科专业的分布具有明显的阶层属性。优势阶层子弟更多地集中在热门专业，工人、农民等低阶层的子女选择冷门专业的更多。

经由全国统一高考进入大学的学生，其录取分数也存在明显的阶层特点，即低阶层家庭子女的平均录取分数普遍高出高阶层的子女，农民子女的录取分数为最高，显示形式上"分数面前人人平等"的全国统一高考离实质平等的巨大差距。

第八章

高等教育入学机会的性别视角

- 新中国成立以来,女性的社会地位发生了天翻地覆的变化,女性的教育程度也显著改善。
- 城市入学人口的男女性别差异已经很小,但在贫困的农村地区,男女童上学机会的差异仍然很大。尤其是日益增高的教育收费对农村女童的上学机会产生负面影响。
- 女生参与高等教育不仅有数量上的成就,质量也有大幅的提高。各地"高考状元"中女性的比例逐渐增加,并且在男生具有优势的理科上有出色表现。
- 与城市人相比,农村的学生接受高等教育更为困难;而在农村学生中,女生接受高等教育更为困难。
- 新增加的女性高等教育入学机会份额,更多为城市女生获得,来自农村女生的受教育机会则在减少。
- 重点高校女生比例明显低于地方高校,本科在校生中女生比例低于专科,女生在中低层面的高等教育和非正规高等教育中拥有更多的机会,非正规高等教育中的女生比例高于普通高校。

一、性别之间的教育差异

新中国成立以来,女性的社会地位发生了天翻地覆的变化,女性的教育程度也显著改善。1950 年至 2004 年,小学中女生的比例从建国初的 27.95% 上升为 47%,普通中学中女生的比例上升为 46.6%,高等学校中女生的比例则从 21.39% 上升到 45.65%。50 年来,各级教育中女性比例均增加了 20% 左右。从 1990 年到 2000 年,普通中学女生的比例提高了 4.3 个百分点,而高等教育女生的比例则提高了 7.3 个百分点。如表 8-1 所示。

表 8-1 各级教育在校生中女性的比例(%)

	普通小学	普通中学	高等教育
1950	27.95	26.52	21.39
1960	34.08	31.20	24.50
1965	34.97	32.20	26.88
1980	44.56	39.58	23.44
1990	46.20	41.87	33.70
1995	47.30	44.82	35.41
2000	47.60	46.17	40.98
2004	46.96	46.59	45.65

资料来源:历年《中国教育统计年鉴》

由于历史形成的重男轻女思想的影响,男性和女性在接受教育上的巨大差距,仍然是我国一个基本的教育国情。据 2000 年第五次人口普查千分之一抽样数据,15 岁以上人口中男性人口中接受初中、高中、大专、本科、研究生等学历教育比例明显高于女性之中的比例,而女性人口中低学历人口的比例明显高于男性,见表 8-2。在各类教育层次中,女性只有接受中专教育的比例稍高于男性,这是由于接受中专教育的成本更低,长期以来中专一直是农村学生的首选,中专的专业设置中适合于女性的更多,如师范、卫校、财会等。

表8-2　15岁以上人口分性别的学历人口比例(%)

	小学及以下	初中	高中	中专	大专	本科	研究生
男	34.5	43.746	11.796	4.155	3.679	2.003	0.122
女	49.7	34.174	8.175	4.219	2.605	1.072	0.061

资料来源:2000年第五次人口普查千分之一抽样数据

在校生的性别分布,参见表8-3。在小学、初中阶段男生的比例高于女生将近7个百分点,这既显示出有相当多的女童失学(这在中西部农村地区十分突出),又显示出近些年来存在比较严重的男女比例失调问题(这在样本的统计中已经得到证实)。高中阶段男生的比例高于女生13个百分点;中专阶段女生高于男生15个百分点;大专阶段男女比例持平;本科阶段男生高于女生21个百分点。可见,在教育分层的过程中,相当多的女生选择了上中专和大专,从而使本科以上阶段的性别差距加大。

表8-3　2000年不同教育层次在校生的性别分布(%)

	男生	女生
小学	53.1	46.9
初中	53.5	46.5
高中	56.7	43.3
中专	42.9	57.1
大专	50.4	49.6
本科	60.6	39.4
研究生	67.4	32.6

资料来源:2000年第五次人口普查千分之一抽样数据

对分性别的辍学生情况的分析显示:在小学阶段,女生辍学的比例更高(53.0%);而在初中以上阶段,男生比女生更容易辍学,初中男生辍学比例为60.2%,高中为69.3%,中专为50.6%。可以看到的原因之一,是初高中阶段有相当数量的学生辍学是由于不能胜任学业而造成的,在这部分学生中男生明显高于女生。

城市入学人口的男女性别差异已经很小,但在贫困的农村地区,男女童上学机会的差异仍然很大。尤其是日益增高的教育收费对农村女童的上学机会产生负面影响,农村地区的男孩上学的机会要大于女孩,这能够说明为什么1976年出生人口中大专及以上性别差异出现扩大的趋势。高中(含中专)阶段的男女性别差异并不显著,出现逐渐同一的现象。

在校生的性别差异,小学阶段男生高于女生的比例同近年来的男女出生性别失调有很大关系,这一点很值得注意。中专阶段女生显著多于男生,高中以上阶段男生显著多于女生。

二、当前我国女性参与高等教育的基本情况

1. 女性接受高等教育的机会迅速增长

1999 年高等学校大规模扩招以后,女性获得的高等教育机会迅速增长。从 1998—2004 年,我国普通高校中的女生数量从 130.6 万人增加为 608.7 万人,增长了 4 倍多。在校生总数中女生的比重也从 38.3%增加到 45.7%,以平均每年 1 个百分点的速度持续上升,见表 8-4。

表 8-4 1977—2004 年普通高校本专科在校生中女生数量及比例

	在校女生数（万人）	占在校生的比例（%）
1977	18.16	29.0
1980	26.81	23.4
1985	51.06	30.1
1990	69.51	33.7
1995	102.93	35.4
1998	130.59	38.3
1999	162.06	40.0
2000	227.89	41.0
2002	397.04	43.9
2004	608.68	45.7

资料来源:国家教委计划建设司.中国教育统计年鉴(1977—2004).北京:人民教育出版社

普通高校在校女生数量及所占比例自 1995 年以后,呈快速增长趋势。2000 年前后,上海、北京、新疆、青海、内蒙古等地已经出现普通高校在校女生超过男生的现象。如新疆在 1998 年普通高校在校女生比例已达 50.88%,2000 年内蒙古和青海高校在校女生的比例分别达到 50.19%和 52.17%。依此速度测算,预计 2008 年我国普通高校在校女生比例将达到 50.67%,超过男生的比例。

女生参与高等教育不仅有数量上的成就,质量也有大幅的提高。各地

"高考状元"中女性的比例逐渐增加,并且在男生具有优势的理科上有出色表现。如据2005年的高考消息,北京、江苏、浙江、吉林、内蒙、甘肃、重庆等地的文、理科"状元"均为女性;除山东、福建两省外,其他省的"状元"也多为女性。当然,从总体上看,"女状元"仍以文科为主。"高考状元"本身有助长"应试教育"之嫌,不足宣传,但"女状元"数量的增加的确从一个侧面反映了女性接受高等教育质量的提升。

在高等教育的各个层次,女性的比例都在增加。2002年,本专科在校生中女生的比例为43.95%,硕士生中为39.89%,博士生中为28.05%。与1998年相比,2002年本专科生增长了5.6个百分点,硕士生增长了4.9个百分点,女博士的增幅为最大,在校生增加了近7.9个百分点,见表8-5。

表8-5 1986—2004年女研究生数及其比例

	博士生		硕士生	
	人数(人)	比例(%)	人数(人)	比例(%)
1986	480	8.5	19614	21.0
1991	1309	10.6	18973	25.1
1995	4447	15.5	35582	30.6
1998	8041	20.2	51394	35.0
1999	10583	22.2	61110	35.9
2000	16151	24.0	84129	36.1
2002	30503	28.1	156423	39.9
2003	39666	29.0	216919	42.2
2004	51900	31.37	288900	44.15

资料来源:历年《中国教育统计年鉴》

然而,虽然经历了巨大的增长,高等教育系统中男强女弱的基本格局仍未改变,依然呈现学历层次越高女生比例越低的基本态势。此外,与基础教育的情况有所不同,高等教育中女性人数的增长,并不简单地意味着高等教育中的性别平等,需要在教育层次、形式、院校、学科专业等不同层面认识所存在的性别差距,才能有效地说明女性接受高等教育机会的实际状况。

2. 女生在高等教育系统中的分布

在高等教育入学机会扩大的同时,男女享受不同质的教育,在发展中国家具有普遍性。研究表明:"高等教育的多样化,第三级教育的迅速发展,带来的是妇女大量进入高等教育,但却是和男性不同的高等教育。"①20世纪80年代,在许多发展中国家,非正规大学中的女生数都超过大学中的女生数,有的前者为后者的4倍,通常三分之一或半数的女生在非正规大学中就读,如尼加拉瓜、阿根廷、斯里兰卡、海地、叙利亚、冈比亚、埃塞俄比亚和阿富汗。

我国在普通高等教育系统的性别分层中,女生所处的不利地位,表现为女生在专科层次占有更高的比例。2003年在校生中,女生读专科的比读本科的高5个百分点,见表8-6。

表8-6 2003年普通本、专科分性质类别的学生数(万人)

	毕业生数		招生数		在校生数	
	本科	专科	本科	专科	本科	专科
总计	92.96	94.79	182.53	199.64	629.21	479.36
女生	38.62	44.53	79.86	93.82	268.63	228.42
女生比例(%)	41.54	46.98	43.75	46.99	42.69	47.65

资料来源:教育部发展规划司.中国教育统计年鉴(2003).北京:人民教育出版社,2004

在本科教育层面,女生在不同类型院校的分布,也显示了类似特征。据谢维和1998年在全国37所普通高校在校生的调查(样本共69258人)显示(表8-7),在最高层级的国家重点院校中,女生的比例最小,为38.2%;但在其他几类高校,性别比并没有显著的不同。

表8-7 1998年调查不同类型高校在校大学生的性别比(%)

	男生	女生
国家重点院校	61.8	38.2
一般重点院校	57.5	42.5
普通高校	57.6	42.4
地方高校	57.7	42.3
总体	58.9	41.1

资料来源:曾满超主编.教育政策的经济分析.北京:人民教育出版社,2000.268

如果将视野放大到整个高等教育系统,会发现女性在低学历层次和非正规高等教育中拥有更多机会。如图8-1所示,2003年我国成人高校和高等教育自学考试中的女生比例均已超过50%,民办高等学校中的女生比例也达到了45.62%,而普通高等院校的女生比例最低,仅为44.52%。

---

① 史静寰.世界教育大系·女性教育.长春:吉林教育出版社,2000

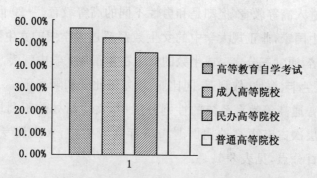

图 8-1 2003 年各类高等院校在校生中女生的比例

数据来源：教育部考试中心.中国教育考试年鉴 2003.北京：人民教育出版社，2004

虽然女生在非正规教育领域拥有更多机会，但这只是一种总体数量优势，非正规教育中依然存在学历层次上的性别差异。以女生人数占优的高等教育自学考试为例，1999 年的数据显示，无论是考生数还是毕业生数，专科层次女生比例都超过 58%。而在本科层次女生的比例却下降为 48%，见表 8-8。

表 8-8 1999 年下半年高等教育自学女生比例(%)

	考生	毕业生
本科	48.13	48.65
专科	58.37	58.64

资料来源：教育部考试中心.中国教育考试年鉴 2000.北京：人民教育出版社，2001

在成人高考中，女生虽然人数占优，但考试成绩却低于男生。女生文理两科的总分和大部分单科成绩的平均分都低于男生。文科五门（政治、语文、数学、历史、地理）的总分，男生平均 408 分，女生平均 385 分；理科五门（政治、语文、数学、生物、物理）的总分，男生平均 427 分，女生平均 414 分。[①] 这就使得女生的录取率低于男生。

3. 女大学生的学科专业选择

许多研究表明，在高等教育的学科专业分布上，女性往往集中在传统的"女性学科"。在这方面，我国的情况具有某种特殊性。一方面，男尊女卑、男主外女主内等传统观念深刻影响着女性行为和专业选择，我国高校学科专业的选择一直存在"女文男理"的特征，女性选择接受文史及师范教育的比例要多于理工科。另一方面，1949 年以来"时代不同了，男女都一样"、女性是"半

---

① 教育部考试中心.中国教育考试年鉴 2000.北京：人民教育出版社，2001

第八章 高等教育入学机会的性别视角

边天"的性别教育,以及"重理轻文"的教育价值、"学好数理化,走遍天下都不怕"的观念也深入人心。因此,女性在自然科学学科中的比例高于西方国家。

由于国家教育统计中没有分性别的在校生学科专业分布数据,只能以院校的类型代替学科,大略感受这一状况。近年来女生在高等教育不同学科中的分布,如表8-9所示。

表8-9 全国分学校类别的女大学生占在校生的比例(%)

	1985	1993	1999
理工院校	22.07	24.23	28.56
农业院校	23.75	27.89	39.78
林业院校	22.53	28.65	14.84
医药院校	38.99	41.97	46.98
综合大学	32.74	36.85	41.51
师范院校	34.22	43.00	51.52
语文院校	52.00	57.36	71.52
财经院校	38.66	39.40	46.10
政法院校	21.77	23.46	30.88
体育院校	23.32	22.03	34.48
艺术院校	29.52	43.83	45.88
民族院校	30.68	37.13	42.28
短期职大	45.96	37.06	42.44

资料来源:依据教育部发展规划司的数据整理而成

可见,女大学生的专业取向正在逐渐拓宽,在除林业外的各个学科方向上,女大学生的比例都在不断增多。1985—1999年,增幅最大的是语文院校(19.52%)和师范院校(17.30%),但选择理工科的女生也在快速增加,增幅达5.49%。1999年,在语文、师范、医药和财经等传统女性学科的院校,在校女大学生的比例已经超过或接近50%,而理工、林业院校的女大学生比例则低于30%。

为便于了解,将以上学校归为三大类:综合类(文理科生大体相当,包括综合大学、师范院校、民族院校和短期职大)、文科类(以文科生为主,包括语文、财经、政法和艺术院校)和理科类(以理科生为主,包括理工、农业、林业、医药和体育院校)。可见1985—1999年间,文理科在校女大学生呈同步增长的趋势,文科类增长的幅度更大,共增长了近10个百分点,理科类增长了7.1个百分点。但在1993—1999年间,综合类年均增长1个百分点,文科类年均增长1.2个百分点,理科类的女生年均增长0.78个百分点,虽然仍低于文科,但与前8年年均0.3个百分点的增幅相比,则呈现加速的趋势,见表8-10。

表 8-10　我国三大类院校女生占在校大学生总数的百分比(%)

	1985 年	1993 年	1999 年
综合类	34.73	40.44	46.52
文科类	36.05	38.78	46.01
理科类	25.29	27.66	32.40

资料来源：依据教育部发展规划司的数据整理而成

1999 年，在我国成人高考考生中，女生在文科中的比例高达58.33%，在理科中的比例为38.40%。[1]

在理工类院校，女生的学科专业分布也有一些特点，更多集中在光电技术、化工、生物等便于就业、体力消耗不大的应用理科；而在机械、自动控制、计算机、数学、物理、力学等传统的男生优势学科，女生的比例有所降低。对北京理工大学女生学科专业分布的调查，如表 8-11 所示。

表 8-11　北京理工大学各院系本科入学人数中女生的比例(%)

按院系分的学科专业	1997 年	2000 年
光电/测控/检测与仪表	21.49	30.29
化工/材料/生物/环境	27.66	45.08
飞行器/机电	16.27	23.04
材料/机械工程	19.50	22.38
电子/信息技术	23.35	24.76
计算机科学与技术	28.48	24.46
工业自动化/自动控制	22.58	19.37
车辆/热力	13.14	11.89
数学/物理/力学	21.78	20.36
工商/MIS/贸易/营销	53.75	59.30
工业设计/艺术	43.48	61.29
语言/法律/管理	60.29	67.75

资料来源：北京理工大学教务处

作为比较，在世界范围内，女大学生在专业取向上普遍存在"重人文，轻科学"的特点。如表 8-12 所示，在所有学科女性的比例都出现增长趋势，但人文学科增幅最高，"自然科学、工程学和农学"类女生的增幅最小。由于历史形成的特点，转型国家(前苏联和东欧国家)女大学生在自然科学、工程和农学专业、法学和社会科学专业的比例，都明显高于较发达国家。如 1995 年自然科学和工程学科中女生的比例，发达国家为 25%，转型国家为 31%。1995 年我国工科女大学毕业生的比例是 27%，而美国仅为 15%。[2]

---

[1] 教育部考试中心.中国教育考试年鉴 2000.北京：人民教育出版社,2001
[2] 董云虎.中美两国妇女状况之比较.光明日报,1995-09-09 日。

表 8-12　1985、1995 年世界女大学生占各学科入学总人数的比例(%)

		全世界	较发达国家	转型国家
教育类	1985	45	68	55
	1995	48	72	67
人文类	1985	52	66	62
	1995	57	69	54
法学、社会科学	1985	34	40	48
	1995	41	49	59
自然科学、工程学和农学类	1985	17	21	22
	1995	21	25	31
医学类	1985	44	54	52
	1995	56	67	52

资料来源：教育参考资料 2000(1)、(2)。此表在世界各区域中选取了两个区域为例

另一项研究中是这样概括世界各国女大学生的学科专业选择的：女生在自然科学、工程和农业科学中的比例低于在各领域的总比例；而在人文学科的比例则较高，法律和社会科学男女持平，教育和医学中女生人数高于各领域总注册率。[①]

三、女性高等教育入学机会的城乡差距

在我国教育公平的现实中，巨大的城乡差距与性别差距叠加，使之成为影响女性平等参与高等教育的重要因素。这就是说，与城市人相比，农村的学生接受高等教育更为困难；而在农村学生中，女生接受高等教育更为困难。

女性接受高等教育机会存在的城乡差距，主要表现为在农村学生总量增长的情况下，农村男生的增幅显著大于女生；女生在高等教育系统中的分布，较多地集中在较低层次（专科、高等职业教育等）、较弱的学校和较冷门、边缘的学科专业。

据韦钰 1995 年在湖北进行的调查结果，被调查的男性大学生中有超过一半来自农村(52.28%)，而女性大学生中来自农村的为 23.43%，尚不足四分之一。而女生中来自城市的比例则明显超过男生，见表 8-13。可见农村女生接受高等教育的机会既少于城市女生，也少于同在农村的男生。

[①] 史静寰．世界教育大系·女性教育．长春：吉林教育出版社，2000．313

表 8-13 湖北省大学生性别与城乡来源交互分类表

	男生		女生	
	人数	%	人数	%
农村	1548	52.28	190	23.43
中小城市(包括县镇)	1004	33.91	378	46.61
大城市	346	11.69	222	27.37
未回答	63	2.13	21	3.59
合计	2961	100.00	811	100.00

资料来源：韦钰.中国妇女教育.杭州：浙江教育出版社,1995.83

王香丽对 1996 级厦门大学本科生的调查显示,总体样本中城市学生占 54.93%,县镇为 21.91%,农村为 23.16%。但女生中却有 67.52% 来自城市,21.41% 来自县镇,仅有 11.07% 来自农村。与总体相比,女生中来自农村的减少了 12 个百分点,而来自大中城市的增加了 12 个百分点。这种差别也体现在专业分布中。在热门专业的女性中,城市女生比例高达 71.20%,县镇为 20.64%,而农村女性仅为 8.16%。[①]

1998 年 4 月,谢维和等在全国 37 所大专院校进行的抽样调查(样本数 69-258)结果显示,女性的比例总体呈现上升趋势。样本学校一年级学生(1997 年入学)中,男生占 57.9%,女生占 42.1%;与 1994 年入学的四年级的学生相比,女生比例上升了 2.5 个百分点。运用 T 检验,显示这种上升具有统计意义。而且,在不同类型的高校,均出现男生比例下降,女生比例上升的现象,见表 8-14：

表 8-14 女生在四类不同高等院校的分布(%)

	1997 级	1994 级
国家重点院校	39.6	36.6
	38.2	
一般重点院校	42.7	42.2
	42.5	
普通高等院校	43.1	41.3
	42.4	
地方高等院校	43.5	40.0
	42.3	
总体	42.1	39.6
	41.1	

资料来源：曾满超主编.教育政策的经济分析.北京：人民教育出版社,2000.261

[①] 王香丽.女性高等教育入学机会：问题、原因及对策.集美大学学报(哲社版),1999(1)

第八章 高等教育入学机会的性别视角

尽管高等学校中女性比例总体在上升,但通过深入的分析可以看出,农村和城市的生源中男女比例仍存在较大差异。在农村生源中,第一类高校至第四类高校的男女生比例分别为 75.6：24.4、63.4：36.6、67.3：32.7 和 61.8：38.2。即农村的女生更多地分布于地方高校,国家重点院校中农村女生的比例比地方高校要少 13.8 个百分点。[①]

安树芬 2000 年主持的调查也揭示了男女大学生入学机会的城乡差异:高校女生之间的城乡差距明显大于男生。由表 8-15 可见,男生和女生的城乡分布呈现相反的两个走向。来自农村学生的比例,女生明显少于男生,低 15 个百分点;而来自大城市的比例,女生则明显高于男生,高 13.3 个百分点。

表 8-15 男女大学生的城乡来源分布(%)

	样本数(人)	大城市	中等城市	小城市	乡镇	农村
女生	6741	33.8	14.0	13.3	16.7	22.1
男生	2361	20.5	12.5	12.8	17.2	37.1

资料来源:中国女性高等教育现状调查(问卷)数据分析报告.转引自:安树芬.中国女性高等教育的历史与现状研究.北京:高等教育出版社,2002

可见,与我国高等教育入学机会总体性别差距缩小的趋势相反,农村学生中的性别差距却在扩大,并且,这一差距为我国整体性别差距缩小所掩盖。不断上升的高校女性比例主要还是来自城市。也就是说,新增加的女性高等教育入学机会份额,更多为城市女生获得,来自农村女生的受教育机会则在减少。

同时,女性参与高等教育的机会也存在地区差距。以 2002 年我国高校在校女大学生比例为例,由高至低的排序,前 8 名依次为新疆(52.82%)、上海(50.32%)、宁夏(49.63%)、内蒙古(49.40%)、河北(49.16%)、青海(48.83%)、山西(48.77%)、浙江(48.15%),比值均超过 48%;而女生比例最低的后 5 名依次为江西(36.63%)、安徽(36.99%)、甘肃(39.43%)、贵州(39.46%)、湖北(39.75%),比值均不足 40%。这一现象是值得深入认识的。

此外,女性入学机会存在明显家庭背景差异,家庭背景对女性教育机会获得的影响远远甚于男性。由于家庭文化观念的差异,不同阶层女性

---

① 曾满超主编.教育政策的经济分析.北京:人民教育出版社,2000.262

的入学机会差异相当悬殊。父母文化程度较高或经济条件较好的家庭,女性入学机会明显高于条件差的家庭。随着大学收费制度改革的推行,这种差异有扩大的趋势。同时,由于传统观念的影响,据安树芬主持的课题组调查,女大学生中非独生子女家庭低于独生子女家庭比例,说明非独生子女家庭中的女性在性别平等方面的处境更为不利。

四、部分省区高考招生"女多于男"的研究

1. 不同省区女性参与高等教育的情况

在中国高等教育高速发展的过程中,虽然在入学机会上仍存在明显的性别差距,但从总量上看,女性数量迅速增长,在文科高校和外语类高校中尤其显著。与此同时,一些省、自治区、直辖市高考报名人数女生已经超过男生,成为令人关注的新现象。

在2002年全国普通高校招生中,考生中女生超过男生的省、自治区、直辖市为北京、上海、新疆、天津和青海,见表8-16。女生超过男生的地区,不仅有京、津、沪这样的经济和教育发达的直辖市,而且包括像新疆、青海、内蒙古这样地域偏远,经济、教育相对比较落后的民族地区。

表8-16 近年来普通高校高考报名数女生超过男生的省(区、市)及女生比例(%)

	1991	1998	1999	2000	2001	2002	2003
全国	36.0	40.21	40.60	41.12	41.61	2.04	43.16
北京		52.70	51.91	53.58	52.55	52.56	52.42
上海			51.65	51.77	51.39	51.79	51.41
新疆	50.8	53.72	53.13	51.94	50.13	50.50	51.17
天津			50.44	51.03	50.89	50.05	50.84
青海		51.84	51.36	50.94	50.78	49.74	50.60
内蒙古		51.23	50.28	49	48.2	47.34	48.07

资料来源:历年《中国教育统计年鉴》

表8-17为2002年各省市区高考女生的比例。如果把女生比例分为超过50%、40%～50%和低于40%三个区间,可以看到在每一个区间,都混杂着不同经济发达程度的地区。宁夏、西藏、云南、四川等较落后的西部省区女生比例均相对较高,而江苏、福建、广东等地区这一比例反而较低。女性接受高等教育机会的增加,大致是与社会经济、文化发展同步的过程。因而,在经济、文化发达的京津沪等大城市,在独生子女政策的现实中,大学生女性比例

超过男性并不难理解。但是,为什么在西部经济较为落后地区也出现"女多于男"的现象,为什么许多经济、教育发展水平较高的东部发达地区女性的比例反而较低?它使我们去关注女性接受高等教育的影响因素。

表 8-17 2002 年全国普通高校高考报名数女生比例

省、自治区、直辖市	%	省、自治区、直辖市	%
全国	43.16	山西	43.79
北京	52.42	广西	43.35
上海	51.41	四川	43.02
新疆	51.17	山东	42.86
天津	50.84	河南	42.26
青海	50.60	陕西	42.02
辽宁	49.87	福建	41.83
内蒙古	48.07	湖北	41.56
黑龙江	47.68	江苏	41.09
河北	47.48	湖南	40.99
吉林	47.29	广东	40.18
浙江	46.14	贵州	36.58
重庆	45.94	甘肃	36.57
云南	45.86	安徽	36.23
宁夏	45.80	江西	34.98
西藏	45.44	海南	34.48

资料来源:教育部发展规划司.中国教育统计年鉴(2002).北京:人民教育出版社,2003

2. 女性参与高等教育的比较研究

女性大规模参与高等教育是一个世界性的现象。据美国学者 20 世纪 90 年代初的研究,有 15 个国家在校大学生中女生数超过男生数,其中既有经济发达国家,也有发展中国家。经济不太发达的蒙古和也门,女性大学生比例都高于 50%。但高等教育女生比例不足 20% 的却一定是最贫穷的国家。[1] 根据联合国公布的统计数据,1994 年世界高等教育中女性所占的比例平均为 47%,日本为 44%,巴西为 53%,法国、美国、加拿大均为 55%,俄罗斯则高达 86%。[2] 我国在 2002 年的这一比例(43.95%)大致相当于日本

---

[1] 史静寰主编.世界教育大系·女性教育.长春:吉林出版社,2000.165
[2] 安树芬.中国女性高等教育的历史与现状研究.北京:高等教育出版社,2002.241

1994年的水平。发达国家女性参与率已经超过了一半(1990年达51.2%),2000年增长了1.7个百分点,达到了52.9%。①

在研究生阶段,1998年我国女研究生的比例为35%。在我国的台湾省,1997年女生在大学、硕士班、博士班的比率分别是48.85%、30.30%、19.93%。②在大多数OECD国家中,女研究生比例超过40%,美、澳、加三国则超过50%。③女大学生超过男大学生的现象已经引起各国学者的关心,一个普遍的看法是,教育将经历女性世纪,女性将成为接受教育的主体。

20世纪70年代以来,国际社会日益重视妇女解放和妇女教育问题。1975年在墨西哥召开的第一次妇女大会,通过了《关于妇女的平等地位和她们对发展与和平的贡献的宣言》及《世界行动计划》,明确提出妇女有平等享受各级教育、职业训练和就业机会的权利。1980年在哥本哈根召开的第二次世界妇女大会批准的《消除任何形式歧视妇女公约》,要求缔约国保证妇女在教育方面享有与男子平等的权利。1985年在内罗毕召开的第三次世界妇女大会,通过《提高妇女地位内罗毕前瞻性战略》,将教育定义为全面提高和改善妇女地位的基础。1995年在北京召开的第四次世界妇女大会通过的《北京宣言》和《行动纲领》,都把妇女教育视为妇女参与社会发展的基础和实现男女平等的基本条件,将男女教育平等列入20世纪末在全球范围内实现的三大战略之一。因此,发展女性教育包括女性高等教育,是国际社会发展的总趋势。

从世界范围来看,女性参与高等教育不断增多,得益于战后社会经济结构和社会价值观的改变。战后西方国家普遍经历了社会民主化思潮和平权运动,打破了传统对女性、少数族裔的不平等对待,教育权利普遍扩大和提高。在女权主义运动的推动下,美国在20世纪80年代末已出现了在校女大学生数超过男生数的现象。日本女性大规模地进入高等教育的动力,来自于日本自身的社会文化。日本从明治维新时期开始普及教育,在20世纪之初,女孩的小学入学率即达71.7%;到1930年,女孩与男孩的入学率都达到了100%。1970年,日本高中女生的比例达到49.1%,与男生基本持平,为女

---

① 联合国教科文组织.2003—2004全民教育全球监测报告.转自:魏国栋.性别与全民教育跃向平等.北京:人民教育出版社,2004
② 何虹.港澳台女子高等教育发展概况.见:安树芬.中国女性高等教育的历史与现状研究.北京:高等教育出版社,2002.652
③ 世界经济合作与发展组织.教育政策分析1999.北京:教育科学出版社,2002.114

子高等教育的发展奠定了基础。[1] 学历主义、文凭主义的盛行,也促进了女性参与高等教育。高等教育这一社会分层的过滤器对男女两性的意义并不完全相同:男性通过高等教育获得体面的职业,女性则获得满意的婚姻。

20世纪90年代,香港政府颁布了《性别平等条例》,从法律上规定了女性享有平等的教育权利。1999年,女性就业人口中具有大专以上受教育程度的达24%,比1987年提高了11个百分点,并且比男性21%的比例高出3个百分点。1999年,香港特区获得大学教育资助委员会学士学位的女学生超过总人数的一半。目前,香港两所最著名的大学——香港大学和香港中文大学,已经不再被上流社会垄断,全港56.1%的中低收入家庭子女已成为两所大学学生的主要来源。[2]

台湾地区自20世纪50年代开始普及教育,到70年代学龄儿童入学率就已达98%以上。1950年,高校女生占在校生人数的10.8%,1972年增加至36.87%。80年代至今,是台湾地区女子高等教育持续发展的时期。1999年底,台湾地区人口中具有大专以上受教育程度的女性有177万,占总数的45.83%。同时,还有不少女性求学海外。1972年,经台湾地区教育部门核准前往海外留学的女性有892人,占留学生总数2558人的34.87%。[3]

3. 女性参与高等教育的影响因素

对于女大学生增多的流行解释,是认为目前基础教育实行的应试教育,比较有利于比较重记忆的、学习更为认真细心的、更为善于考试的女生;中小学教师的女性化倾向,则助长了一种女性化的评价标准,乖巧听话的女生更容易受到好评。因而,中小学的学生干部、三好学生大多为女生。也有学者认为,其原因是女生比男生早熟,男孩在还没有认清学习的重要性时在中考中就已被过早地分流了,等等。但是,女性往往不认同这种具有男性主义取向的评价,而归因于在男权社会中,女生的生存压力、就业压力更大,因而学习更为努力、更为勤奋。而且,由于这种现象非祖国大陆所特有,在多数发达国家中小学教育中也存在,因此用"应试教育"等中国化的理由解释也不太适用。

如不着重于心理学层面和微观教学过程,而从社会变迁的角度考察影响女生接受高等教育的宏观因素,可大致分为社会性因素、教育因素、文化性因

---

[1] 赵叶珠. 美日高等教育规模扩张过程中女性参与的比较. 现代大学教育,2002
[2] 联合国教科文组织. 2003—2004全民教育全球监测报告. 转自:魏国栋. 性别与全民教育跃向平等. 北京:人民教育出版社,2004
[3] 宋珂君,何虹. 港澳台女子教育的历史与现状. 中华女子学院学报,2003(1)

素、政策性因素、女性自身因素等主要因素。

(1) 社会性因素。包括人口学特征(总人口的性别比、总人口中少数民族的比例)和经济社会发展两个方面。后者又可以分为经济发展水平(人均GDP)和城市化程度(非农人口的比例)两个主要指标。

经济发展促进了整体的教育发展,也为高等教育奠定了经济基础,提供了生源和人才需求。由于高等教育主要在城市举办,直接参与了城市化进程,因而城市化水平成为与高等教育发展相关度很高的指标。在中国,城市化与高等教育入学机会的关联还在于:由于高校招生计划具有一种城市倾向,因而城市人口比例高的省份的升学率高,而农村人口比例高的省份升学率低。[1] 由于城市社会在受教育机会和就业方面更少传统社会的性别偏见,更为重视男女平等,因而城市化程度也成为影响女性参与高等教育的重要指标。

(2) 教育因素。高等教育是基础教育的延续,因而在性别特征上体现了初等和中等教育的特质。初等、中等教育中性别差异的减小,为女性接受高等教育奠定了良好的基础,并在一定程度上提高了女性接受高等教育的积极性。具体可分析为教育发展水平、中等教育结构、各级教育中的性别比、高考制度和政策的影响等。

(3) 政策性因素。深刻影响女性接受教育和参与高等教育的制度和政策因素,包括法律赋予女性与男性平等的社会地位、独生子女政策、高校扩招政策,以及在就学、高考等方面对少数民族学生的优惠政策等。此外,还有贫困生救助、大学生就业等政策的影响。

男女平等的社会政策早已经扫除了女性接受教育的制度性障碍,当前对全民族行为方式的影响最大的,当数独生子女政策。它对中国社会和教育等各方面造成的深刻而复杂的影响,正在逐渐显现。例如,它极大地提高了家长对子女的教育期望,助长了全社会性的对高学历的追求。但就性别平等而言,这一政策淡化了传统的来自家庭、学校和社会的性别歧视,女性参与高等教育的机会也随之增长。如陈仲常等人对重庆大学学生的调查显示,学生父母不论在农村、中小城市或大城市,对子女教育性别偏好无太大差异,分别有82.5%、82.8%及87.5%的父母能平等对待对子女的教育,多数家长持"谁

---

[1] 李文胜.中国高等教育入学机会的公平性研究.北京大学博士论文,2002

能考上学校,就供谁读书"的态度。①

　　高校扩招、就业市场等因素的影响是相对短期性的。高等教育总体规模的迅速扩大,增加了女性参与高等教育的机会。由于事实上存在的性别障碍,女大学生就业难成为问题。据厦门大学福建女性发展研究中心对厦门大学2002届1068名本科毕业生进行的问卷调查,超过三分之二的毕业生认为在就业中存在着对女生的性别歧视,女生赞同此观点的比例高达87.8%。该研究认为,在控制其他影响因素的情况下,男大学生的就业机会要比女生多出14%。② 但它对女生的教育选择的影响是很微妙的,尚看不出这一现象降低了女性参与高等教育的热情,相反,她们为自己树立了更高的要求和目标,例如更多地选择读研究生。

　　(4) 文化性因素。这既包括社会文化中的女性观,也包括女性自我意识的状态。

　　如果说战后东南亚的发展表明,当经济发展到一定程度后,社会公平和高等教育大众化趋势这两个因素对促进妇女参与高等教育影响更大,而文化传统只是在一定条件下发挥作用的变量③,那么在新中国,文化性因素的作用要重要得多。中国女性意识的觉醒并无美国那样社会性民权运动的启蒙,而是由政治革命和社会主义意识形态所造就的。在新中国长大的一代很少感受到中国古代传统对女性的束缚。在六七十年代,流行的说法是"时代不同了,男女都一样",女性被称为"半边天",妇女走上社会,在男性领域内参与竞争,在很大程度上是受到主流意识形态和体制保护的。这一意识形态使女性广泛进入各级教育,并且学习理工科和担任工程师、教授的女性比例大大高于西方国家。

　　升学主义、文凭主义的影响对女性和男性几乎是同样的,追求高学历以改变身份、向上流动成为青年人普遍的价值观念。大众传播、流行文化和市场环境对女性的塑造和影响极为复杂。一方面,市场经济环境所要求的更强的自主性、更大的自由空间,为更多的女性提供了施展的舞台,也更大地张扬了女性的自主自立的个性。"白领"成为多数知识女性的职业追求和想象。

---

① 陈仲常,谢曼,张薇.我国教育机会性别均等与教育结果性别差异分析.高等工程教育研究,2003(2)

② 乔红.2003年高校80万女生就业前景与危机分析.中国妇女报,2003-04-11.对此问题也有不同的意见,如北京大学教育学院的调查.

③ 范若兰.战后东南亚妇女接受高等教育的发展历程与类型.亚太研究,2002(2)

另一方面,出现了所谓"女性的回归",事业型的女性不再独领风骚,当选择出现时,许多女性更愿意做专职太太,或者退回到传统的女性领域工作,并且出现了"干得好不如嫁得好"之类的观念。

(5) 女性自身因素。在社会从传统到现代的转型过程中,总体而言女性的自信心与主体意识增强,男女平等意识增强,女性的自我认同增强。理想中的女性形象是独立型和事业型,女性逐步摆脱了"女主内、男主外"的传统性别分工以及"贤妻良母"的角色定位,越来越多的女性要求获取与男性同等的地位甚至取得比男性更大的成就,并持有未来发展状况主要靠自己的努力等观点。[①] 女性对教育尤其是高等教育的需求空前高涨。与此同时,女性的性别自我意识呈现多样态、矛盾的状态。

一些调查发现,高中女生,包括农村女生的学习动机水平普遍强于男生,她们的成绩不逊于男生,甚至超过男生。为了克服高中阶段学习的灵活性、抽象性增强的困难,以消除人们"到了高中,女生的学习就赶不上男生了"的偏见,学习动机因素对高中女生学习的影响作用增强,其动机水平比男生提高快。

中小学教育中女生的学习成绩优于男生,女生的社会表现强于男生,成为一种具有共性的现象,在欧洲、香港都有类似的"弱男生现象"。香港教育学院的麦肖玲提出西方和香港学校中存在着"少男文化"(lad culture)的影响。即在大众媒体和流行文化的影响下,男生对于认真学习的男生较为鄙视,而认为体育发达、个性张扬、对学业不甚重视的男孩更酷,它影响了男孩对学习的态度。[②] 当然,这一问题并无定论,需要从各个方面深入探讨。

4. 影响女性参与高等教育因素的定量研究

在影响女性参与高等教育的因素中,文化因素、政策性因素、女生自我意识等产生的大致是一种潜在的、长程的、背景性的影响。而经济发展水平、城市化水平、人口性别结构、中等教育状态等因素的影响是短期和显性的,更便于通过定量研究的方法认识其相关性。

经过筛选,选用经济发展水平(人均 GDP)、城市化程度(城镇人口占总人口的比重)、中考录取率、高考少数民族报名比例、女性人口比、初中在校女

[①] 刘慧. 女中学生自我意识现状. 青年研究,2000,(12)
[②] 麦肖玲. 新社会脉络下的性别与教育公平研究取向. "我国教育公平的理论和现实"学术讨论会论文,2004

生比例、高中在校女生比例等 7 个因素为假设变量，它对应以下 7 个基本假设：

假设 1：经济发展水平对女性接受高等教育发展程度有明显影响。

假设 2：非农人口比例对女性接受高等教育程度具有影响。

假设 3：中考录取率对女性接受高等教育的发展程度具有影响。目前我国进入高等教育的途径还较为单一，主要依赖于普通中等教育。所以中等教育的发展程度直接影响高等教育入学机会。由于缺乏中考录取率分性别的数据，只能以整体数据代表。

假设 4：高考少数民族报名比例对女性接受高等教育状况有明显影响。出于对少数民族学生的照顾，少数民族考生的最低分要比汉族考生的低。如在西藏，少数民族考生文科和理科的最低控制分分别比汉族考生低 75 分和 70 分；在新疆，大学本科的最低分数线，少数民族考生比汉族考生低 122 分。[①] 它成为可能影响女性接受高等教育机会的因素。

假设 5：女性人口比对女性接受高等教育发展程度有明显影响。合理的性别比也是一些地区女性接受高等教育比例较高的一个主要因素。2000 年第五次全国人口普查时男女性别比达 119.92，江西、广东、河南等省超过 130，[②]男性在参与高等教育这一竞争中具有明显的数量优势。而新疆性别比仅为 105.43[③]，为女性营造了一个相对和谐的竞争环境。

假设 6：高中在校生中女生比例对女性接受高等教育发展程度有明显影响。美国、芬兰等西方发达国家在 20 世纪 90 年代初已经出现了大学在校生"女多于男"的现象，这种现象的出现正是由中学在校生中女生比例提高直接造成的，尤其是高中在校生中女生比例。世界银行的研究项目《提高妇女在高等教育中的参与率》也认为，中学里女生的入学率是对大学里女性入学率影响最大的因素之一。

假设 7：初中在校生中女生比例对女性接受高等教育发展程度也有明显影响。

二元变量相关分析

用 SPSS 统计软件对上述 7 个变量与普通高校在校女生比例、高考报名

[①] 李文胜.中国高等教育入学机会的公平性研究.北京大学博士论文，2002.
[②] 黎昌政，向秀芳.中国人口性别比严重失衡.新京报，2004-07-11
[③] 新疆维吾尔自治区统计局.新疆统计年鉴 2000

数女生比例进行相关分析,所得结果见表8-18、表8-19。相关系数 r 的绝对值越接近1,表示变量 X、Y 线性相关程度越大。若 r 大于 0,为正相关;若 r 小于 0,为负相关。

7个解释变量(X)与因变量(Y)的物理意义是:

X_1:1998—2002年各省区人均GDP;

X_2:1998—2002年各省区非农人口比重;

X_3:1998—2002年各省区中考升学率;

X_4:1998—2002年各省区高考考生中少数民族学生比例;

X_5:1998—2002年各省区人口中女性比重;

X_6:1998—2002年各省区高中在校生中女生比例;

X_7:1998—2002年各省区初中在校生中女生比例;

Y_1:1998—2002年各省区普通高校在校生中女生比例;

Y_2:1998—2002年各省区高考报名数中女生比例。

表8-18 各解释变量与普通高校在校女生比例(Y_1)的二元相关系数

	相关系数 r_1						
	r_{11}	r_{21}	r_{31}	r_{41}	r_{51}	r_{61}	r_{71}
1998	0.197	0.392	0.458	−0.28	−0.368	0.817	0.623
1999	0.186	0.392	0.333	0.428	0.379	0.824	0.557
2000	0.195	0.306	0.347	0.398	0.776	0.776	0.776
2001	0.296	0.450	0.360	0.417	0.427	0.878	0.878
2002	0.383	0.472	0.290	0.212	0.523	0.830	0.619

表8-19 各解释变量与高考报名女生比例(Y_2)的二元相关系数

	相关系数 r_2						
	r_{21}	r_{22}	r_{32}	r_{42}	r_{52}	r_{62}	r_{72}
1998	0.336	0.620	0.511	−0.241	−0.278	0.885	0.725
1999	0.394	0.597	0.578	0.331	0.551	0.948	0.707
2000	0.463	0.656	0.529	0.195	0.961	0.961	0.961
2001	0.500	0.672	0.499	0.180	0.568	0.949	0.949
2002	0.497	0.609	0.420	0.204	0.656	0.959	0.732

由上表可见,这7个自变量与普通高校在校生中女生比例(Y_1)、高考报名人数中女生比例(Y_2)基本都呈正相关(除1998年高考少数民族报名比

例、女性人口比相关分析结论异常外[①]);高中在校生中女生比例(X_6)、初中在校生中女生比例(X_7)及非农人口比重(X_2)与 Y_1、Y_2 的相关程度最为显著;人均 GDP、非农人口比重及女性人口比对高考报名人数中女生比例的影响程度高于对高校在校生中女生比例的影响程度。7个假设的解释变量对普通高校在校生中女生比例及高考报名人数中女生比例都有影响,对两者影响较大的因素分别是:高中在校生中女生比例、初中在校生中女生比例和非农人口比重。

为进一步验证上述结论,对数据又进行了多元线性回归分析。通过对回归模型进行残值的正态性检验,残值均服从正态分布,回归模型可靠。以上7个因素对我国高校在校生中女生比例及高考报名人数中女生比例都具有影响,其中高中在校生中女生比例及初中在校生中女生比例的影响最大。

经以上的定量分析,可得到下述结论:我国女性接受高等教育状况的改善,与经济增长、城市化程度、中等教育阶段的性别比、国家政策引导等诸多因素有关。这些影响因素与女性接受高等教育的相关程度,由强到弱的排序为:

强相关:高中和初中阶段在校学生中的女性比例、城市化程度;

一般相关:中考升学率、总人口中的女性比例;

弱相关:人均 GDP、高考报名少数民族比例。

其他对女性参与高等教育的影响因素尚难以进行定量分析,仍有待深入研究。

5. 新疆、青海、内蒙古的情况

根据以上结论,高中在校生中女生比例、初中在校生中女生比例及城市化程度对女性接受高等教育机会的影响最为明显。我们以新疆、内蒙古和青海三地的教育发展为例,考察其女性参与高等教育的情况。

三省的经济发展水平处于全国中间等级,2002年,新疆、内蒙古、青海的人均 GDP 分别居第十二、十六和十九位。

但是,三地的城市化程度较高,非农人口比重一直高于全国平均水平,不但高于许多中部地区,也高于经济发达的东南沿海地区,仅低于三大直辖市和东三省。以2002年为例,内蒙古的非农人口比重为36.33%,位于全国第七位;新疆为35.91%,位于第九位;青海为28.87%,位于第十四位。明显高

---

① 结论异常与1998年相关统计年鉴的数据缺失有关。

于经济水平的排名。

比较 2002 年各地非农人口比重、高校在校生中女生比例及高考报名人数中女生比例的排名,发现三者的契合度较高。如上海分别为第一、二、二位,北京分别为第二、十一、一位,天津分别为第三、十、四位,辽宁分别为第四、九、六位,内蒙古分别为第七、四、七位,新疆分别为第九、一、三位,青海分别为第十四、六、五位,等等,印证了城市化程度对各地女性接受高等教育发展有比较显著的影响的结论。

中等教育的性别比对高等教育性别状况有最直接、最重要的影响。统计显示,三地中等教育阶段在校生中女生比例居于全国前列。表 8-20 显示,新疆、内蒙古初中在校生中女生比例一直高于全国平均水平,新疆初中在校生中女生比例一直居于全国第一位。但青海的这一指标低于全国平均水平。

表 8-20　1996—2003 年新疆、内蒙古、青海初中在校生女生比例(%)

	1996	1997	1998	1999	2000	2001	2002	2003
全国	46.05	46.27	46.50	46.78	47.0	47.23	47.36	47.42
新疆	50.31	50.01	49.93	49.58	49.81	49.66	49.56	49.47
青海	45.86	45.8	46.14	46.10	46.20	46.16	46.31	46.37
内蒙古	47.73	47.61	47.65	47.76	47.87	48.09	48.23	48.24

资料来源:据《中国教育统计年鉴》1996—2003 年整理计算

三地高中在校生女生的比例类似,都居于全国前列。如表 8-21 所示,以 2003 年为例,新疆高中在校生中女生比例位于全国首位,内蒙古位于第七位,青海位于第十一位。新疆等三地高中在校生中女生比例的排名与它们高考报名人数中女生比例及高校在校生中女生比例的排名基本一致。

表 8-21　1996—2003 年新疆、内蒙古、青海高中在校生女生比例(%)

	1996	1997	1998	1999	2000	2001	2002	2003
全国	40.41	40.55	40.94	41.22	41.94	43.15	44.08	45.08
新疆	52.44	52.54	52.18	51.41	51.69	52.30	52.69	53.43
青海	47.82	46.55	48.81	47.11	46.52	49.83	49.56	49.47
内蒙古	48.79	48.22	47.93	47.55	47.84	48.81	49.42	50.20

资料来源:据《中国教育统计年鉴》1996—2003 年整理计算,人民教育出版社

除了以上共同因素的影响外,新疆、内蒙古和青海还有一些不同于其他地区的特殊因素。

新疆、青海、内蒙古的少数民族人口比例均居于全国前列,分别位于全国

第二、第三和第四位。据 2000 年全国人口普查数据,新疆人口中,汉族占 39.48%,维吾尔族、哈萨克族等各少数民族约占 60%。青海总人口中汉族占 54.49%,藏、回等少数民族约占 45%。内蒙古人口中汉族 79.45%,蒙古族、满族等少数民族约占 20%。受宗教文化的影响,维吾尔族、藏族、蒙古族等少数民族"重男轻女"现象并不像汉族地区那样盛行。①

而且,三地主要少数民族中女性人口的比例多高于男性。汉族女性人口比则仅为 48.46%,低于全国平均水平(48.47%)。而俄罗斯族的女性比例为 52.82%,蒙古族为 50.54%,藏族为 50.19%,维吾尔族女性人口也接近 50%。② 这对三地女性,尤其是少数民族女性接受高等教育显然会产生影响。

但三地整体的教育状况并非尽如人意。青海、新疆小学适龄儿童入学率、小学毕业生升学率相对较低。新疆、内蒙古的女性识字率都高于全国平均水平(79.9%),而青海却远远低于这一水平。如以每万名女性在校大学生数来衡量,2000 年全国每万名女性中有 37 名在校大学生,新疆为 46 人,内蒙古和青海均低于这一水平,分别只有 31 人和 28 人。可见,虽然近年来三地高考报名数出现"女多于男"的现象,但不能据此高估新疆等地女性接受高等教育的状况,要继续加强对西部地区女性教育的发展,扩大女性接受高等教育的机会。

基本结论

(1) 2004 年我国在校女生已达 609 万人,在校女大学生占总在校生数的比例为 45.7%。以高校扩招以来在校生中女大学生比例平均 1%的增长速度推算,2008 年高校在校生中女生数有望超过男生。我国部分地区高校在校女生数量已经超过男生。女大学生的学科领域不断拓宽,不再拘泥于传统的"女性领域";女性接受高等教育的质量与数量同步增长。

(2) 我国高等教育女性毛入学率依然较低。1997 年高等教育女性毛入学率世界总计为 16.7%,我国仅为 4.2%,与发展中国家的平均数 8.5%相比,相差 4.3 个百分点。在高等教育系统的性别分层中,女生仍处于比较不利的地位。高等教育系统中男强女弱的基本格局仍未改变,呈现学校层次和

---

① 为了孩子[N].中国妇女报,2001-3-21
② 中国统计出版社编.中国统计年鉴 2003.北京:中国统计出版社,2003

学历层次越高女生比例越低的基本态势。重点高校女生比例明显低于地方高校,本科在校生中女生比例低于专科,女生在中低层面的高等教育和非正规高等教育中拥有更多的机会,非正规高等教育中的女生比例高于普通高校。

(3) 女性接受高等教育机会存在的城乡差距,主要表现为:在农村学生总量增长的情况下,农村男生的增幅显著大于女生;农村女生在高等教育系统中的分布,较多地集中在较低层次(专科、高等职业教育等)、较弱的学校和较冷门、边缘的学科专业。与我国高等教育入学机会总体性别差距缩小的趋势相反,农村学生中的性别差距却在扩大,新增加的女性高等教育入学机会份额,更多的为城市女生所获得。

(4) 我国女性接受高等教育的机会的增加,与城市化程度的提高、经济增长、中等教育学生的性别构成、独生子女环境、女性自我认同度的提高等诸多因素有关。其与女性接受高等教育的相关程度,由强到弱的排序为:强相关因素为中学在校生的性别构成、城市化程度;一般相关因素为中考升学率、女性人口比;弱相关因素为人均 GDP、高考报名中少数民族比例。

(5) 我国部分地区高等教育领域出现的"女多于男"现象,与当地经济发展水平、城市化程度、女性人口比、中等教育阶段性别状况密切相关。最早出现这一现象的除了京、津、沪三大直辖市,就是新疆、内蒙古、青海等西部民族地区。其原因包括这些地区高于全国平均水平的城市化程度、中等教育中女生的比例,以及对少数民族实行优惠的高考政策。

第九章

教育公平评价指标和测算

- 在相当长的时期内,通过政策调整有效地缩小教育发展中的城乡差距、地区差距,是我国教育现代化的基本任务,也是教育公平评价的重点。
- 我国教育公平的整体状况,经历了一个马鞍形的变化,2000年前持续恶化,2000年达到一个峰值,此后逐渐改善。
- 我国三级教育的公平状态,以高中阶段的差距最大,义务教育阶段次之,高等教育位居第三。
- 我国基础教育的公平状况,以城乡差距为主,地区差距次之。但在2002年以后,地区差距呈现加大趋势。在高等教育阶段,地区不平衡已居首位,高于城乡差距。
- 在高中阶段,阶层差距仅次于城乡差距居第二位。正在扩大的阶层差距值得高度重视。
- 经济发达水平与教育公平水平呈明显正相关分布。即一般而言,省区的社会经济越发达,教育公平的整体状况越好(教育公平指数越小),反之亦然。经济发达且教育公平的省区多为东部沿海地区,经济不发达且教育欠公平的地区集中在西部省区。但在一些特定的时段,经济发展与教育公平两者之间并非简单的同步发展关系。

政府承担着促进教育公平的主要职能。为有效地履行这一职能,需要建立公共政策调整和进行转移支付的信息基础,即建立教育公平状况的评价和定期监测机制。

目前我国常规的教育统计,大致是基于事业发展的工作性统计,缺乏评价的功能和价值导向。一些地方进行的"教育现代化"研究,指标往往集中在规模、数量和硬件建设的水平上,同样缺乏对教育公平的关注。我们提出了一个教育公平的评价指标体系,并用基尼系数的方法对近年来我国教育公平状况进行了实测,希望能对开展这一研究有所裨益。

在研究过程中,我们利用2000年全国第五次人口普查千分之一抽样数据对教育公平状况进行的分析,也在此加以介绍。

一、影响教育差距的因素比较

"全国第五次人口普查千分之一抽样数据"为认识我国人口国情提供了丰富的资料。据此,我们对城乡之间、地区之间、性别之间和民族之间的教育差距进行了定量分析,分类的数据见于以前有关章节。得到的基本认识是:我国改善教育机会不均等的努力,在缩小民族差距、性别差距方面的成效比较显著,而在其他方面问题仍然比较突出。在2000年之前,其特征主要是:

教育中的性别差距在逐步缩小,在这方面的改善最为显著。但在大专以上阶段,20世纪90年代末性别差异又有扩大的趋势。

民族差距正在逐步缩小,尤其是少数民族高等教育人才的培养出现快速增长的趋势。但是一些民族的基础教育仍较薄弱,高中教育没有得到同步的发展。

城乡之间存在着巨大的教育差距,成为影响教育公平的主要因素。至20世纪90年代末,这一差距仍呈扩大的趋势。

区域之间的教育差距很大。中西部地区的教育发展水平与东部、东北地区和直辖市之间存在着巨大的鸿沟。

不同家庭背景的教育差距明显。高学历和具有较高社会经济地位阶层的子女在取得高学历教育上占有优势,家庭的代际传递的功能仍然很强。

1. 不同影响因素的差异系数

为了确定不同因素对教育公平的影响孰重孰轻,采用差异系数测量在地区、城乡、性别、民族等方面的教育不平衡状况。差异系数所代表的含义是在不同因素影响下,数据的相对差异程度。差异系数越大,表明这一因素的不平衡程度越大。

通过计算,可得到4个主要因素对不同学历层次影响的差异系数,如表9-1所示。

表9-1 4个主要因素影响不同学历层次的差异系数

	小学及以下学历	初中	高中	中专	大专	本科	研究生
地区	0.2479951	0.213105	0.351446	0.394935	0.492787	0.979465	2.302878
性别	0.180523	0.122844	0.181313	0.007643	0.17091	0.302764	0.333333
城乡	0.519174	0.123139	0.555556	0.885714	0.964602	0.992922	0.993827
民族	0.253311	0.311596	0.43747	0.211958	0.3442	0.519178	0.989714

横向数据可比较该因素在不同学历层次上的不平衡程度。

例如,地区之间的教育差异程度,在不同学历层次由大到小依次为:研究生、本科、大专、中专、高中、小学及以下、初中。说明学历层次越高,地区之间的教育不平衡程度越大。"小学及以下"学历的差异高于初中学历,是因为中西部地区的文盲和低学历人口的比例大大高于其他地区。

性别之间的教育差距,由大到小依次为:研究生、本科、高中、小学及以下、大专、初中、中专。中专层面的性别差距最小,是因为农村女生选择读中专并以此为最后学历的比例很高。

城乡之间的教育差异程度,由大到小依次为:研究生、本科、大专、中专、高中、小学及以下、初中,其分布规律与地区差异的规律相同。

民族之间教育差异程度,由大到小依次为:研究生、本科、高中、大专、初中、小学、中专。在中专层次的发展较为均衡,高中层次的差异较大,并且随着学历增高人才的民族差异更大。

在各个因素中,研究生和本科阶段教育的不均衡性大于其他层次。

表 9-1 的纵向数据可以说明在该层次的教育中,不同因素对教育差异影响的重要程度。例如:在小学及以下程度,影响差异的因素由重到轻依次为城乡、民族、地区、性别。在初中程度的排序为民族、地区、城乡、性别。在高中程度的排序为城乡、民族、地区、性别。在中专程度的排序为城乡、地区、民族、性别,大专程度的排序与中专相同。本科学历程度的排序为城乡、地区、民族、性别。研究生程度的排序为地区、城乡、民族、性别。

从以上分析可以大致看出:① 在影响我国教育不平衡的因素中,城乡、地区因素最为重要,性别因素最为次要。② 随着教育层次的提高,城乡因素影响教育的差异程度更明显。③ 民族因素在初中和高中阶段对教育差异的影响显著,而在其他各学历层次中影响程度较小。

2. 教育差异影响因素的历时性分析

为了评价影响教育公平的各个因素发展变化的情况,运用回归分析的方法对性别、民族、城乡、地区等因素进行历时性的评价。选取 1930、1940、1945、1950、1955、1960、1965、1970、1975、1980 年等 10 个年份出生的人口样本数据,建立数学模型:

$$Y = a_1 * X_1 + a_2 * X_2 + a_3 * X_3 + a_4 * X_4 + C$$

其中:Y 代表受教育年限,X_1 代表性别值,X_2 代表民族值,X_3 代表城乡值,X_4 代表地区值,a_1、a_2、a_3、a_4 分别代表上述自变量的系数。

使用 SPSS 软件,对上述 10 个年份的样本进行回归分析,得到图 9-1:

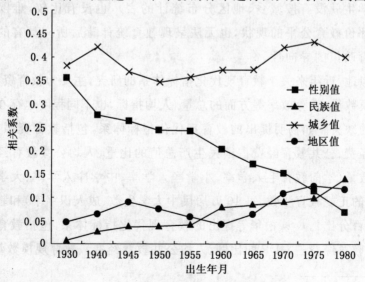

图 9-1 四个主要影响因素的相关系数变化

由图 9-1 可见,性别因素的影响在不断缩小,显示了新中国在提高女性地位、消除性别歧视上取得的积极成就。城乡因素对教育公平的影响最大,且一直维持在高位状态。地区因素和民族因素对教育公平的影响趋势十分相似,说明两者是联系在一起的,因为少数民族集中在西部欠发达地区。该图显示,在 2000 年之前,民族之间和区域之间的教育差异呈现扩大的趋势。

二、教育公平指标体系的建立

建立教育公平评价指标体系,对教育公平的状况进行监测和评价,对于改善教育的不公平状况具有重要意义。

我国目前的教育统计模式,主要维度是教育发展水平(各级各类学校数、专业数、学生数、教职工数等)、教育资源投入(教育经费总量和生均经费、设备和办学条件)、教师状况(数量和年龄、职称、学历结构)、各级学业成就(入学率、辍学率)等。其对教育现状的统计基本是描述性的,缺乏基于某一理论分析框架的评价和比较。它的一个重大缺陷,是明显缺乏教育公平的维度。虽然某些项目反映了教育公平的状况,如按性别、城乡、地区类别统计的中等教育阶段学生数,按性别、少数民族分类统计的高等教育学生数、教师数等,但这些信息较为零乱和分散,而且不系统、不完整(如高等学校学生就没有按城乡、地区分布统计的表),也没有比较,难以清晰地认识和评价教育公平的现状,也无法呈现教育统计背后所应具有的教育价值和教育政策的导向性。

类似地,近年来关于教育现代化指标体系的研究,主要为教育资源投入、教育规模数量、教育效率等方面的总量/人均指标,也不同程度地存在教育公平维度的缺失。如杨明提出的教育现代化指标体系,包括教育资源投入(公共教育经费、公共教育经费占国民生产总值的比重、人均公共教育经费)、教育规模数量(学前教育毛入学率、小学净入学率、中学净入学率、大学毛入学率、预期的正规教育年数、每 10 万居民中大学生数、成人识字率)和教育效率(留级生百分比)。[①] 谈松华等提出的教育现代化指标体系,包括教育资源投入(公共教育经费占 GDP 的比例、人均公共教育经费)、教育规模数量(15 岁

---

① 杨明.中国教育离现代化目标有多远.教育发展研究,2000(8)

以上人口的识字率、平均预期受教育年限、中等教育的毛入学率、高等教育毛入学率、每万人大学在校生人数)和教育信息化水平。① 北京市提出的九个教育现代化指标为：① 率先在全国实现12年义务教育；② 新增劳动力平均受教育年限达14年以上；③ 高等教育毛入学率达到50%；④ 学前教育毛入园率达到95%；⑤ 新增就业人员上岗持证率达到100%；⑥ 在岗职工年接受半月以上培训和继续教育者占职工总数的80%；⑦ 中小学教室接入因特网达到98%以上；⑧ 外国留学生占在校生规模的4%；⑨ 财政性教育经费支出占GDP的比例达到4%。②

一般而言，教育规模、数量的扩大，即教育的普及水平和发达程度作为教育民主化最外在的表征，通常意味着教育公平的增进。因而，在这个意义上，以上指标已包含了对公平状况的测量，只不过是按通行的"总量—人均"模式来反映的。虽然"总量—人均"模式可以在总体意义上反映公平状况的变动，但它作为衡量公平状况的专门指标却并不理想。因为，公平意味着一种合理的分配，而衡量利益分配合理性的评价单位主要是不同类型的"人群"。因而，阿马蒂亚·森非常重视"总量性因素和分配性因素之间的冲突"，认为这种古典功利主义评价"把不同人的效用直接加总得到总量，而不注意这一总量在个人之间的分配"③，即只追求效用总量最大化而不计较分配的不平等程度。对社会公平的深入研究已经揭示，总量的增长并不必然意味着合理的分配和公平状况的改善，"总量排序"容易掩盖或忽略总体之下不同群体之间的巨大差异。在社会转型时期，这一问题尤为突出。因而，"公正的发展"成为一个更有魅力的口号。在我国目前社会差距拉大、教育公平问题突出的情况下，需要建立专门的教育公平指标，通过持续的测量、评价，有效地控制和矫正教育差距。

1. 教育公平评价的理论依据

建立教育公平的评价指标体系，首先需要建立恰当的理论和逻辑框架，需要通过综合国内外的研究成果，对教育公平的概念加以厘清、界定，并将它转换成具有操作性的评价指标。对此，我们的基本认识是：

（1）教育公平包括教育权利平等与教育机会均等两个基本方面。当前我国教育公平的问题主要表现在"教育机会均等"上，对"教育机会均等"状况

---

① 谈松华，袁本涛.教育现代化衡量指标问题的探讨.清华大学教育研究，2001(1)
② 郑超.七成学生上优质高中，市民给北京教育打高分.北京娱乐信报，2002-10-30
③ 阿马蒂亚·森.以自由看待发展.北京：中国人民大学出版社，2002.50

的测量和比较,是我国教育公平评价的主体内容。

(2)"教育机会均等"就理论意义而言,是指不同人群所获得的教育机会与其在总人口中所占的比例是大致相等的,教育机会的获得不因性别、种族、地区、阶层的不同而不同。但是,对"教育机会均等"的评价仍受制于不同类型的公平观。

① 保证所有儿童接受最低年限的教育,强调起点的公平。通过实施一视同仁的、免费的和强迫的义务教育,并通过"差别性对待原则",使处于不利社会地位的人获益。此后出现的不同学业成就和社会表现的差异,则被认为是人的能力差异所致。这是着重考虑经济合理性和教育效率的精英主义观点,其目标是使国民均能享受与其能力相当的教育,从事与其能力相当的工作,即所谓的"适才适所"。

② "教育机会均等"意味着人们进入不同教育渠道的机会均等,即在教育过程中受到公平的对待。重视过程的公平,被视为是一种基于民主主义的更为强调公平(而非效率)的观点。其追求是不论学生的能力、兴趣如何,均应给他们平等的教育机会。它指向了努力扩大高中、大学的教育规模。

③ 教育制度应能满足个性的充分发展,使每个人能够接受他所希望的教育。其对结果平等的追求,是一种基于人本主义的实质平等论。[①]

在现实的社会发展中,这三种公平观大致对应了教育公平不同的发展阶段,呈现一种递进的关系。结果的平等不仅在我国,而且在发达国家也是尚未实现的教育理想,但发达国家对教育公平的关注主要集中在学业成就即结果平等的问题上。在我国大多数已经基本普及义务教育的地区,过程的公平开始突显,也就是说,主要问题已不是能不能接受教育,而是在教育过程中能否得到平等的对待。入学机会的获得则上移至高中阶段和高等教育。

由于在义务教育和非义务教育阶段,政府的角色、功能有所不同,建构指标的出发点也应有所不同。衡量义务教育的指标应有更强的政府指导意向,而非义务教育中的公平问题则更多地作为一种社会问题而呈现。

(3)当前我国教育机会不均等主要表现为存在比较明显的城乡差距、地区差距、阶层差距、性别差距和民族差距,其中尤以城乡差距、地区差距、阶层

[①] 张郁雯,林文瑛.升学主义的主观与客观:升学机会的认知、期待与现实.台湾社会问题研究学术研讨会论文,2002

第九章 教育公平评价指标和测算

差距更大。① 在相当长的时期内,通过政策调整有效地缩小教育发展中的城乡差距、地区差距,是我国教育现代化的基本任务,也是教育公平评价的重点。对阶层差距的测量是一个难点。由于目前的教育统计中缺乏学生家庭社会经济背景的数据,因而尚难以对阶层差距进行常规的测评,只能在恰当的时点结合人口普查或城乡调查资料进行。

(4) 衡量教育机会均等有两个主要变量:一是进入某一级教育的机会,即国际通行的入学率指标;一是接受何种质量的教育,即教育质量指标。由于发展中国家生均教育经费与教育质量存在较大的相关性,以及其他教育数据统计的不完善,通常采用"生均教育经费"指标代替教育质量指标。②

(5) 在义务教育阶段实施"均衡发展"的方针,体现了义务教育以公平为主的价值属性。它包括三个层面:一是区域之间的均衡发展,二是区域内部学校之间的均衡发展,三是群体之间的均衡发展,特别应当关注弱势群体的教育问题。③ 地区差距既表现为省际差距,也表现为省内不同地区的差距。由于小学阶段的入学率已经非常高,缺少比较价值,所以义务教育均衡主要考察小学教育质量、初中教育机会和教育质量均衡,后者包括师资水平、办学条件、教育经费等若干方面,主要体现为教育资源的均衡配置。已有研究显示,就义务教育的资源配置而言,省内不同地区的差距和城乡差距甚至大于省际之间的差距,值得引起高度重视。④ 因此,可将生均教育经费在城乡和不同地区的差异指标,作为衡量义务教育均衡的代表性指标。在微观层面则可以测算在区域内部不同学校之间生均教育经费的分布差异。

(6) 在我国大多数地区,高中教育属于非义务教育,实行普通高中、职业高中的分流和能力本位的选拔性制度。尽管进入普通高中还是职业高中具有社会分层的功能,是教育公平状况的一种度量,但在我国当前的发展阶段,依据"适才适所"的概念,似可淡化这种区分,而将高中阶段教育视为一个整体加以衡量。衡量高中阶段教育机会的两个重要指标为高中入学机会和高中教育质量,即高中入学机会在城乡、地区及阶层的分布差异和高中生均经

---

① 杨东平.对我国教育公平问题的认识和思考.教育发展研究,2000(8)
② Darrell R. Lewis, Halil Dundar. "Equity Effects of Education in Developing Countries", The world bank.
③ 汪明.基础教育均衡发展与对策.光明日报,2002-07-25
④ 王蓉.我国义务教育经费的地区性差异研究.北京大学教育学院网站,2005

费的地区分布差异。

(7) 高等教育阶段所应遵循的公平准则是以能力为本位的教育机会的公平竞争。当前,影响这种公平性的主要因素包括高校招生考试和录取制度,高中教育的数量、结构和教育质量,高等学校收费标准、就业状况等。高等教育阶段的教育机会均等问题集中在入学机会上,可采用高等教育入学机会在城乡、地区、阶层、性别、民族的差异分布指标。

(8) 在对不同教育阶段的评价之外,还有一个衡量国家或地区总体教育水平的重要指标,即"平均受教育年限"。2000年,我国15岁及以上人口人均受教育年限,农村为6.85年,城市为9.80年。人均受教育年限在不同人群中的分布状况,可以成为衡量一个地区总体教育水平的差异程度,这主要是指它在城乡、地区、性别等方面的差异分布。

2. 建立教育公平指标体系

基于以上认识,可以构造出包括由义务教育均衡指数、高中教育公平指数、高等教育公平指数、教育存量公平指数等四个指数组成的教育公平指标体系,其中每一个指标都包括对入学机会、教育过程和学业成就的测量,见表9-2。

表9-2 理想的教育公平评价指标

	一级指标	二级指标
教育公平评价指标	义务教育均衡指数 A	义务教育入学机会
		义务教育教育过程
		义务教育学业成就
	高中教育公平指数 B	高中教育入学机会
		高中教育教育过程
		高中教育学业成就
	高等教育公平指数 C	高等教育入学机会
		高等教育教育过程
		高等教育学业成就
	教育存量公平指数 D	人均受教育年限差异

但这只是一个理想化的评价指标体系。一个好的评价指标,首先应当具有科学性,即能够比较有效地评价、解释教育公平的现状。其次,要具有可测性,指标简洁,数据获取容易。再次,具有可比较性,指标与国际规范相一致。最后,具有实用性,可以方便地使用于实际工作之中。据此,必须对该指标体系进行简化。

由于各级教育中过程公平的评价缺乏操作性,因此在实际评价时不予纳入。对义务教育入学机会的评价,由于入学率已非常高、分布差异不显著,因而在实际评价中不予纳入。由于在我国的教育统计中,各级教育的学业成就指标均付阙如,因而不予纳入。教育质量评价以教育经费指标间接体现。虽然阶层差异是衡量教育公平非常重要的内容,但由于数据难以获得,因而不予纳入。在教育公平的主要影响因素中,民族差异的影响较弱,因而不予纳入。高等教育的公平问题集中在入学机会上,因而舍弃教育过程和学业成就两个维度。这样,考虑我国教育公平的现实和统计数据获得的可行性,经简化的实用的教育公平指标体系如表9-3所示。

表9-3 实用的教育公平评价指标

一级指标	二级指标	三级指标
教育公平评价指标 义务教育均衡指数A	义务教育阶段质量	小学生均经费城乡差异
		小学生均经费地区差异
		初中生均经费城乡差异
		初中生均经费地区差异
高中教育公平指数B	高中教育入学机会	高中入学率城乡差异
		高中入学率地区差异
	高中教育阶段质量	高中生均经费地区差异
高等教育公平指数C	高等教育入学机会	高等教育入学率城乡差异
		高等教育入学率地区差异
		高等教育入学率性别差异
教育存量公平指数D	人均受教育年限差异	平均受教育年限的城乡差异
		平均受教育年限的地区差异
		平均受教育年限的性别差异

它由四个相对独立的教育公平评价指标构成:义务教育均衡指数A,高中教育公平指数B和高等教育公平指数C,教育存量差异指数D。各指数的具体计算处理方法可以是:城乡、性别等双变量的指标,可用比例表达;多变量的指标,可用基尼系数的方法计算。这四个指标既可以综合使用,整体评价一个国家或一个地区的教育公平状况,也可单独使用,评价不同阶段的教育。它可以方便地镶嵌在地区教育现代化的指标之中,用于省(自治区、直辖市)之间、城市之间、县际之间教育公平状况的衡量。例如在"平均受教育年限"之后,添加本省的"教育存量差异指数D",在义务教育的发展指标之后,添加本省的"义务教育均衡指数A",从而为教育现代化评价增加不可或缺的公平维度。

最后,通过专家评估法,确定教育公平综合指数指标的选取和权数,表9-4

为实测使用的指标体系。①

表9-4 我国教育公平评价指标体系

	一级指标	二级指标	权数
教育公平综合指数 G	义务教育均衡指数 A（权数0.32）	小学教育经费城乡差异 a_1	0.3
		小学教育经费区域差异 a_2	0.23
		初中教育经费城乡差异 a_3	0.24
		初中教育经费区域差异 a_4	0.23
	高中教育公平指数 B（权数0.26）	高中入学机会城乡差异 b_1	0.4
		高中入学机会区域差异 b_2	0.35
		高中教育经费区域差异 b_3	0.25
	高等教育公平指数 C（权数0.21）	高等教育入学机会城乡差异 c_1	0.44
		高等教育入学机会区域差异 c_2	0.34
		高等教育入学机会性别差异 c_3	0.22
	教育存量公平指数 D（权数0.21）	受教育年限人口分布差异 d	1

3. 用教育基尼系数测量教育公平

基尼系数是国际上应用最广泛的不平等测量工具。在经济学领域,收入基尼系数已广为人知。近年来,基尼系数也经常成为测量教育差异的重要工具。世界银行开发了以受教育年限为基础的教育基尼系数,并在其发行的《增长的质量》报告中,用来评估受教育年限在15岁及其以上的人口中的分布情况。有研究者应用教育基尼系数对20个国家的教育年限分布进行了估算。

本研究参考世界银行开发的教育基尼系数公式,采用公式法对所选取的各教育公平指标作了测算。教育基尼系数的一般计算公式如下:

$$E = \left(\frac{N}{N-1}\right) * \left[\frac{1}{u}\sum_{i=2}^{n}\sum_{j=1}^{i=1} p_i \mid y_i - y_j \mid p_j\right] \tag{1}$$

$$u = \sum_{i=1}^{n} p_i y_i$$

其中:

n 为变量属性数目,

y_i 为各目标群体的教育获得(机会、资源、成就),

p_i 为各目标群体的人口比率,

u 为总体人口教育获得平均值。

---

① 杨东平,周金燕. 我国教育公平评价指标初探. 教育研究 2003(11)

$N/(N-1)$ 是基尼系数值的敏感度因子,如果 N 较小,基尼系数值对 N 敏感度会较高。事实上,如果 N 值较大,$N/(N-1) \approx 1$,也可以直接采用公式(2):

$$E = \frac{1}{u} \sum_{i=2}^{n} \sum_{j=1}^{i=1} p_i \mid y_i - y_j \mid p_j \tag{2}$$

由于本文变量属性数目较小,所以采用公式(1)。①

使用基尼系数的方法,不仅可以避免无量纲化的繁琐步骤,使指标具有可以直接综合的性质,并且指标在一定程度上具备可以理解的社会涵义。基尼系数的取值范围从 0 到 1,取值为 0 表示绝对平等,取值为 1 表示绝对不平等,数值越大表示越不平等。一般低于 0.2 表示非常平均;0.2~0.3 表示比较平均;0.3~0.4 表示差距明显;0.4~0.5 表示差距极大;0.6 以上表示差距悬殊。

三、对我国 1995—2003 年教育公平状况的实测

根据上述指标体系,对 1995—2003 年我国教育公平状况和 2000 年我国各省(自治区、直辖市)内的教育公平情况进行了测算,分别加以介绍。

在实际操作中,选取教育经费来表征教育资源的分布差异。由于省(自治区、直辖市)内高中教育经费区域数据的缺失,对省(自治区、直辖市)内高中教育资源的区域差异不作测量。以初中毕业生升入高中阶段的入学机会表征高中入学机会。高等教育入学机会的测算,由于分城乡、区域高考录取人数缺失,以每万人口分城乡、区域的报名人数代之。高等教育入学机会性别差异则使用每万人口分性别的招生人数。

数据来源包括历年《中国教育经费统计年鉴》、《中国教育统计年鉴》、《中国统计年鉴》,国家教育部学生司提供的数据,我国第五次人口普查千分之一抽样数据等。

1. 义务教育均衡状况

义务教育均衡状况,由小学教育经费城乡差异、小学教育经费区域差异、初中教育经费城乡差异、初中教育经费区域差异 4 个指标构成,实际测算结果如图 9-2 所示。

---

① 由世行开发的教育基尼系数修改而得。详见 Vinod Thomas ... [et al.]. Measuring education inequality: gini coefficients of education: World Bank, World Bank Institute, Office of the Vice President and Economic Policy and Poverty Reduction Division,2001.

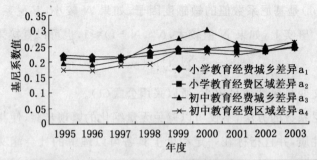

	小学教育经费 城乡差异 a_1	小学教育经费 区域差异 a_2	初中教育经费 城乡差异 a_3	初中教育经费 区域差异 a_4
1995	0.219	0.213	0.196	0.171
1996	0.212	0.208	0.192	0.171
1997	0.213	0.212	0.207	0.188
1998	0.230	0.218	0.251	0.189
1999	0.241	0.230	0.275	0.234
2000	0.240	0.238	0.300	0.226
2001	0.246	0.234	0.254	0.221
2002	0.233	0.237	0.249	0.233
2003	0.242	0.246	0.262	0.253

图 9-2　1995—2003 年我国义务教育均衡指数

义务教育资源的城乡基尼系数表现出急剧上升、下降、再上升的趋势。2001、2002 年出现基尼系数下降趋势，不平等状况得以缓解，可能的原因是教育资源的重新组合（如中小学校撤并，学校向城镇的迁移）以及家境较好的农村孩子大量到城镇就学。[①]但是，另一方面，农村义务教育生均经费和城镇义务教育生均经费之间的相对差距一直趋于扩大，城乡学校的教育差距越来越大。到 2003 年，当农村中小学校的撤并基本完成，学生数量的城乡比例开始趋于稳定时，基尼系数便表现出上升的趋势，不平等加剧。

我国义务教育经费的区域差异趋于扩大。地区之间经济发展的不平衡导致了义务教育经费的区域差异进一步扩大：一方面，原本义务教育经费较高的东部沿海发达地区的教育经费持续上升；另一方面，原本生均经费较低的西部地区得到一部分中央财政的转移支付，而中部地区两端都无法受惠，表现出生均经费中部凹陷的现象。这一现象的强化导致了我国义务教育经

---

① 义务教育资源在城镇、农村学生中分配的公平，应考虑城乡学生数量的变化。随着越来越多的农村学生进入城市上学，体现在基尼系数上即数值变小。

费的区域基尼系数增大,不平等加剧。

2. 高中教育公平状况

高中教育公平指标由高中入学机会城乡差异、高中入学机会区域差异、高中教育经费区域差异三个具体指标构成,测算结果如图 9-3 所示。

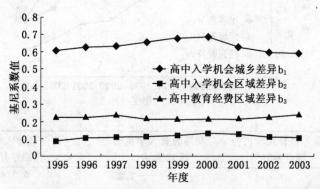

	高中入学机会 城乡差异 b_1	高中入学机会 区域差异 b_2	高中教育经费 区域差异 b_3
1995	0.606	0.087	0.227
1996	0.628	0.102	0.228
1997	0.633	0.107	0.238
1998	0.656	0.111	0.217
1999	0.680	0.119	0.211
2000	0.687	0.130	0.212
2001	0.626	0.124	0.217
2002	0.603	0.112	0.226
2003	0.594	0.103	0.241

图 9-3 1995—2003 年我国高中教育公平指标

显示高中入学机会在城市、县镇、农村之间的差异十分严重,基尼系数值超过了 0.6。2000 年为峰值,接近 0.7。2000 年农村初中毕业生占全国初中毕业生的 56.6%,却仅占有 13.8% 的高中入学机会。2000 年以后,处于入学机会中等状态的县镇学生的数量得到大幅度的上升,高中入学机会的城乡基尼系数趋于缩减,不平等情况得到改善。

与 1995 年相比,2003 年的高中教育经费区域差异呈现扩大趋势。高中入学机会的区域不公平在 2000 年之前趋于上升,2000 年到达峰值,之后逐年有降低。

3. 高等教育公平状况

高等教育公平指标由高等教育入学机会的城乡差异、区域差异和性别差异三个具体指标构成,测算结果如图 9-4 所示。

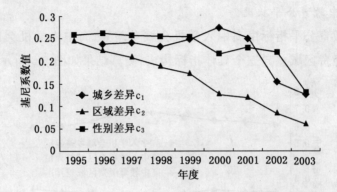

	高等教育入学机会 城乡差异 c_1	高等教育入学机会 区域差异 c_2	高等教育入学机会 性别差异 c_3
1995		—0.258	0.246
1996	0.236	0.261	0.225
1997	0.243	0.256	0.210
1998	0.233	0.255	0.189
1999	0.251	0.253	0.174
2000	0.274	0.217	0.126
2001	0.251	0.229	0.118
2002	0.155	0.220	0.085
2003	0.126	0.131	0.061

注:由于缺少1995年高等教育分城乡报名数,因此表中1995年 C_1 值缺失

图 9-4　1995—2003 年我国高等教育公平指标

1995—2003 年,我国的高等教育公平情况趋于改善,性别差异的改善最为明显。2000 年之后,高等教育入学机会的城乡差距也趋于减缓。但由于无法得到分城乡的高考录取数,此处以高考报名数代替录取数进行测算,其结果是有偏差的。根据经验,城市高考录取率要高于农村,因此实际的城乡差距应该更大。

同时,高等教育入学机会省区之间的差异也趋于缩减,不均等程度有所降低。这是由于中西部大部分省区的万人报名数要比东部及发达地区增长得更快,从而缩小了东部和中西部地区之间的差异。如 2000 年与 1999 年相比,江苏省的万人报名数为 23.2,只增长了 28%,而青海、内蒙古等地的万人报名数为 11.9、14.1,比 1999 年的 6.6、7.8 分别增长了 80%。它或许可以用这一理论加以解释:教育扩展在不同阶段对教育公平的影响具有不同特征,在扩展的后期,即强势阶层的教育需求饱和后,弱势阶层的状态才有可能得到改善。

第九章 教育公平评价指标和测算

4. 教育存量公平指标

教育存量公平指标表征的是不同人群受教育年限的分布状况。表 9-5 显示,教育存量的公平状况趋于改善。这主要得益于普及义务教育和扫盲教育的成功进行,教育年限在人口中的分布趋于平均。

表 9-5　1996—2003 年全国教育存量公平指标评价表

	1996	1997	1998	1999	2000	2002	2003
教育存量公平指数 D	0.354	0.343	0.338	0.334	0.296	0.307	0.305

5. 义务教育、高中教育和高等教育公平指数

将义务教育、高中教育、高等教育内部各子指标加权整合,可以得到义务教育均衡指数 A、高中教育公平指数 B、高等教育公平指数 C。由图 9-5 可见,2000 年后我国高中教育及高等教育的公平情况趋于改善,其中高等教育改善的幅度更大。义务教育均衡状况在 2001 年稍微有所改善,之后却继续趋于恶化,需要引起足够重视。

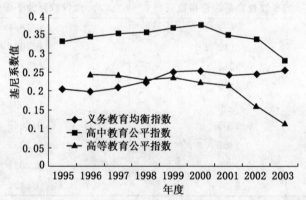

	义务教育 均衡指数 A	高中教育 公平指数 B	高等教育 公平指数 C
1995	0.203	0.330	—
1996	0.199	0.344	0.242
1997	0.208	0.350	0.240
1998	0.225	0.355	0.230
1999	0.248	0.366	0.235
2000	0.254	0.373	0.222
2001	0.242	0.348	0.214
2002	0.244	0.337	0.162
2003	0.253	0.281	0.114

图 9-5　1995—2003 年我国义务教育、高中阶段教育、高等教育公平综合指数

6. 我国城乡教育公平、区域教育公平综合指数

如将评价指标中有关城乡差距的子指标、地区差距的子指标分别整合，可以得到两个新的指标：城乡教育公平综合指数和地区教育公平综合指数，如图9-6所示。它显示了我国教育公平中最重要的城乡和地区差距的综合状况。由图9-6可见，在2000年之后，城乡差距在明显改善，而地区差距在2002年之后呈上升的趋势。

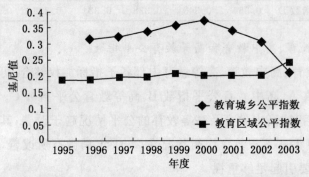

	城乡教育公平综合指数	地区教育公平综合指数
1995		0.1894
1996	0.3142	0.1924
1997	0.3212	0.1981
1998	0.3376	0.1969
1999	0.3566	0.2091
2000	0.3703	0.2029
2001	0.3402	0.2035
2002	0.3058	0.2031
2003	0.2137	0.2404

图9-6 我国城乡、区域教育公平综合指数

7. 教育公平综合指数G

将义务教育均衡指数A、高中教育公平指数B、高等教育公平指数C和教育存量公平指数D加权整合，可以得到衡量我国教育公平整体状况的指数"教育公平综合指数G"，如图9-7所示。虽然因2001年教育存量数据缺失而使该年的G值缺失，但仍可以看到，近年来我国的教育公平的整体状况是趋于改善的。

第九章 教育公平评价指标和测算

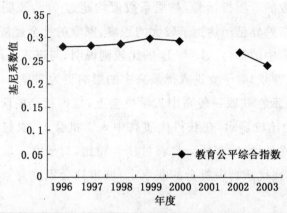

	1996	1997	1998	1999	2000	2002	2003
教育公平综合指数 G	0.281	0.282	0.286	0.296	0.289	0.266	0.242

图 9-7 1996—2003 年我国教育公平综合指数 G

8. 关于教育公平阶层指数的测算

上述的指标和测量,缺少了一项重要指标——阶层之间的教育差距。如前所述,它已经成为当前我国教育公平中最突出、最活跃的因素。但由于我国的各种教育统计基本没有学生社会经济背景的信息,因而阶层差异的测算十分困难。

作为一个补救和尝试,在此以 2000 年第五次全国人口普查千分之一抽样数据,以及 2003 年我们对全国 10 个城市高中学生抽样调查的家庭背景数据相结合,对高中入学机会的阶层差距进行一个实际测算。

由于职业分类的不一致和区分困难,而学生父亲的学历与职业、社会地位高度相关,在此以学生父亲学历程度指标代表阶层背景,分为未受教育、小学、初中、高中、中专、大专、本科、研究生、其他共 9 种类型。各类指标表示总体不同阶层学生、城市不同阶层学生、农村不同阶层学生所获得的高中入学机会和优质高中入学机会的差异状况,用基尼系数进行计算,如表 9-6 所示。

表 9-6 对我国高中入学机会阶层指数的测算

		基尼值
高中入学机会阶层差异指数	J_1	0.444
优质高中入学机会阶层差异指数	J_2	0.453
城市高中入学机会阶层差异指数	J_3	0.465
农村高中入学机会阶层差异指数	J_4	0.428
城市优质高中入学机会阶层差异指数	J_5	0.426
农村优质高中入学机会阶层差异指数	J_6	0.459

资料来源:第五次全国人口普查数据中 1969 年以后出生的男性各种教育程度的人口比例;高等教育公平课题组的问卷调查数据:分城乡、重点和非重点高中高二学生父亲的各种受教育程度人口比例

从阶层指数的 6 项指标看,基尼系数值均超过 0.4,表明高中入学机会在阶层中的分布差异已经达到了较大的程度,家庭的社会经济背景极大地影响着子女进入高中的机会。J_1 与 J_2 的比较则说明,与进入一般高中相比,父亲的学历(家庭背景)对子女进入优质高中的影响更为明显。

J_3 与 J_4 显示在获取一般高中入学机会上,城市社会的阶层差异要大于农村;J_5 和 J_6 的比较显示,在获得优质高中入学机会上,农村的阶层差异要高于城市。也就是说,城市社会与农村社会相比,对子女获取一般高中的机会影响更大;而在优质高中机会的获取上,城市社会家庭背景的影响力要比农村社会低。

如将高中入学机会阶层差异指标 $J_1(0.444)$ 与高中入学机会城乡差异指标 $b_1(0.603)$ 和高中入学机会区域差异指标 $b_2(0.112)$ 比较,可见在高中入学机会的获取上,城乡差异最大,阶层差异次之,区域差异最次。这是与我们的经验相符的。

在高等教育阶段,城乡差距与阶层差距究竟哪个更突出,是个需要检验的问题。可以感受的是随着城市化进程的加速,农村人口比例和绝对值的持续下降,宏观统计显示的城乡差距将持续降低,将会逐渐成为一个不敏感的指标,高等教育入学机会的城乡差距将更主要地体现在教育过程之中,即城乡学生在高等教育不同层次、不同类型高校的分布。

对 1995—2003 年我国教育公平状况测算的基本结论是:

(1) 我国教育公平的整体状况,经历了一个马鞍形的变化,2000 年前持续恶化,2000 年达到一个峰值,此后逐渐改善。这个马鞍形是否在一定程度上映证了"库茨涅茨神话",即社会公平在趋向好转之前必先恶化,仍然有待检验。

(2) 我国三级教育的公平状态,以高中阶段的差距最大(2003 年基尼系数值为 0.28),义务教育阶段次之(2003 年基尼系数值为 0.25),高等教育位居第三(2003 年为基尼系数值 0.11)。

(3) 我国基础教育的公平状况,以城乡差距为主,地区差距次之。但在 2002 年以后,地区差距呈现加大趋势。在高等教育阶段,地区不平衡(2003 年基尼系数值为 0.131)已居首位,高于城乡差距(2003 年基尼系数值为 0.126)。

(4) 在高中阶段,阶层差距仅次于城乡差距居第二位。正在扩大的阶层差距值得高度重视。

四、对2000年我国省域教育公平状况的实测

采用2000年第五次人口普查千分之一抽样的数据,对我国各省、自治区、直辖市教育公平状况进行的测量,仍使用以上指标体系,分为义务教育均衡指数、高中教育公平指数、高等教育公平指数、教育存量公平指数等四个子指数,用基尼系数的方法计算。

由于高中教育经费的区域内分布的数据、高等教育入学机会区域内分布的数据缺失,实测的指标体系如表9-7所示。

表9-7 我国各省、自治区、直辖市教育公平指标体系

	一级指标	二级指标	权数
教育公平综合指数 G	义务教育均衡指数 A	小学教育经费城乡差异 a_1	0.3
		小学教育经费区域差异 a_2	0.23
		初中教育经费城乡差异 a_3	0.24
		初中教育经费区域差异 a_4	0.23
	高中教育公平指数 B	高中入学机会城乡差异指标 b_1	0.53
		高中入学机会区域分布指标 b_2	0.47
	高等教育公平指数 C	高等教育入学机会城乡分布 c_1	0.67
		高等教育入学机会性别分布 c_3	0.33
	教育存量公平指数 D	教育年限人口分布 d	1

具体指标的计算公式,已在前面介绍;教育公平综合指数G的计算采用相等赋权的线性加权法。在实际测算中,以高中净入学率数据表示高中入学机会,高等教育分城乡入学机会则仍然以每万人口分城乡报名人数代之,性别差异仍然以分性别每万人口招生人数代表。

1. 分省区的四个分指标测算

以2000年第五次人口普查千分之一抽样数据进行各项指标的测算,各省、自治区、直辖市四个指标的数值见表9-8。

表9-8 2000年我国各省、自治区、直辖市教育公平评价指标

	义务教育均衡指数 A		高中教育公平指数 B		高等教育公平指数 C		教育存量公平指数 D	
	数值	排序	数值	排序	数值	排序	数值	排序
上海	0.0242	1	0.0469	1	0.2047	3	0.2810	12
浙江	0.1031	2	0.2040	4	0.2339	7	0.3101	20
陕西	0.1264	3	0.2664	5	0.4069	21	0.3110	21

续表

	义务教育均衡指数 A		高中教育公平指数 B		高等教育公平指数 C		教育存量公平指数 D	
	数值	排序	数值	排序	数值	排序	数值	排序
江西	0.1411	4	0.4080	13	0.5478	27	0.2761	11
宁夏	0.1413	5	0.5301	26	0.3647	16	0.3908	26
北京	0.1457	6	0.1026	2	0.2634	8	0.2678	7
福建	0.1476	7	0.4043	12	0.2867	11	0.3003	16
山西	0.1528	8	0.4165	15	0.2641	9	0.2612	2
湖南	0.1628	9	0.2917	6	0.3710	18	0.2612	3
云南	0.1766	10	0.5035	23	0.6040	29	0.3742	25
西藏	0.1877	11	0.7018	28	0.6374	30	0.7481	30
河北	0.1960	12	0.5016	22	0.2338	6	0.2749	10
海南	0.1965	13	0.7219	30	0.4948	25	0.3012	17
江苏	0.1982	14	0.3117	8	0.2187	5	0.2950	14
广西	0.2071	15	0.5175	25	0.4783	24	0.2597	1
黑龙江	0.2104	16	0.4404	17	0.3017	13	0.2664	6
内蒙古	0.2124	17	0.4587	19	0.0525	1	0.338	24
山东	0.219	18	0.4425	18	0.1972	2	0.3100	19
贵州	0.2191	19	0.7173	29	0.5643	28	0.3913	27
吉林	0.2229	20	0.4310	16	0.3703	17	0.2722	8
天津	0.2245	21	0.2029	3	0.3157	14	0.2826	13
河南	0.2332	22	0.3699	11	0.2942	12	0.2724	9
辽宁	0.2526	23	0.2958	7	0.2090	4	0.2661	5
青海	0.2545	24	0.3694	10	0.3740	19	0.4987	29
新疆	0.2579	25	0.5068	24	0.2798	10	0.3174	22
甘肃	0.2589	26	0.5971	27	0.3574	15	0.4135	28
广东	0.2591	27	0.3520	9	0.4012	20	0.2615	4
湖北	0.2634	28	0.4124	14	0.4132	22	0.2989	15
四川	0.2795	29	0.4964	21	0.4677	23	0.3077	18
安徽	0.2945	30	0.4864	20	0.5227	26	0.3334	23

由上表可得出 2000 年我国各省、自治区、直辖市的教育公平状况和排序。

(1) 义务教育均衡指数 A：

排位居于前 10 名的由高至低依次为上海、浙江、陕西、江西、宁夏、北京、福建、山西、湖南、云南。

排位居于后 10 名的由低至高依次为安徽、四川、湖北、广东、甘肃、新疆、青海、辽宁、河南、天津。

(2) 高中教育公平指数 B：

排位居于前 10 名的由高至低依次为上海、北京、天津、浙江、陕西、湖南、辽宁、江苏、广东、青海。

排位居于后 10 名的由低至高依次为海南、贵州、西藏、甘肃、宁夏、广西、新疆、云南、河北、四川。

(3) 高等教育公平指数 C：

排位居于前 10 名的由高至低依次为：内蒙古、山东、上海、辽宁、江苏、河北、浙江、北京、山西、新疆。

排位居于后 10 名的由低至高依次为西藏、云南、贵州、江西、安徽、海南、广西、四川、湖北、陕西。

(4) 教育存量公平指数 D：

排位居于前 10 名的由高至低依次为广西、山西、湖南、广东、辽宁、黑龙江、北京、吉林、河南、河北。

排位居于后 10 名的由低至高依次为西藏、青海、甘肃、贵州、宁夏、云南、内蒙古、安徽、新疆、陕西。

2. 分省区的教育公平综合指数

将义务教育均衡指数 A、高中教育公平指数 B、高等教育公平指数 C 和教育存量公平指数 D 加权整合，可以得到衡量各省市区教育公平状况的指数"教育公平综合指数 G"，如表 9-9：

表 9-9　2000 年分省区的教育公平指数 G 的测量和排序

省份	排序	教育公平综合指数 G	省份	排序	教育公平综合指数 G
上海	1	0.1240	广东	16	0.3176
北京	2	0.1875	吉林	17	0.3220
浙江	3	0.2026	江西	18	0.3297
天津	4	0.2534	新疆	19	0.3425
江苏	5	0.2545	湖北	20	0.3452
辽宁	6	0.2596	宁夏	21	0.3453
湖南	7	0.2644	广西	22	0.3606
陕西	8	0.2645	青海	23	0.3645
内蒙古	9	0.2698	四川	24	0.3860
山西	10	0.2701	云南	25	0.3989
福建	11	0.2785	甘肃	26	0.4035
河南	12	0.2927	安徽	27	0.4057
山东	13	0.2936	海南	28	0.4227
河北	14	0.3023	贵州	29	0.4629
黑龙江	15	0.3042	西藏	30	0.5399

各地教育公平综合指数排位居于前10名的由高至低依次为上海、北京、浙江、天津、江苏、辽宁、湖南、陕西、内蒙古、山西。排位居于后10名的由低至高依次为西藏、贵州、海南、安徽、甘肃、云南、四川、青海、广西。它使我们看到社会经济发展与教育公平状况之间的特定关系以及值得注意的不同情况。

3. 各省、自治区、直辖市经济发展水平与教育公平水平的相关分析

为了更直观地认识各省区的社会发展与教育公平的关系,我们采用象限分析方法进行比较。以人均 GDP 代表经济发达度作为横轴,以教育公平综合指数值 G 作为纵轴,并以 2000 年我国人均 GDP、各地区教育公平综合指数中位值(人均 GDP7078 元、教育公平指数 0.30)为坐标原点作坐标象限图,如图 9-8 所示。

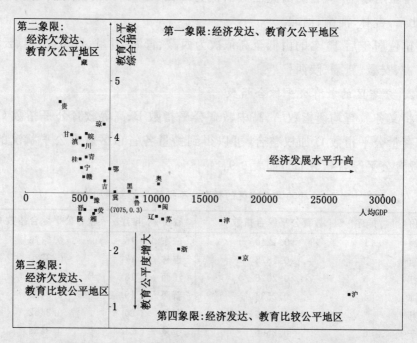

图 9-8 我国各省、自治区、直辖市经济发展水平与教育公平程度象限分类图

分布于四个象限所代表的意义为:第一象限意味着经济发达,但教育欠公平;第二象限意味着经济欠发达,教育欠公平;第三象限意味着经济欠发达,但教育比较公平;第四象限意味着经济发达,教育也比较公平。

该图直观地展现了 2000 年我国各省、自治区、直辖市的经济发展水平和教育公平状况。图左上角为经济欠发达且教育欠公平的区域,而右下角为经

济发达和教育公平水平较高的区域。从以上分布图中可以得到两个基本结论：

一是经济发达水平与教育公平水平呈明显正相关分布。教育公平指数与人均 GDP 的相关系数为－0.737，表现了较强的负相关。即一般而言，省区的社会经济越发达，教育公平的整体状况越好（教育公平指数越小），反之亦然。经济发达且教育公平的省区多为东部沿海地区，经济不发达且教育欠公平的地区集中在西部省区。

二是在我国各地区之间不平衡发展、各地社会经济与教育的不平衡发展中，在一些特定的时段，经济发展与教育公平两者之间并非简单的同步发展关系。

如虽同在经济发达、教育比较公平的区域，实际表现仍大不相同。上海市的经济发达度和教育公平程度均遥遥领先于其他省市；而天津、北京的人均 GDP 虽然大幅超过浙江，但天津的教育公平程度却大大低于浙江，北京仅略高于浙江。

在经济发达而教育不公平的区域中，广东省十分引人注目。广东省的经济发展水平远远超越全国平均水平，但教育公平程度却低于全国各省区的中值。

需要引起重视的是海南省。海南省的人均 GDP 略低于全国平均水平，但其教育不公平程度却位居全国倒数第三，仅次于西藏和贵州。云南、安徽、海南、贵州、西藏等 5 省区的教育公平指数已超越 0.4，说明教育不公平状况较为严重，值得特别注意。

相反的例子是内蒙古自治区、湖南省和山西省等部分中西部省区，其经济发达程度低于全国平均水平，但教育公平程度基本与江苏、辽宁、福建省等发达地区持平。尤其是内蒙古的经济发展水平远远落后于天津，但其教育公平程度却与天津十分接近。

这种教育公平与经济发达程度之间的复杂关系，告诉我们在任何经济发展水平上，都应该而且可以追求教育公平，如湖南、山西、内蒙古所能做到的那样；还告诉我们如果不把教育公平作为与经济增长同样重要的目标，那么经济的增长并不一定会自动地促进教育公平。这就是说，在任何地区，促进教育公平都是现实可行和大有可为的。